新时代马克思主义伦理学丛书

张霄 李义天 主编

国家出版基金项目
NATIONAL PUBLICATION FOUNDATION

重庆市出版专项资金资助项目

# 西方政治理论中的马克思主义伦理学
## 与共和主义、社群主义和自由主义的对话

〔美〕诺曼·亚瑟·费舍尔 著
陈文娟 文雅 王奎 译

重庆出版集团 重庆出版社

# 图书在版编目(CIP)数据

西方政治理论中的马克思主义伦理学:与共和主义、社群主义和自由主义的对话/(美)诺曼·亚瑟·费舍尔著;陈文娟等译. —重庆:重庆出版社,2020.12
ISBN 978-7-229-15402-8

Ⅰ.①西… Ⅱ.①诺… ②陈… Ⅲ.①西方马克思主义—伦理学—研究 Ⅳ.①B82

中国版本图书馆CIP数据核字(2020)第221173号

Marxist Ethics within Western Political Theory: A Dialogue with Republicanism,
Communitarianism, and Liberalism
by N. Fischer, edition:1
Copyright © Norman Arthur Fischer, 2015
This edition has been translated and published under licence from
Springer Nature America, Inc.
Simplified Chinese edition copyright © 2021 Chongqing Publishing & Media Co., Ltd.
All rights reserved

## 西方政治理论中的马克思主义伦理学:
### 与共和主义、社群主义和自由主义的对话
XIFANG ZHENGZHI LILUN ZHONG DE MAKESIZHUYI LUNLI XUE:
YU GONGHEZHUYI、SHEQUNZHUYI HE ZIYOUZHUYI DE DUIHUA
〔美〕诺曼·亚瑟·费舍尔 著  陈文娟 文 雅 王 奎 译

责任编辑:徐 飞
责任校对:何建云
装帧设计:何海林

重庆出版集团
重庆出版社 出版

重庆市南岸区南滨路162号1幢 邮政编码:400061 http://www.cqph.com
重庆出版社艺术设计有限公司制版
重庆市国丰印务有限责任公司印刷
重庆出版集团图书发行有限公司发行
E-MAIL:fxchu@cqph.com 邮购电话:023-61520646
全国新华书店经销

开本:787mm×1092mm 1/16 印张:18 字数:216千
2020年12月第1版 2020年12月第1次印刷
ISBN 978-7-229-15402-8
定价:72.00元

如有印装质量问题,请向本集团图书发行有限公司调换:023-61520678

版权所有 侵权必究

# 总　序

马克思主义伦理学是马克思主义理论与伦理学研究的结合。对当代中国伦理学而言，这种结合既需要面对马克思主义理论发展的世界性问题，更需要融合中国特色社会主义思想文化的新时代特征。

马克思主义伦理学之所以成为马克思主义理论进程中的一个世界性问题，是因为伦理问题往往出现在世界马克思主义发展史上的重要时刻。这些时刻不仅包括重大的理论争辩，而且包括重大的实践境况。如果说20世纪的马克思主义理论进程是一部马克思主义和各种思潮相结合的历史，那么，20世纪的马克思主义伦理学则从马克思主义与伦理思想相结合的层面，为这部历史增添了不可或缺的内容。无论是现实素材引发的实际问题，还是理论思考得出的智识成果，马克思主义不断发展的历史，总在为马克思主义伦理学添加新的东西——新的问题、新的方法、新的观点和新的挑战。由此，马克思主义伦理学始终处于马克思主义理论的核心地带，马克思主义内在地蕴含着对于伦理问题的思考与对于伦理生活的批判。相应地，一个失却了伦理维度的马克思主义不仅在理论上是不完整的，而且无法实现马克思主义所揭示的全部实践筹划。因此，把严肃的伦理学研究从马克思主义的体系中加以去除的做法，实际上是在瓦解马克思主义理论自身的完整意义与实践诉求。

马克思主义伦理学不是也无须是一门抽象的学问。它是一种把现实与基于这种现实而生长出来的规范性联系起来的实践筹划，是一种通过"实践-精神"而把握世界的实践理论。因此，在马克思主义这里，伦理学的本质不在于它的知识处境，而在于它的社会功能；关键的伦理学问题不再是"伦理规范可以是什么"，而是"伦理规范能够做什么"。从这个意义上讲，不经转化就直接用认识论意义上的伦理学来替代实践论意义上的伦理学，这是一种在伦理学领域尚未完成马克思主义世界观革命的不成熟表现，也是一种对伦理学的现实本质缺乏理解的表现。

马克思主义伦理学之所以成为当代中国道德建设的一个新时代问题，是因为马克思主义始终是中国特色社会主义思想文化的基本方向。无论如何阐释"中国特色"，它在思想文化领域都不可能脱离如下背景：其一，当代中国是一个以马克思主义为指导思想的社会主义国家，马克思主义构成当前中国社会的思想框架。这种框架为我们带来一种不同于西方的现代性方案；在这种现代性中，启蒙以降的西方文化传统经由马克思主义的深刻批判而进入中国。其二，中国优秀传统文化的精髓是伦理文化，中国文化的精神要义就在于其伦理性。对中国学人而言，伦理学不仅关乎做人的道理，也在提供治理国家的原则。从这个意义上讲，马克思主义之所以能在中国扎根，就在于它与中国文化传统的伦理性质有契合之处。

如果结合上述两个背景便不难发现，马克思主义伦理学的重要意义已然不限于两种知识门类的结合，更是两种文化传统的联结。经历百年的吸纳、转化和变迁，马克思主义伦理学虽然在一定程度上已经成形，但是，随着中国特色社会主义进入新时代，马克思主义伦理学又面临许多新的困惑和新的机遇，需要为这个时代的中国伦理思想与道德建设提供新的思考和新的解答。唯有如此，新时代的马克思主义伦理学才能构成中国马克思主义理论的重要组成部分，才能成为 21 世纪中国道德话语和道德实践的航标指南。

为此，我们编撰的《新时代马克思主义伦理学丛书》，旨在通过"世界性"和"新时代"两大主题框架，聚焦当代的马克思主义伦理学。我们希望，通过这套丛书搭建开放的平台，在一个更加广阔的视野中建构马克思主义伦理学的理论体系，在一个更加深入的维度上探讨当代中国的伦理思想与道德建设。

感谢中国人民大学伦理学与道德建设研究中心的指导与支持，感谢重庆出版社的协助与付出。这是一项前途光明的事业，我们真诚地期待能有更多朋友加入，使之枝繁叶茂、硕果满仓。

是为序。

编　者
2020 年春　北京

献给我的妻子艾琳，我们的女儿迪尔德雷、克拉和梅夫
纪念我的父亲约翰·弗朗西斯·费舍尔和我的母亲洛林·伊芙琳·费舍尔

# 致　谢

　　我非常感谢多年来参加各种不同会议上的同事们，呈现我的政治哲学观点的会议包括由国际法哲学和社会哲学学会美国分会、美国美学学会、北美社会哲学学会、社会主义研究学会、激进哲学协会、美国美学学会的落基山分部，以及反思马克思主义和历史唯物主义的期刊所主办的会议。我的学者朋友们，如穆雷·库珀、里克·费恩伯格、韦恩·格里廷、鲍勃·霍尔、佩里·菲利普斯、杰克·席林格、道森·舒尔茨和约瑟夫·文森佐等，都以各种方式提供了帮助。我特别感谢我已故的哥哥保罗·安东尼·费舍尔，他的许多不同意见与他的赞同一样重要，感谢我的女儿克拉和梅夫·墨宁-费舍尔，她们在编辑过程中提供了帮助。我还要感谢我在肯特州立大学的学生，在那里我一直担任哲学教授直到2010年退休。

诺曼·亚瑟·费舍尔
parsquix(at)aol.com

# 目 录
CONTENTS

总　序…………………………………………………… 1

致　谢…………………………………………………… 1

第一章　导论:西方政治理论中的马克思主义伦理学 …………… 1

## 第一部分　共和主义民主的马克思主义伦理学 ………… 29

第二章　马克思主义的共和主义民主伦理学的根基 ………… 31

第三章　马克思主义共和式民主伦理学的历史展开 ………… 81

## 第二部分　马克思主义者关于经济正义和财产的社群主义和自由主义伦理学 ……………………………… 155

第四章　社群主义与自由主义马克思主义财产及正义理论的根源
　　　　…………………………………………………… 157

第五章　社群主义的马克思主义财产和正义理论的历史性展开
　　　　…………………………………………………… 198

第六章　结论:西方自由主义伦理学视域下的共和主义马克思主义 …………………………………………………… 234

# 第一章
# 导论：西方政治理论中的马克思主义伦理学

> "这里我谈及的政治美德，就它直接指向一般善而言是一般美德。"①

通过思想史和抽象哲学，《西方政治理论中的马克思主义伦理学》在西方政治理论历史上的关键性争论语境中，揭示了一种特定的马克思主义伦理学传统，并以此为基础，将其与早期发掘的马克思主义伦理学相比较。例如，在整个德语世界危机四伏的20世纪20年代至30年代，政治哲学家们——如匈牙利的卢卡奇·格奥尔格敏锐地意识到马克思主义所产生的德国哲学伦理学背景——都在深入探讨伦理问题，这种探讨一直持续到整个20世纪。第二次伦理探讨与导致第二次世界大战的事件相重叠，当时像卢卡奇和英国古典主义者乔治·汤姆森这样的马克思主义者与反法西斯主义的前线民众并肩工作，将马克思主义伦理学置于更广泛的西方政治思想框架内。第三次探讨的复兴出现在西方世界外部或边缘地区的国家，针对反自由主义版本的马克思主义，当时马克思主义伦理学成为对掌权的威权式马克思主义持异议的集体呼声。探讨马克思主义

---

① Montesquieu, *De l'Esprit des lois,* Vol. 1 (Paris: Garnier, 1961), 28. 此处为我所译。

伦理学的第四种模式始于 20 世纪的后 25 年，当时英语世界的哲学家再次提出这个问题，并将其提升到一场国际辩论。第五种不同的马克思主义伦理学模式，在同一时期西班牙语世界的南美洲和中美洲以及墨西哥发展起来，当时解放神学家走上了一条倾向于天主教，并且，更广泛地说，总体上倾向于基督教和宗教的马克思主义伦理学的与众不同的道路。①

---

① 关于第一种，参见 Hans-Jorg Sandkuhler and Rafael de La Vega's introduction to their collection, *Marxismus und Ethik* (Frankfurt: Suhrkamp, 1974), i–xix; T. B. Botomore and Patrick Goodes's introduction to their collection, *Austro Marxism* (Oxford: Oxford University Press, 1978); Georg Lukács, *History and Class Consciousness* (Cambridge: MIT Press, 1971); Lucien Goldmann's survey of both the German and French literature as it existed in 1959 in "Y-a-t-il une sociologie Marxiste?" in *Recherches dialectiques* (Paris: Garnier, 1959), 28–32. 对于 20 世纪后半叶德国人的重要贡献，参见 Ernst Bloch, *Natural Law and Human Dignity* (Cambridge: MIT Press, 1986), 10–44, 81–208; Jurgen Habermas, *Zur Rekonstrktion des Historischen Materialismus* (Frankfurt: Suhrkamp, 1976). 关于第二种，参见 Georg Lukács, *Der Historische Roman* (Berlin: Dietz Verlag, 1955); *The Historical Novel* (Lincoln: University of Nebraska Press, 1983); 关于卢卡奇对历史小说的马克思主义式的解释，参见 Norman Arthur Fischer, "Historical Fiction as Oppositional Discourse: A Retrieval of Georg Lukács's Popular Front Revival of Walter Scott's Historical Novels," *Atlantic Journal of Communication* 15:1 (2007): 161–177; "The Modern Meaning of Lukács's Reconstruction of Scott's Novels of Premodern Political Ethics," in Michael Thompson (ed.), *Georg Lukács Reconsidered* (London: Continuum, 2011), 128–150. "Goya, a Novel about Art and the Aesthetics of Depicting Individuals Defined by Immersion in History," in Vladimir Marchenkov (ed.), *Between Histories: Art's Dilemmas and Trajectories* (New York: Hampton Press, 2013), 57–75. See also George Thomson, *Aeschylus and Athens* (London: Lawrence and Wishart, 1941). 关于第三种，参见 Erich Fromm (ed.), *Socialist Humanism* (New York: Anchor-Doubleday, 1966). 关于第四种，参见 Allen W. Wood, "The Marxian Critique of Justice," in Marshall Cohen, Thomas Nagel, and Thomas Scanlon (eds) *Marx, Justice and History* (Princeton: Princeton University Press, 1980); Steven Lukes, *Marxism and Morality* (Oxford: Oxford University Press, 1985); Phillip J. Kain, *Marx and Ethics* (Oxford: Oxford University Press, 1988); Milton Fisk, *The State and Justice* (Cambridge: Cambridge University Press, 1989); R. C. Peffer, *Marxism, Morality, and Social Justice* (Princeton: Princeton University Press, 1990); G. A. Cohen, *Self-Ownership, Freedom, and Equality* (Cambridge: Cambridge University Press, 1995), *If You're an Egalitarian How Come You're So Rich?* (Cambridge: Harvard University Press, 2000); *Rescuing Justice and Equality* (Cambridge: Harvard University Press, 2008); Lawrence Wilde, *Ethical Marxism and Its Radical Critics* (New York: St. Martin's, 1998); Paul Blackledge, *Marxism and Ethics: Freedom, Desire and Revolution* (Albany: State University of New York Press, 2012); Bill Martin, *Ethical Marxism* (Chicago and Lassalle, IL: Open Court, 2008). 关于第五种，参见 Jose Miranda, *Marx Against the Marxists* (Maryknoll, NY: Orbis, 1980).

然而，所有这些马克思主义的伦理重建都违背了马克思主义本身对反道德主义（immoralism）的反伦理诉求。政治理论需要伦理学，马克思主义政治理论亦如此。①然而，一个看似棘手的问题实际已困扰所有研究马克思主义伦理学的作家：要么他们一直与马克思主义传统的主题、实践和当代方面保持如此密切的关系，以至于他们在展示一个真正抽象的、原则性的、具有政治伦理特征的伟大西方经典（great Western canon）时把自身排除在外，要么他们强加一种基本外在于马克思主义的伦理观。为了克服这个问题，我用一种抽象的政治哲学来探讨一种马克思主义与伦理学相遇的交替思想史的含义。结论是交替传统的马克思主义（alternate tradition Marxism），并且，我不打算说这是对马克思或马克思主义伦理学的唯一态度。

四种工具有助于将马克思主义伦理学置于西方政治理论中：

1. 在交替传统的马克思主义中，终结不正义的有产阶级被视为马克思主义伦理学的根本和必要目标。尽管马克思和大多数马克思主义者认为，作为生产资料的社会或国家所有制的社会主义或共产主义是达到终结不正义的有产阶级社会目标的必要条件，但是交替传统的马克思主义伦理学并不把终结不正义的阶级社会目标作为社会主义或共产主义的逻辑必然。

2. 在交替传统的马克思主义中，阶级伦理的概念被视为过去40年来政治理论家探寻的一种作为群体认同或多元伦理的形式。

3. 西方政治伦理中关于好社会之应然的基本概念，如（a）民主和（b）经济正义，也被视为马克思主义伦理学的基础。然而，

---

① 关于政治理论中伦理的中心地位，参见 John Rawls, *Political Liberalism* (New York: Columbia University Press, 1993). 关于马克思主义的非道德性，参见 Allen W. Wood, "Justice and Class Interests," *Philosophica* 13:1 (1984): 9-16.

交替传统的理想民主与古典共和主义者所谓的具有公共精神的公民参与概念有着千丝万缕的联系；并且交替传统的马克思主义的经济正义与财产概念有着千丝万缕的联系。

4. 交替传统的马克思主义伦理学是在过去40年中对西方政治思想中的社群主义和自由主义价值观的辩论中展开的，以表明在马克思主义中存在一种特定形式的哲学社群主义伦理学，这种伦理学与统一价值体系而且是哲学自由主义的统一价值体系更多相似，而与众多群体认同和多元伦理学——选择分裂而非统一的大多数——更少相似。

像孟德斯鸠，这位杰出的论述好社会之应然的共和概念的启蒙编年史家一样，我认为，作为伟大西方经典一部分的政治理论必须具有一种特定的政治伦理，这不只是关乎政治制度的事实，也不只是关乎个体的规范，而是关乎政治制度本身的规范中的个体，关乎孟德斯鸠所称的"政治美德，即，就它直接指向一般善而言是一般美德"①。西方伟大政治理论家最根本的重构的大部分，广义上是他们关于好社会之应然的政治伦理。对于交替传统的马克思主义伦理学而言，好社会之应然，应该融入西方经典，被选定的马克思主义诸要素必须被综合、抽象并压缩成统一的政治伦理文本，它与过去一个多世纪的具体政治有着类似的联系，就像柏拉图和亚里士多德的理想城邦（city-states）之于实际的雅典或斯巴达城邦（polis）；西塞罗、马基雅维利和卢梭的理想共和国（republics）之于实际的罗马共和国和帝国，15到16世纪文艺复兴时期意大利共和国和君主国，以及18世纪的瑞士公社；圣奥古斯丁和圣托马斯·阿奎那的基督教政体（Christian polities）之于衰落的罗马帝国和中世纪的

---

① Montesquieu, *De l'Esprit des lois*, Vol. 1, 28. 此处为我所译。

基督教国家的实际政治；霍布斯和洛克的理想联邦（commonwealths）之于17世纪英格兰和苏格兰国家；孟德斯鸠的法律精神之于他的古希腊、罗马和18世纪的法国、英国和美国的例子；康德、托马斯·潘恩和玛丽·沃尔斯通克拉夫特对权利的启蒙重构——以及埃德蒙·伯克的传统重构——之于在18世纪末的权利和传统的实际情况；黑格尔的权利和法哲学之于19世纪作为典范的欧洲各国；约翰·斯图亚特·穆勒的自由概念之于19世纪英国法律体系；以及约翰·罗尔斯的政治自由主义之于当前美国实践。[1]所有这些文本具有一个共同特点：随着时间的流逝，关于好社会之应然的抽象伦理理论应该处于它们的核心，现在越来越多地被视为比其作者所曾认为的那样，承载着和其具体典范有一种与众不同的关系。就它表达政治伦理而言，同样的规则适用于马克思主义。马克

---

[1] Plato, *The Republic of Plato*, trans. Francis Cornford (Oxford: Oxford University Press, 1945); Aristotle, *Politics* (Harmondsworth: Penguin, 1988); Cicero, *The Republic and the Laws* (Oxford: Oxford University Press, 1998); St. Augustine, *The City of God Against the Pagans* (New York: Penguin Books, 2003); St. Thomas Aquinas, *On Law, Morality and Politics* (Indianapolis: Hacket, 2002); Niccolo Machiavelli, *Discourses on Livy* (Chicago: University of Chicago Press, 1996); Thomas Hobbes, *Leviathan* (Harmondsworth: Penguin, 1968); John Locke, *Two Treatises of Government* (Cambridge Texts in the History of Political Thought) Peter Laslett (ed.) (Cambridge: Cambridge University Press, 1988); Montesquieu, *The Spirit of the Laws* (Cambridge: Cambridge University Press, 1989); Jean-Jacques Rousseau, *The Social Contract* (New York: Hafner, 1963); Immanuel Kant, *Metaphysical Elements of Justice* (Indianapolis: Bobbs-Merrill, 1965); Thomas Paine, "The Rights of Man," in *Political Writings* (Cambridge: Cambridge University Press, 1989); Mary Wollstonecraft, *A Vindication of the Rights of Women* (New York: Norton, 1988); Edmund Burke, *Reflections on the Revolution in France* (London: Penguin, 1986); G. W. F. Hegel, *Hegel's Philosophy of Right* (Oxford: Oxford University Press, 1952); John Stuart Mill, "On Liberty," in *On Liberty and Other Writings* (Cambridge: Cambridge University Press, 1997); John Rawls, *A Theory of Justice* (Cambridge: Harvard University Press, 1971). 关于把马克思主义和西方政治哲学联系起来的早期阐释，参见 Phillip J. Kain, *Marx and Modern Political Philosophy* (Lanham, MD: Rowman and Littlefield, 1993)。

思主义政治伦理学必须包括，正如它一直包括的那样，终结阶级社会的不公正财产基础的目标。但是，西方经典中的马克思主义政治伦理学远远超出，并且不包括，从1917年到现在的所有非西方的社会主义和共产主义，或其传统目标是生产资料的社会或国家所有制的例子。

4　　但是，在这一政治伦理中的马克思主义属于何种关于好社会之应然的西方政治伦理传统呢？我的思想史和抽象哲学并不试图表明，交替传统的马克思主义伦理学与任何接近于马克思或其他马克思主义者提出的所有主要论点都是一致的。我的目的只是让读者相信，这种道德和伦理传统现在确实在马克思主义中占据着坚实的、尽管被埋没的地位。当然，结果是：在思想史上，西方政治理论中的这种马克思主义伦理学的交替传统，与把马克思主义付诸自1917年迄今的实践的所有社会，这两者之间仍然在创造一种巨大的鸿沟。本书意图填补这一鸿沟。

马克思主义的分裂和不统一的阶级/群体认同伦理学，本身可体现在以西方经典为特征的统一政治伦理文本的广阔背景中。在过去的30年中，在政治理论中发生了关于这两个统一体系的相对价值的巨大争论：（1）自由主义和（2）社群主义，以及它们与（3）群体——包括阶级——认同伦理体系的关系。当它可被视为所有这三个要素的共享部分时，交替传统的马克思主义伦理学可以适用于西方政治理论。

从1970年代开始，对尝试在最深层次的哲学冲动上理解西方自由传统，自由主义开始对伦理更感兴趣，整个英语世界和欧洲的作家都试图表明西方自由主义伦理学，在其最可能的抽象意义上，具有许多超出其考虑的伦理维度。①从这个角度来看，自由主义伦理学和马克思主义伦理学之间的对话变得更加复杂。自由主义伦理学和马克思主义伦理学都得以扩展。事实上，遵循这种思路，马克思主义的阶级伦理学可以被看作是对个人自由和平等的自由主义承诺的逻辑延伸。②

第二种发展是对第一个的回应。从1970年代后期开始，西方世界的社群主义者声称：自由主义，或者至少是传统的自由主义，必须要么让位于、要么补充进个体融入社群的强调，这不仅是对平等（这可以是对社群保持中立）的承诺，也是对个体自由的权利（至少一些自由主义的社群主义批评者发现其中许多权利对社群怀有极大敌意）的承诺。其他社群主义者则在个体自由和社群价值的

---

① 从1978年到去年他去世，没有人比罗纳德·德沃金更深入地探讨了哲学自由主义的本质。表现在《纽约书评》的许多文章，以及他的著作和文章中，这包括 *Taking Rights Seriously* (Cambridge: Harvard University Press, 1978); *Freedom's Law* (Cambridge: Harvard University Press, 1996); "Liberal Community" in Schlome Avineri and Avner de-Shalit (eds), *Communitarianism and Individualism* (Oxford: Oxford University Press, 1992); *Sovereign Virtue: The Theory and Practice of Equality* (Cambridge: Harvard University Press, 2000); *Justice in Robes* (Cambridge: Harvard University Press, 2008); *Justice for Hedgehogs* (Cambridge: Harvard University Press, 2011); *Religion without God* (Cambridge: Harvard University Press, 2013). 他是一个国家的教育者。深入探究自由主义伦理学的其他经典著作，包括 John Rawls, *A Theory of Justice; Political Liberalism; Lectures on the History of Political Philosophy* (Cambridge: Harvard University Press, 2007); Robert Nozick, *Anarchy, State, and Utopia* (New York: Basic, 1974); Stephen Holmes, *The Anatomy of Antiliberalism* (Cambridge: Harvard University Press, 1993); *Passions and Constraint: On the Theory of Liberal Democracy* (Chicago: University of Chicago Press, 1995). 在 Avineri and de-Shalit, *Communitarianism and Individualism* 中也集中了一些关键性文本。

② 关于马克思主义和自由主义的综合，参见 Jeffrey Reimann, *Justice and Modern Moral Philosophy* (New Haven: Yale University Press, 1990).

权利之间寻求更细微的平衡。①

第三种发展是群体认同、多样性或多元文化伦理的繁荣，这种强调将政治伦理分解为群体利益的伦理，往往敌视西方自由主义或西方社群主义的统一主题。②社群主义和自由主义的统一版本与不同群体认同的分裂版本之间的这一争论的核心是伦理的，所以放置于其视角中的马克思主义阶级伦理也是如此。交替传统的马克思主义阶级伦理学是一种群体认同伦理，它与许多当代群体认同伦理极

---

① 1975 年以来，查尔斯·泰勒是北美社群主义的主要代表，并且因为他对黑格尔的社群主义式伦理学的运用，使得他对马克思主义的社群主义尤其重要，最早是在 *Hegel* (New York: Cambridge University Press, 1975), "Atomism," in Avineri and de-Shalit, *Communitarianism and Individualism;* "Hegel's Ambiguous Legacy for Modern Liberalism"; in *Hegel and Legal Theory*, Drucilla Cornell, David Rosenfield, David Gray Carlson (eds) (New York: Routledge, 1991); *Sources of the Self* (Cambridge: Harvard University Press, 1989); *A Secular Age* (Cambridge: Harvard University Press, 2007); "Some Conditions for Viable Democracy," in Charles Taylor, *Democracia Republicana / Republican Democracy* (Santiago, Chile: LOM Editiones, 2012). 其他社群主义伦理学复兴的经典作品包括：Alasdaire MacIntyre, *After Virtue* (Notre Dame: University of Notre Dame Press, 1981); Michael Sandel, *Democracy's Discontent* (Cambridge: Harvard University Press, 1996); Christopher Lasch, *The Revolt of the Elites and the Betrayal of Democracy* (New York: Norton, 1995); Roberto Unger, *The Critical Legal Studies Movement* (Cambridge: Harvard University Press, 1986); Unger, *What Should Legal Analysis Become?* (New York: Verso, 1996); Benjamin R. Barber, *Strong Democracy* (Berkeley: University of California Press, 1984); Barber, *A Passion for Democracy* (Princeton: Princeton University Press, 1996); Michael Walzer, *Spheres of Justice* (New York: Basic, 1983); Walzer, *Thick and Thin: Moral Argument at Home and Abroad* (Notre Dame: University of Notre Dame Press, 1994); Robert Bellah et al., *Habits of the Heart* (Berkeley: University of California Press, 1985); Joseph Raz, *The Morality of Freedom* (Oxford: Oxford University Press, 1986); Raz, *Ethics in the Public Domain: Essays in the Morality of Law and Politics* (Oxford: Oxford University Press, 1994).

② 关于群体认同伦理学的相关解释，参见 Charles Taylor, *Multiculturalism and "The Politics of Recognition,"* ed. and with an Introduction by Amy Gutmann (Princeton: Princeton University Press, 1994); Andrew Peyton Thomas, *The People v. Harvard Law* (San Francisco: Encounter Books, 2005).

为不同，因为在其哲学内核上它与西方社群主义和自由主义的统一观相一致，而当代很多群体认同和多元伦理则不然。从这种微妙的语境中可以看出，马克思和马克思主义的阶级伦理学作为西方伦理政治理论的伟大传统中的一部分，是显著特征。

通过观察马克思主义的阶级伦理学，社群主义/自由主义/群体认同的争论可以得到丰富，反之亦然。对马克思主义的阶级/群体认同伦理学来说，被恰当地视为社群主义或自由主义的，或本书的视角，视为西方自由的社群主义的一部分，那么，就必须把它置于西方政治伦理学基本理念的倡导者长期持续争论的阶段，回到古希腊和罗马。①从这个角度看，社群主义和自由主义的伦理体系以其基本价值来定义自身。自由主义伦理学首先关注自由和平等，社群主义伦理学首先关注团结。②所有版本的马克思主义的阶级/群体认同伦理学，就它们是社群主义和自由主义伦理学的形式而言，也关注自由、平等和团结的某种联合。作为政治伦理学范畴的社群主义和自由主义因此可以包括阶级/群体认同伦理学的子范畴。马克思主义的阶级伦理学既可以是纯粹社群主义的，也可以是纯粹自由主义的，或者两者兼而有之。《西方政治理论中的马克思主义伦理学》批判和重构了社群主义伦理学的自由马克思主义版本，并展示了它如何应用于一个旨在结束不正义的基于财产的阶级分化的社会。

在西方的政治伦理学中，存在许多社群主义的伦理学体系和许

---

① 关于马克思主义的古希腊背景，参见 George E. McCarthy, *Dialectics and Decadence: Echoes of Antiquity in Marx and Nietzsche* (Lanham, MD: Rowman and Littlefield, 1994), 3–124; Alan Gilbert, "Marx's Moral Realism: Eudaemonism, and Moral Progress," in George E. McCarthy (ed.), *Marx and Aristotle,* (Lanham, MD: Rowman and Littlefield, 1992).

② 关于团结，参见 Sally J. Scholtz, *Political Solidarity* (University Park: Pennsylvania State University Press, 2006).

多自由主义的伦理学体系，就好像存在许多马克思主义的阶级/群体认同伦理学的进路一样。有些版本的社群主义伦理学和有些版本的马克思主义伦理学根本不重叠。事实上，存在一种特定的马克思主义版本的社群主义伦理学和一种特定的社群主义版本的马克思主义伦理学。不过，马克思主义和社群主义伦理学重叠的显著程度足以重构一种特定的社群式马克思主义伦理学传统。也存在许多版本的自由主义伦理学，有些与马克思主义伦理学根本不重叠。但是，只有那种与自由主义伦理学显著重叠的社群式马克思主义版本，才能将马克思主义伦理学牢牢置于西方的政治经典之中。自由的社群式马克思主义与非自由的社群主义形成对照，两者都处于马克思主义之内和之外。然而，西方政治理论中的马克思主义伦理学，并不构成一种标准的自由主义伦理。关于那一点，它也不是一种标准的社群主义伦理。这是西方社群主义的一种独特的伦理变体，也是西方自由主义的一种独特的伦理变体，借此，这两个统一的体系与一种不统一的、破碎的阶级/群体认同视角相关。

西方的自由主义伦理学通常旨在既要确保人的免于支配的广泛自由，也要确保特别是自17世纪以来通往这一自由的一种更狭隘的程序权利。这种自由往往被称为消极的，因为它要求清扫或消除其行使的障碍。西方自由主义也经常捍卫广泛的平等和狭隘的程序平等；后者现在通常以权利的形式加以阐述。我把自由主义经常（但并非总是）要求的平等称之为"宽泛的"，以便将其与任何获得平等的程序区分开来。马克思主义的自由社群主义确实既把人的消极自由——被宽泛地定义为通过扫除障碍来避免支配和压迫——也把实质性的而不仅仅是程序上的平等作为基本价值。①

马克思主义伦理学能被置于与道德自由主义的对话中，它超越了媒介口号，试图确定消极自由和平等的恰当地位，并在一些版本中试图确定它们与共同体和群体认同价值的关系。在社群主义和自由主义的马克思主义伦理学的历史传统中，自由主义元素通常并没有——至少在20世纪的最后25年之前——明确地对消极自由和平等权利进行详尽的哲学解释，尽管它们与这样的权利相容，并常常应用或触及这种权利，以及为了全面发展而要求这种权利。

虽然，说西方自由主义是什么比说西方社群主义伦理学的标准形式是什么更容易，但是，在过去40年来北美和欧洲政治哲学中，出现在自由主义/社群主义辩论中的一种版本，把其主导价值团结，定义为首先是愿意把个人的一些或全部道德目标等同于社会或社会某些部分的目标。我把这种认同称为全球团结。在全球团结之外，可以构建一种非自由主义或反自由主义的社群主义。它反对以程序权利为目标和诉求的消极自由。然而，强调全球团结并不一定会导致反自由主义，全球团结可以既是自由的，也是民主的。当然，还有许多反自由主义形式的社群主义：马克思主义和非马克思主义的。②

但是社群主义和自由主义的马克思主义的阶级/群体认同伦理

---

① 关于免于障碍和压迫的自由，参见 Mill, "On Liberty," 5-12. 关于消极自由的术语，参见 Isaiah Berlin, "Two Concepts of Liberty" in *Liberty* (Oxford: Oxford University Press, 2002). 关于消极自由和它与基本的平等诉求之关系，参见 Dworkin, *Freedom's Law*, 214-223 and *Sovereign Virtue*, 120-183. 关于历史背景，参见 Guido de Ruggiero, *The History of European Liberalism* (Boston: Beacon Press, 1959), 350-356. 关于自由主义和社群主义的自由之辨的重要文本，参见 Avineri and de-Shalit, *Communitarianism and Individualism*.

② 关于反自由主义的社群主义分析，尤其是他所考虑的权利政治形式，参见 Holmes, *Anatomy of Antiliberalism*.

学，就其利用西方政治伦理学的中心思想而言，站在了反自由主义的社群主义的对立面，原因有三：首先，它们致力于自由主义的基本价值观：消极自由和平等。第二，它兼容并满足其对消极自由和平等的全面发展需求的程序权利。第三，马克思主义的社群主义承认全球团结的作用，但是，团结也被认为具有制度化减少个人伦理目标与社会伦理目标之间不和谐的特征，这种不和谐是由物质和经济条件和需求决定的，需要一种对全面发展的财产权解释。与全球团结相比，我称之为**物质团结**。强调物质团结，及其与消极自由和平等之间的平衡，排除了一种授权的全球团结的可能，尽管允许其作为一种基本价值。对于马克思主义而言，要成为自由的，只有妥善平衡了消极自由和平等的物质团结才能被授权，而全球团结则不可能。

因此，一种既是社群主义也是自由主义的马克思阶级伦理学，在与消极自由、平等、全球团结和物质团结这四种价值之间的关系中揭示自身的伦理定位。一种致力于这四种价值观的政治伦理学必须询问，例如，消极自由的广泛目标（如确保正当的法律程序和言论自由、创造和维护真正的隐私、鼓励不信任非法权威、履行自我责任）和平等团结的广泛目标（如通过参与共同的政治和经济事业聚集民众）之间的联系是什么。无论这些联系是什么，无论在哪里找到这些联系，自由的社群主义都在寻找这些联系。

马克思主义的阶级/群体认同伦理学能通过其有力统合社群主义和自由主义元素，而得以连贯地系统化，没有它们，就很容易分裂和解构。但是，这种解构呈现出矛盾。在西方政治伦理学史中，我们现在可以看到许多自由主义和社群主义的微妙版本。但是，在上升期和在20世纪的最后10年中的政治现实是，许多非西方世界的反自由主义的马克思主义的社会主义和共产主义的衰落，似乎迫使所有马克思主义政治理论同化为粗糙的非自由主义或反自由主义的非西方形式。然后，马克思主义的自由主义的观念被抛弃，因为马克思主义要么被同化为粗糙的反自由主义的非西方形式，要么与西方自由主义伦理学的标准形式形成对照，当处于现实之中时，它不遵从其中任何一个。相比之下，交替传统的社群主义的马克思主义伦理学是自由主义的，但不是标准形式的自由主义。它是建立在阶级/群体认同伦理学之上的一种自由主义形式的社群主义。其显著特征不仅在于其阶级/群体认同理论，还在于它区别于其他群体认同理论；不仅在于其社群主义，还在于它区别于其他社群主义；不仅在于其自由主义，还在于它区别于其他自由主义。闪现在头脑中的比较是，我们对西方政治伦理学，如亚里士多德的《政治学》、奥古斯丁的《上帝之城》、霍布斯的《利维坦》以及孟德斯鸠的《论法的精神》等伟大作品的理解有所增加，因为这些作品逐渐从有偏见的解释中解放出来，被更清楚地视为哲学：诸如对智慧的热爱。抽象的政治伦理学使得一种普遍和永恒的信息得以出现。

对自由的、社群的马克思主义阶级伦理学观念最明显的哲学和历史反对意见有三个来源：（1）马克思主义阶级理论本身，特别是当被解释为一种典型的群体认同理论时，（2）自由主义，以及（3）社群主义。来自这三方面的主要批评是，既然马克思主义将伦理学与阶级联系起来，因此它不可能是社群主义的或自由主义的，因为这些体系寻求一种超越阶级或任何其他局部的、民族的或团体的观点之外的统一伦理共识。从这个角度来看，马克思主义阶级伦理学只不过是对伦理的统一性和普遍性的另一种群体认同的攻击。然而，尽管马克思主义伦理学关注一个通过财产关系来界定的社会中的阶级，以及由有产阶级导致的伦理判断的碎片化。它还关注一个终结不公正的有产阶级的社会。在那个社会和走向那个社会的过程中，社群主义和自由主义的统一伦理体系发挥着关键作用。事实上，一种完全基于阶级的马克思主义伦理学的一些主要哲学捍卫者，确实看到了共同体团结在马克思主义阶级伦理学中的作用。但对于这些理论家而言，共同体团结仅仅是根据阶级或团体利益来定义的。因此，他们利用当前多元化或群体身份和利益理论来为辨识马克思主义伦理学铺平了道路。他们可能反对的是，一种马克思主义的共产主义团结，或一种超越阶级或特定群体利益的马克思主义的自由普遍的自由权和平等权。对于这些基于阶级的马克思主义伦理学的哲学捍卫者而言，马克思主义依赖于一种阶级利益理论，它在概念上与自由主义和社群主义伦理学所设想的统一的社会理想不相容。[①]然而，马克思主义以终结不公正的、以有产阶级为基础的社会为目标，这确实需要普遍的团结概念以及普遍的消极自由和平等概念，所有这些概念都是统一的理想。然而，对马克思主义来说，这种理想的自由主义和理想的社群主义的结合只能出现在一个接近于有产阶级划分的社会的尾声。社群主义和自由主义的交融，构成了交替传统的马克思主义伦理学，必须被视为真正适用于一个没有不公正的、有产阶级社会划分的社会。为了能够以最连贯的方式运行，许多非马克思主义形式的社群主义或自由主义伦理学也必须被视为，只有当基于财产的阶级划分或其他不团结因素消解时，才发现它们的统一理想的适用性。[②]

历史上，对于马克思主义来说，（1）作为工人阶级生产资料的社会所有制的社会主义或共产主义是实现（2）终结不公正的有产阶级和（3）一系列抽象的伦理价值的必要手段。从逻辑上讲，即

---

① Wood, "Justice and Class Interests," 9-32; Fisk, *The State and Justice*, 104-114. 关于群体认同伦理学，参见 Iris Marion Young, *Inclusion and Democracy* (Oxford: Oxford University Press, 2000).

② Bloch, *Natural Law and Human Dignity*, 10-44, 181-208.

使（1）不再相关，（2）和（3）也会保留。从抽象哲学的角度来看，马克思主义政治理论与伦理重构相重叠，并将自己定位于孟德斯鸠的"指向一般善的美德"。

马克思主义的政治理论——通过终结不公正的、基于财产的阶级社会的哲学目标来界定自身，以及实现团结、平等和消极自由的基本伦理价值——必须被视为一种具有普遍主义愿望的政治伦理学，可比肩亚里士多德、霍布斯、孟德斯鸠或密尔等西方过去的伟大伦理学体系。亚里士多德的《政治学》代表了长达4个世纪的雅典城邦民主政治中的具体愿望，却仍然激励着政治理论家，当他们把理论应用于新的历史范例，并在新语境中阐释亚里士多德的伦理信息，而远不只是公元前4世纪后期在亚里士多德死后和雅典民主衰落后的政治阴谋时，他们看待理论是不同的。霍布斯的《利维坦》，仍以多样化的方式，给今天的政治伦理学的作家们以启迪，此类方式往往距离霍布斯青睐的政制细节如此之遥，以至于这对身处17世纪中叶所爆发的英国和苏格兰内战（正值霍布斯创作《利维坦》之际）中霍布斯的同时代人而言，这些作家的想法是不可思议。即使是对理想化的英国，或者在《论法的精神》中创造的适用于一切时代的理想政体，诸如法国、美国、古希腊和罗马典范，孟德斯鸠的态度常常模棱两可，现在这似乎被视为承载着超出孟德斯鸠所想的、与这些典范有着非同寻常的关系。密尔的自由观远远超出了1859年所接受的例子，其中包括他作为19世纪中期英国议会代表的一些亲身实践，以及作为尽职的功利主义之父的功利主义之子，现在这些常被最反对这种功利主义观点和实践的人所使用。[1]毫无疑问，在亚里士多德、霍布斯、孟德斯鸠和密尔的著作中，以

---

[1] 一个例子是 Dworkin, *Taking Rights Seriously,* 259–265. 另参见 Isaiah Berlin, "John Stuart Mill and the Ends of Life," in *Liberty*.

及交替传统的马克思主义伦理学中，存在一种普遍的伦理信息。但是，尽管终结不公正的、基于财产的阶级社会和实现团结、平等和消极自由的更大伦理目标仍然是交替传统的马克思主义伦理学的两大基本目标，但是，作为工人阶级拥有生产资料社会所有权的社会主义或共产主义，只能至多被看作是达到这些目的的手段。

一种是基于阶级碎片化的马克思主义伦理学，一种是基于社群主义的和自由主义的统一理念的马克思主义伦理学，寻求两者之间的联系势必会与如下观点相左，即把马克思、马克思主义或把终结不公正的基于财产的阶级社会视为本土的、有时限的和根据政党成功作为最终判断的目标。但是，自由主义的、社群主义的马克思主义伦理学也不是完全普遍的；它源于一种特定西方政治伦理学的关键思想。马克思的社群主义是核心，但它只是一个较大的社群主义的马克思主义传统的一部分，其中包括诸如黑格尔伦理学倡导者乔治·卢卡奇、马克思的合作者弗里德里希·恩格斯、英国古典主义者乔治·汤姆森、俄罗斯经济学家 I. I. 鲁宾，以及研究马克思《资本论》手稿的讲德语的乌克兰专家罗曼·罗斯多尔斯基。交替传统的马克思主义运用了马克思思想的诸多社群主义方面，以及社群式马克思主义者这一选择性群体的诸多社群主义方面，但是，当那些前面提到的思想家不够自由主义时，它也抛弃了来自他们的因素。此外，尽管自由社群式阐释，被视为清晰呈现了马克思主义阶级伦理学的核心，但没人试图否认，纯粹自由式和非社群式进路，对马克思主义阶级伦理学的重要性。但是，纯粹社群式或纯粹阶级导向进路，被认为不太容易融入到西方经典中。阶级或任何其他群体认同伦理学不能孤立存在。碎片化的群体和阶级认同伦理学需要一个统一视野，正如社群主义和自由主义政治伦理学理论家所追求的那样。

尽管我坚持自由主义的价值在西方政治伦理学经典中的核心地位，但是，主宰本书的德语作者们，马克思、恩格斯、卢卡奇和罗斯多尔斯基——以及深受德国哲学影响的鲁宾——所遵循的伦理学方法论，是黑格尔式和社群主义的；乔治·汤姆森也是一个社群主义者。这些作者所研究的社会形式，构成了黑格尔所谓的伦理（Sittlichkeit），即根植于社会规则的具体伦理实践随着历史而展开。

我们通常会看到，当马克思、恩格斯、卢卡奇、罗斯多尔斯基和鲁宾似乎只是在谈论诸如财产的真实社会形式时，在他们思想中，解读黑格尔的社群主义伦理元素，表明他们也在谈论伦理学。

将马克思主义解释为一种仅与伦理学具有边缘相关性传统的一般倾向，源于马克思主义中显而易见的悖论。一方面，它成为终结阶级剥削的全球标准持有者。另一方面，它仍然植根于特定的地点和时间。马克思——其思想和道德想象受到康德、黑格尔和路德维希·费尔巴哈的道德共同体形象最直接和构成性的滋养——成为许多与这种德国伦理思想传统完全脱节的人的思想导师。① 这就是马克思主义过度政治化的危险。从伦理上来讲，社群主义的马克思主义者通常与那些政治上远离他们的思想家，而不是非社群主义的马克思主义者，更为相似。因此，马克思信奉一种强调扎根于实际社会形式的伦理学，这使他比肩于伯克和黑格尔，这两位思想家显然在政治上远没有他那么激进。②

从马克思和恩格斯到卢卡奇、罗斯多尔斯基、鲁宾和汤姆森，这些占据本书中心的社群主义的马克思主义者从未放弃道德立场，或者提出任何令人信服的证据来证明这种道德观点与马克思主义阶

---

① Ludwig Feuerbach, *The Essence of Christianity* (New York: Harper and Row, 1957).

② For the juxtaposition of the communitarian ethics of Burke and Marx, see Waldron, *Nonsense upon Stilts*, 77–95, 118–136.

级理论根本不一致。他们都展示了第三条道路，即嵌入式共同体（embedded community）与理想乌托邦伦理（ideal utopian ethics）之间的道德立场。我强调，这第三条道路既不是简单接受理想乌托邦伦理学与嵌入式伦理实践（embedded Sittlichkeit practices）之间的距离，也不是完全消除它们之间的距离。作为整体的社群主义的马克思主义与反思性的乌托邦式道德及其道德立场，具有更多超出其想象的亲和力，但与这一传统并不相同。其特殊的地位在于，它本质上是一种道德理论，一种常把自己伪装成非道德理论的道德理论。然而，一旦阶级理论家认识到，被剥夺道德反思的纯粹自然立场的不可能性，他们就有可能在社会事实与伦理之间达成一种理性的和反思性的联系。

马克思主义阶级伦理学如何融合社群主义的和自由主义的伦理学，这取决于这一主题是否是（1）关于自由、共和民主的伦理学，或者（2）关于社群主义的和自由主义的经济正义与财产的伦理学。

本书第一部分描绘了一种关于好的民主政体的马克思主义传统，它超越了不公正的有产阶级，在其强调具有公共精神的民主所需要的全球团结时，它是社群主义的；在其强调消极的政治自由和政治平等，以及拒绝实现全球团结时，它是自由主义的。

马克思主义民主不仅可以具有社群主义的特征，而且，在它强调作为一种全球团结形式的、指向公共善的公共精神倾向方面，还可将它视为一种共和主义形式的社群主义，以及一种社群主义形式的共和主义。社群主义的共和主义是迄今以来社群政治的核心形式之一，但是，那些对社群主义表示怀疑的共和主义者并不总是赞赏它。此外，共和主义伦理学，无论是否是社群主义的，通常肯定不与马克思主义或任何其他群体认同理论有关。然而，一种共和主义的马克思主义的观点，是把自由主义的、社群主义的马克思主义融入西方政治伦理学传统的关键。

西方著名政治思想史学家昆汀·斯金纳,论述了"古典"共和主义,或有时称之为"公民"共和主义对当代民主伦理学的重要性。毫不奇怪,他将马基雅维利作为中心参照点,因为马基雅维利1531年的《论李维》是当代共和主义复兴的关键。"在古典共和主义传统中,"斯金纳指出,"关于政治自由的讨论,一般被植根于关于生活在一个'自由国家'意味着什么的分析中。"斯金纳把国家定义为"一个共同体……在共同体中,公民的意志、政治体的普遍意愿,选择和决定整个共同体所追求的目标"。对斯金纳所考虑的传统和现代自由主义允许民主社会追求、发布和要求其公民的一些有限且严格的目标而言,这种自治的共和主义政治理想是一种挑战。[1]基于对指向共同善的公共精神倾向的信奉,一些共和主义者

---

[1] Quentin Skinner, "The Republican Ideal of Political Liberty," in Gisela Bock, Quentin Skinner, and Maurizio Viroli (eds) *Machiavelli and Republicanism* (Cambridge: Cambridge University Press, 1990), 300, 301, 305-309. See also Quentin Skinner's works: *Liberty before Liberalism* (New York: Cambridge University Press, 1998); *Hobbes and Republicanism* (Cambridge: Cambridge University Press, 2008); "On Justice, the Common Good, and the Priority of Liberty," in Chantal Mouffe (ed.) *Dimensions of Radical Democracy* (London: Routledge, 1992), 211-222. For other important works in the republican revival, see J. G. A. Pocock, *The Machiavellian Moment: Florentine Political Thought and the North Atlantic Tradition* (Princeton: Princeton University Press, 1975); Phillip Pettit, *Republicanism* (Oxford: Oxford University Press, 1997), Maurizio Viroli, *Republicanism* (New York: Hill and Wang, 2003); David Hacket Fischer, *Liberty and Freedom* (New York: Oxford University Press, 2005); Richard Dagger, *Civic Virtues: Rights, Citizenship, and Republican Liberalism* (New York: Oxford University Press, 1997); Charles Taylor, "Some Conditions for Viable Democracy"; Cecile Laborde, *Republicanism and Political Theory* (New York: Blackwell, 2008); Vicky B. Sullivan *Machiavelli, Hobbes and the Formation of a Liberal Republicanism in England* (New York: Cambridge University Press, 2006). For a survey of recent themes and work in republicanism, see Nortimer Sellers, "Republicanism: Philosophical Aspects," *International Encyclopedia of the Social and Behavioural Sciences* (2nd edition) (Elsevier, forthcoming).

拥抱一种信奉全球团结的强社群主义，而另一些人对社群主义则持怀疑态度。这里重建的马克思主义的共和主义，是一种强社群主义。经过40多年对共和主义在西方政治理论经典中的重要性的深入研究后，现在，我们更好地理解了这一点，即一条未曾断裂的西方思想家脉络，从意大利的马基雅维利、英国的哈灵顿、法国的孟德斯鸠和卢梭，到美国的麦迪逊，都是共和主义者，而且，在某种意义上，卢梭——这个影响马克思至深的共和主义者——是一个社群主义的共和主义者。①现在，把马克思和其他马克思主义者的社群主义政治，置于近现代（尤其是18世纪的法国）和古典的关于自治和共同善的共和主义伦理语境下，变得可能。②本书第一部分是马克思和马克思主义，运用共和主义主题联系阶级伦理与社群主义和自由主义的例子。

共和主义的马克思主义这一概念，在接受思想史的观点和标准上，引起极大争议。对这一事业最显而易见的理论异见是：一种阶级形式的群体认同伦理学（道德观上不强调团结），怎么可能也是一种共和主义的伦理学（似乎在大多数版本中都呼吁一种统一的道德观）？把马克思主义与许多人认为的超统一的（hyper-unified）共和主义道德观联系起来，于对立双方而言，可能都是一个笑话。我对共和主义的马克思主义伦理学的重建在这两点上进行：第一，奠定于思想史上；第二，哲学上证成一种共和主义的马克思主义——作为自由主义的、社群主义的阶级伦理学的**目的论**——的可能性。

① 关于强社群主义的共和主义经典例子，参见 Rousseau, *Social Contract*, 14-16. 关于最近的非社群主义的共和主义，参见 Phillip Pettit, *Republicanism*. 关于对倾向于公共善的公共精神的基本的共和主义信奉，参见 James Harrington, *The Commonwealth of Oceania and a System of Politics* (Cambridge: Cambridge University Press, 1992), 8.

② 斯金纳注意到了马克思主义和共和主义的这种相似性。参见 *Liberty before Liberalism*, x.

为了实现一种关于好政体的民主伦理学，共和主义的马克思主义需要一种指向阶级，但不简化为阶级的道德观。一种共和民主式的马克思主义伦理学，其特殊性源于西方民主理论的遗产，尤其是那些理想形式，如卢梭的民主理论，它强调具有公共精神的公民参与的共和主义理想必须是任何生机勃勃的民主的基础。不幸的是，一些近来信奉公共精神的共和传统的人，过分强调了它与自由主义民主的区别。①相比之下，这里所描绘的马克思主义的共和主义，与非标准形式的自由主义民主是一致的。

共和主义的马克思主义，植根于马克思对民主议会或公社的终身兴趣——早在1843年他就发现了这一理想，当时他摘录了罗曼语系共和主义者马基雅维利、孟德斯鸠和卢梭的话，强调他们捍卫古罗马人的直接的公共或议会集会。②这个共和主义的公社再次出现在马克思对1871年巴黎公社的捍卫中。在《古代社会》中，刘易斯·亨利·摩尔根的共和主义伦理学，对社群主义的政治形式曾加以阐释，他把易洛魁式民主、古罗马共和主义和雅典共和民主联系起来。1872年至1883年间，在马克思对这种社群主义的政治形式的关注中，一种超越不公正的有产阶级的共和主义的、社群主义的民主理念，得以展现并达到高潮。恩格斯在1884年《家庭、私有制和国家起源》（OFPPS）中，也把摩尔根的社群主义的民主观纳入马克思主义，尽管是以一种更少共和主义的维度。汤姆森甚至进

---

① Sandel, *Democracy's Discontent,* 3-24; Christopher Lasch, "A Response to Feinberg," *Tikkun* 3:3 (1984): 41-42.

② Karl Marx, "Exzerpte und Notizen 1843 bis Januar 1845," in Karl Marx and Friedrich Engels, *Gesamtausgabe,* Vierte Abteilung, Band 2 (East Berlin: Dietz Verlag, 1981), 91-115, 276-278.

一步发展了马克思主义的社群主义的共和主义。① 当摩尔根、马克思、恩格斯和汤姆森之间的这种对话被理解为一种强调共同体的民主类型的复兴时，并且对摩尔根、马克思和汤姆森而言，甚至是共和主义的公共精神时，那么，在马克思主义阶级民主和一些自由主义的和/或社群主义——19世纪德国的社群主义、19世纪自由主义的英美国家、无政府主义，以及古代和16、17、18和19世纪欧洲和美国的公民共和主义形式——的民主形式之间，一种更丰富的对话得以实现。

这本书的第二部分，"马克思主义者关于经济正义和财产的社群主义和自由主义伦理学"，描绘和重构了一种基于阶级形式的自由主义的、社群主义的经济正义和财产的伦理学。一些人将马克思主义从伦理学中脱离开来的一个原因是，通过工人阶级获得生产资料所有权来实现终结阶级统治的目标，被认为是把所有其他目标，特别是实现更普遍的正义社会的目标，置于从属地位。但是，这里存在一种不将社会主义或共产主义视为生产资料公有制的马克思主义正义理论，尽管它确实终结了不公正的有产阶级，以及实现了财产关系中平等、消极自由和物质团结。马克思主义常常由于所谓的缺乏正义观念，而被排除在西方政治伦理学经典之外。第二部分通过哲学和思想史，重构了一种作为社群主义和自由主义正义伦理学的马克思主义财产伦理学，首先从马克思1857—1859年《政治经济学批判大纲》的财产概念的根源入手，然后继续在1870年代和1880年代马克思和恩格斯的著作，以及20世纪鲁宾和罗斯多尔斯基的贡献中得以展开。1877—1883年间的马克思，和1882年至

---

① Lewis Henry Morgan, *Ancient Society* (Tucson: University of Arizona Press, 1985); Friedrich Engels, *Origin of the Family, Private Property and the State* (Harmondsworth, Middlesex: Penguin, 1984; Thomson, *Aeschylus and Athens*.

1884年及以后的恩格斯，他们的兴趣在于世界范围的、多元化的社群主义的财产形式——从易洛魁到俄罗斯村庄到日耳曼社区——必须首先被视为反对摩尔根在《古代社会》中把易洛魁财产和古罗马雅典财产联系起来解释的社群主义财产伦理学背景。同样在20世纪，鲁宾和罗斯多尔斯基奠定了一种社群主义版本的马克思主义自由正义的基础。

这种马克思主义的经济正义概念是独一无二的，这在于它不仅关注平等和消极自由，而且关注物质团结，这种物质团结被定义为制度性减少个体伦理目标和社会伦理目标之间的不和谐，物质团结的程度由物质和经济的条件和需要所决定，其全面发展需要一种对财产——平衡物质团结、平等和消极自由——的解释。这种正义观既区别于其他自由主义形式的经济正义——关注消极自由和平等，也区别于其他形式的非经济的社群主义——关注被定义为愿意把个人道德目标完全或部分等同于社会或部分社会道德目标的全球团结。一旦马克思主义的经济伦理学被视为平衡财产关系中的物质团结、平等和消极自由，那么，它就很容易被看作是一种经济正义形式。马克思主义的基于反财产的阶级正义的第一层次是社群主义的，以物质团结为基础，但是，存在马克思主义的经济正义的第二层次，即一种自由主义的正义形式，尽管不是一种标准形式。和标准的自由主义正义形式一样，这种非标准的自由主义正义，即马克思主义的剥削观，集中于消极自由和平等。整体而言，马克思主义的经济正义将三种伦理价值统一起来：平等和消极自由（这两者是与自由主义分享的伦理理念），以及物质团结（这是一种经济社群主义特有的伦理理念）。结果是一个多层次的正义观，它是经济和物质的，但是，它不像现代标准的自由主义经济正义那样狭窄，也不像通常产生于19世纪德国非马克思主义的社群主义或近代欧美社群主义的经济学那样过度宽泛和超越。

马克思主义的共和主义的经济正义是自由主义的,但不是一种越来越变成等同于以权利为基础的标准形式的自由主义。[①]不幸的是,选择将马克思主义融入这些标准的自由主义道德观,已被看作是一种非道德主义形式,这种非道德主义形式能在当今许多群体认同伦理学——在其中,每个群体都根据其自身身份来定义其道德——中发现。但是,现在比以往任何时候都更加重要的是,马克思主义的"非道德主义"可以不仅被视为一种标准的群体认同,而且是对具有伟大西方经典特征的统一伦理学的多元化攻击。虽然马克思主义的阶级伦理学有部分无疑是一种群体认同的、基于阶级的伦理学,以及因此在它对自足形式的道德统一体的攻击中的"非道德",但是,它也具有统一的、社群主义的和非标准自由主义的道德观,不是从权利开始,如最近的自由主义所做的那样,但是,与权利辩护的最大可能性是完全相容的。在群体认同理论中,马克思主义仍然是独一无二的,这在于通过追寻伟大西方经典所特有的统一道德观(混合了所有社群主义和自由主义),它能对抗所有群体认同伦理——无论是种族、性别或阶级——的局限性和固有的部落主义。结果既是对一种群体认同理论而言具有一种道德立场意味着什么的不同观点,也是在马克思主义与自由主义和社群主义的观点之间谁能更好契合于定义西方政治伦理学著作。

对包括朝向公共精神和利他主义的伦理动机的广泛民主议题上,尽管马克思主义的共和主义和西方其他版本的共和主义一样,甚至还更开放,但是,表明共和主义的马克思主义伦理学强烈反对

---

① 标准的或明确以权利为基础的自由主义,反过来在这些美国人著作中被越来越认同,如 Robert Nozick, *Anarchy, State, and Utopia,* Ronald Ronald Dworkin, *Taking Rights Seriously,* and John Rawls, *A Theory of Justice.*

任何反自由主义——可能出现在这种承诺之中，这一点尤其重要。

所有社群主义和共和主义面临着反自由主义诱惑，这对这些理论的马克思主义阶级版本构成了威胁。要解决这些威胁，重要的是要展示马克思主义的政治理论如何解决这一问题，即一个自由主义社会，同时也是社群主义的，它旨在终结不正义的有产阶级，能合法地授权其公民，并满足公民的要求。简短的回答是，关于经济正义，共和主义的马克思主义比许多自由主义者想要授权的更多，但是，在所有其他问题上，这一版本的马克思主义在其授权上，应该在逻辑上比其他当代共和主义所宣称的更受限制，并且在事实上，在其自由主义甚至自由至上主义式信奉反对无正当理由授权的权利，特别是在限制正当程序和言论自由权上，比起许多当代自由主义者和大多数当代社群主义者和群体认同理论家，这一版本的马克思主义要强烈些。

因此，在马克思主义的社群主义之外，存在一种与西方自由主义兴起密不可分的欧美社群主义的更大传统。在重构和重新概念化交替传统的马克思主义的共和民主和经济正义时，我特别选择了那些沿着西方社群主义政治理论的广阔路线推进马克思主义阶级伦理学的思想家。但是，在共和主义民主理论和基于财产的经济正义中，社群主义伦理学都是马克思主义阶级理论最重要的版本，因为它批判和修正了自己，以便与西方自由主义伦理学的关键方面保持一致。在任何情况下——共和主义民主和基于财产的经济正义——都存在着一种自由社群式的和阶级的可能性，这里所描绘的交替马克思主义，以及反自由社群式的和阶级的诱惑，可能是马克思主义最糟糕的路径。

只有通过伦理学，马克思主义的阶级理论才能在西方政治理论叙事中占据适当的位置。作为资本主义国家的教训，社群主义强调团结，自由主义强调平等，作为资本主义和社会主义国家以及前社会主义国家的启示，自由主义强调消极自由：这些辩论不仅仅是19世纪和20世纪的一部分，也可以追溯到古希腊**城邦**和罗马共和国西方政治伦理学的根源，并推进到21世纪。它们迫使我们询问终结不正义的有产阶级的马克思主义基本目标的伦理问题，这一问题把我们带回到马克思主义赖以产生的西方政治伦理史。《西方政治理论中的马克思主义伦理学》在足够抽象的层次上，勾勒了一种社群主义的和自由主义的马克思主义阶级伦理学，以便读者可以超越这个问题，即这一伦理体系是一个特定国家或特定一代人的现实选择，还是一个特殊群体或国家如何可能最好回应这种理想。对伦理抽象的类似需求，一直主宰着对伟大西方政治伦理经典——从柏拉图到密尔——进行持续地重新解读。例如，可能情况是这样的，后不正义有产阶级社会的自由主义元素可能会与其社群主义元素分享，并且可能会变成一种更纯粹的自由主义版本；在某些国家，这种联系是最好的，而在另外一些国家，一个更纯粹的社群主义版本可能效果最好。自由主义的社群主义有许多可能的变化，但这些变化确实出现了极限。如果它过于偏向一种纯粹的社群主义或阶级认同，那么，后不正义有产阶级的自由主义的社群主义理想将失去其意义。如果它过于偏向纯粹的自由主义，也会失去意义。然而，虽然这本书描绘了一个社群主义的视角，但是，只有自由主义的社群主义被看作是为阶级分析伦理学提供了适当的统一理想。如果哲学家和公民必须在作为马克思主义阶级伦理学的指导性统一理想的自由主义和社群主义之间进行选择，因为马克思主义必须牢牢地置于西方政治伦理环境甚至可能是**终极目标**中，那么，就必须选择自由主义，而不是社群主义。这是一种关于马克思主义的后不正义有产阶级伦理学的伦理上可行的、纯自由主义版本。不存在伦理上可行的、纯社群主义版本。

　　社群主义的和自由主义的马克思主义阶级伦理学是西方自由主义的一部分，这一点在理论上首先被这一事实——马克思主义伦理学既通过社群主义伦理学，也通过阶级/群体认同伦理学达到其自由主义——所掩盖。吊诡的是，只有认识到马克思主义的阶级伦理学与统一的社群主义伦理学的逻辑联系，才能认识到马克思主义的阶级伦理学与统一的自由主义伦理学的逻辑联系。在西方政治哲学的第三个千年中，只有用更抽象的哲学，新一代才能叙述善、民主共和政体观念，和基于阶级的经济正义观念，以及同时分享最伟大的西方政治伦理文本的统一主旨。

# 第一部分　共和主义民主的马克思主义伦理学

# 第二章
# 马克思主义的共和主义民主伦理学的根基

马克思主义的民主政治伦理学与一种自由主义版本的共和主义伦理学相重叠。共和主义伦理学的最低必要条件是：（1）部分或全部自治，（2）法律之下，并且（3）为了公共善。然而，超出一种最低限度的共和主义也会增加（4）公共精神作为必要条件。我把共和主义的公共精神视为一种有关个体和社会目标的全球团结认同——一种强调政治、法律和社会美德的认同——形式。是否一组共和主义伦理学的充分条件能被孤立，这个问题更为复杂，并且这个问题可能不存在一种经典的共和主义。然而，事实上，当许多研究伦理学的自由主义作家使用这一理念时，几乎所有形式的共和主义都选择了一种信奉公共善的厚的概念。共和主义伦理学对公共善的信奉，几乎总是与公民公共精神的概念相联系，这在共和主义的马克思主义例子中进一步深化，并被解释为一种社群主义的全球团结形式。[①]

在马克思的一生中，孟德斯鸠是西欧共和主义自治传统的历史学家典范，这一论断是强有力的，并且它仍然如此。此外，就孟德

---

[①] 参见 Montesquieu, *Spirit of the Laws*, 25; Harrington, *Commonwealth of Oceania*, 8. Viroli, *Republicanism*, 3–19.

斯鸠极力主张——而不是简单描述——共和主义目标而言，他也是一位自由主义的共和主义者。在他1748年的伟大共和主义著作《论法的精神》中，孟德斯鸠描绘了古代和现代共和国的发展，明确规定将国家称为"共和国"的必要条件，即无论由贵族少数人还是由民主多数人统治，它让公民在法律统治下自治，并以公共善为目标。对孟德斯鸠而言，共和国包括由贵族统治的政府，只要他们依法统治，并致力于公共善，即使他们的集会、议会等与君主统治并存，就像他那个时代的英国议会一样。事实上，孟德斯鸠认为英国是在古代和现代共和主义之间漫长的中断之后，所形成的一个重要的现代共和国。①

在过去40年的自由主义/社群主义辩论中，共和主义的自治理念变得富有争议，因为共和主义的自治，无论由少数派还是多数派实施，都常常与我称之为社群主义的全球团结价值——个人目标部分或完全等同于社会目标——某些版本联系在一起。对于那些今天以这种方式来看待共和主义的人——当然并非所有共和主义者都如此——而言，共和主义是一种非常强大的社群主义形式。②实际上，我所说的全球团结往往主要在与共和主义的政治社群主义的辩论中被确定。③这里所描述的共和主义的马克思主义遵循这种倾向，是社群主义的，是基于全球团结的。这并不意味着非社群主义版本的共和主义的马克思主义是不可能的。正如非社群主义版本的共和主义总体而言是可能的那样。

---

① Montesquieu, *Spirit of the Laws*, 154—186.

② Sandel, *Democracy's Discontent*, 19—24, 认识到共和主义中的社群主义因素，并且把它视为至关重要。Pettit, *Republicanism*, 6, 27—30, 不同意共和主义的多社群主义面向，但是理解其作为共和主义基本方面的诉求。佩迪特也不同意像一些共和主义者所做的那样把民主参与置于中心地位。

③ See Ronald Dworkin, "Liberal Community."

共和主义的马克思主义史肇始于马克思早期与社群主义的和参与形式的民主的对话，特别是与卢梭和其他现代西欧共和主义者——他们探讨共同体与民主之间的关系——的对话。对以赛亚·伯林来说，这种卢梭式民主具有极权主义的一面。①伯林对民主的这种解释，从根本上遭遇了过去40年中公民共和主义复兴的挑战，随着现代性的展开，这一复兴展现了欧美民主思想家丰富的、可资借鉴的社群主义和共和主义传统。②共和主义的复兴大大提醒了欧洲和北美的观众，打破共同体与民主之间联系具有的危险。和伯林最先表达其批评相比，激进左派和马克思主义形式的共和主义更适宜于西方政治伦理，但共和主义者必须表明其意识，即共同体既可以提升民主，又可以通过削弱消极自由威胁民主。的确，社群主义民主与阶级联系越多，消极自由就变得越重要。

因此，当当代社群主义民主派人士反对过度强调权利而非消极自由时，一个自由的、社群的马克思主义者必须做好准备。③因为他不仅应该反对削弱消极自由，而且还要反对反自由的马克思主义民主理论。事实上，波兰著名前马克思主义者和后来的反马克思主义者莱泽克·克拉科夫斯基（Leszek Kolakowski），在其马克思主义史中隐含的主题之一就是，这种阶级政治和社群主义政治的反自由主义组合，代表着所有变动不居的马克思主义的**最终目的**（telos）。④然而，即使克拉科夫斯基写作之时，西方政治社群主义和

---

① Isaiah Berlin, *Freedom and its Betrayal: Six Enemies of Human Liberty* (Princeton: Princeton University Press, 2003), 45.

② See, for example, Skinner, *Liberty before Liberalism*.

③ See Sandel, *Democracy's Discontent*, 16; Benjamin Barber, "The Reconstruction of Rights," *The American Prospect,* 2 (1991): 35-46.

④ Lenin, *State and Revolution,* Evgeny Pashukanis, *Law and Marxism* (London: Ink Links, 1978); Leszek Kolakowski, *Main Currents of Marxism*, Vol. 3 *The Breakdown* (Oxford: Oxford University Press, 1978).

共和主义的历史学家也在重写西方共和主义史，现在可以用它来把马克思主义重新解释为自由民主。

关于全球团结、消极自由和平等的共和主义的马克思主义民主伦理学，出现在这三个阶段：第一阶段是马克思1843—1844年关于国家和权利的早期著作；第二阶段是马克思关于巴黎公社的著作；第三阶段是以刘易斯·亨利·摩尔根的工作为基础的共和主义复兴。在此期间，社群主义的、共和主义的马克思主义者，发展了一种与自由主义民主价值相容的公共精神民主伦理学。在第一个时期，本章的主题，关于全球团结的共和主义价值的抽象根源开始形成一种民主伦理学。在第二和第三时期，第三章的主题，共和主义的马克思主义通过一种公民广泛参与的概念而得以历史地展开，尽管这个传统在整个20世纪被忽视了。

## 共和主义的马克思主义：第一阶段

马克思政治伦理学的第一个历史阶段也是一个很好的开始，即对公社的、具有公共精神的民主——作为结束不正义的有产阶级社会的一个自由主义基本目标——的逻辑重构。这是马克思在他1843年至1844年早期政治著作中关注的最终价值问题。这些早期政治著作的来源是共和主义。1843年夏和初秋，正是他从德国搬到巴黎之前，马克思投身于关注现代国家的政治哲学家的研究，阅读马基雅维利、孟德斯鸠和卢梭的作品，并做了笔记，所有这些，现在看来比以往任何时候，都更加表明马克思是现代共和主义的主要代表人物。①他还尤其专注于德国关于社群主义政治伦理学的争论,以路德维希·费尔巴哈1841年的《基督教的本质》和1842年的《哲学革命序论》(Preliminary Theses on the Reform of Philosophy)为代表。

对于费尔巴哈来说,当一个人实现了伦理上的自我实现时,这不仅仅是就他的个人能力而言,而是就属于作为物种一员的个人的共同权力而言。②马克思对费尔巴哈理念的最著名的用法,是在他的1844年《经济学哲学手稿》中。《手稿》阐述了他对物种异化的论述。在《手稿》中,马克思的社群主义的团结概念,以及在他的早期关于国家的共和主义著作,都展示了一幅人类失去其共同体意义和被切断与物种联系的图景。③但是,为了使被切断与物种联系的概念,完全发展为社群主义伦理学,我把它与团结相联系,并区分了两种类型的团结:全球团结,这在马克思主义的共和政治伦理学中扮演重要角色;物质团结,这在马克思主义财产正义中扮演重要角色。

和马克思对马基雅维利《论李维》的德文翻译、孟德斯鸠《论法的精神》和卢梭《社会契约论》的法国原文摘抄相比,没有任何例子能更清晰地表明,当今共和主义复兴是重新发现,而不是发现具有强烈公共精神的西方民主观念的历史重要性。特别是现已众所周知,共和主义信奉公共精神的明显轨迹可以追溯到马基雅维利、孟德斯鸠和卢梭。马基雅维利援引罗马共和国的历史学家,特别是李维和普鲁塔克;孟德斯鸠引用马基雅维利和同样的历史学家,以

---

① 马克思所做的关于马基雅维利、孟德斯鸠和卢梭的笔记见"Exzerpte und Notizen 1843 bis Januar 1845"。

② Feuerbach, *Essence of Christianity*; "Preliminary Theses on the Reform of Philosophy," in *The Fiery Brook* (New York: Anchor, 1972).

③ 同上,1–12; Karl Marx, "Okonische und Philosophische Manuscripte," in Marx, *Texte zu Methode und Praxis II* (Hamburg: Rowohlt, 1970), 36–37.

及希腊哈利卡纳苏斯的狄俄尼索斯；卢梭引用李维、马基雅维利和孟德斯鸠。[1]

马克思从马基雅维利《论李维》中摘抄了3页，这直接进入了共和主义公共精神的核心。《论李维》于1531年，即马基雅维利去世4年后出版，显然反映了由马基雅维利入狱、1512年从其所服务的佛罗伦萨共和国被迫退休、随后美第奇专制时期重掌权力得以强化的共和主义。最近对马基雅维利作为现代共和主义理论家的态度发生了变化，正从《马基雅维利和共和主义》文集中的大多数文章的吹捧，到朱迪思·史克拉（Judith Shklar）和马基雅维利的1996年英文译者所表达的怀疑。[2]有一件事对反对者和倡导者而言都是很清楚的：马基雅维利是一位强共和主义理论家，主张政治伦理的转型，即从它退缩到关注私人问题（典型的马基雅维利所认为的最现代的生活）回归古代共和国特有的公共精神伦理。为此，马基雅维利将李维关于罗马共和国史的前10本书，解释为一个现代早期的文艺复兴世界，在那个世界，他认为共和主义精神在他的一生中变得越来越暗淡。马基雅维利共和主义的更多理论基础大部分出现在《论李维》的三部中的第一部；马克思的大部分摘录——来自意大利文本的德语译本——也取自第一部分。然而，正如马基雅维利介绍的第二部，他将其描述为处理共和主义的罗马帝国，而不是其内部的政治结构，他特别清楚地阐明了他转向古代共和主义的伦理

---

[1] Machiavelli, *Discourses on Livy,* 213, 244; Montesquieu, *Spirit of the Laws,* 3, 12, 38, 47, 89, 541; Rousseau, *Social Contract,* 27, 36, 39, 48.

[2] Bok, Skinner, and Viroli, eds, *Machiavelli and Republicanism*; Shklar, *Political Thought and Political Thinkers* (Chicago: University of Chicago Press, 1998), 244, 246, 253; Harvey C. Mansfield and Nathan Tarcov, "Introduction to Machiavelli," *Discourses on Livy*, xvii-xliv.

基础，马克思也摘抄了这一著名段落的大部分：①

> 对于在那些古代人民比现今这个时期更加热爱自由，通过考虑这缘何能够产生，我认为……我们的教育与古代有差异，而这种差异是基于我们的宗教与古代的差异。因为，我们的宗教既已向我们指明了真理和真正的道路，便使我们不那么重视世俗的荣誉；而异教徒很重视这种荣誉，并已经相信这是他们的至善之所在，因此他们在战斗中更加勇猛好战……除此之外，古代的宗教只赐福于充满世俗荣耀的人，如军队的统帅或共和国的君主。我们的宗教更多地颂扬谦卑的和忏悔祈祷的人，而不是实干家。因此，它把谦卑、自我的禁欲修行和蔑视尘世事物确立为至善；而异教徒的宗教将至善置于精神刚毅、身体强健以及其他所有能够使人强大有力的东西中。虽然我们的宗教要求你在内心坚强，但它是要你适合于忍受痛苦，而不是去做一件大事。因此，这种生活模式似乎使尘世变得软弱了，并使世界成为邪恶者掠夺的对象。这些人可以安心地统治这个世界，因为他们明白，大部分人为了进入天国，考虑更多的是容忍邪恶者的蛮横行径而不是为此进行报复。②（Ⅱ.2）

如果马克思引用了紧随其后的话，那么，任何对此段的可能的尼采式解读都会被消除，因为马基雅维利明确指出，他所要求的力

---

① Machiavelli, *Discourses on Livy*, 125.
② Marx, "Exzerpte und Notizen," 278; Machiavelli, *Discourses on Livy*, 131. 中译本参见《李维史论》，薛军译，吉林出版集团，2010 年版，第 327 页。

量不是利己主义的力量,而是共和主义的公共精神的力量,基督教不必要被解释为共和主义的对立面:

> 虽然可能看起来这个世界变得柔弱了,天堂也被解除了武装。这无疑首先源自于人们的胆小懦弱,因为他们根据安逸,而不是根据德行对我们的宗教信仰做出解释。因为,如果他们考虑到我们的宗教是如何允许我们提升并保卫我们的国家的,那么他们就会明白我们热爱祖国并为祖国增光,并且想要我们做好准备,以便能够保卫它。①

李维所描述的早期共和主义的罗马的实际历史,给马基雅维利提供了广阔的背景,来比较对古代宗教的成功的共和主义解释与对基督教的失败的共和主义解释。马基雅维利从李维那里选取一个他认为真正属于自己的主题,即从公元前6世纪后期驱逐国王,到伴随尤里乌斯·凯撒大帝凯旋的共和国的终结,贵族和平民的不和有助于共和国健康的理念。马基雅维利共和主义的原创性大部分来自于他对不统一和由此产生的更高统一性(unity)的同等尊崇。因此,在第一部中马克思用对统一性的赞美来结束他的摘抄,"平民结合在一起是强大的,单个人则是软弱的",在其最具统一性的共和主义模式上,这是典型的马基雅维利式,这种对统一性的赞美在马克思的进一步评论——"所有人结合在一起是强大的,并且当每个人随后开始想到自身的危险时,他就变得懦弱和软弱"②——中表现得很清楚。

---

① Machiavelli, *Discourses on Livy*, 131–132. 中译本参见《李维史论》,薛军译,吉林出版集团,2010年版,第327—328页。

② Marx, "Exzerpte und Notizen," 278; Machiavelli, *Discourses on Livy*, 114, 115.

马基雅维利对统一性的共和主义式赞扬，完全不符合对平民与贵族之间的阶级分歧的强调。的确，马克思在马基雅维利的警钟中开始了他的摘抄："那些诅咒贵族和平民之间骚乱的人，责备那些保持罗马自由的首要原因的东西……所有支持自由的法律都是由于他们的不和而产生。"①

众所周知，马基雅维利的《论李维》为准备读出孟德斯鸠1748年《论法的精神》中的共和情怀提供了一个最佳途径。的确，马克思从马基雅维利对古人宗教中公共精神的赞扬，到孟德斯鸠关于公共精神伦理的定义，出现在这本书的引言："我这里所指的政治美德，在它以公共福利为目的这一意义上，是道德上的美德。"②这一关于特殊政治美德——必须是构成所有共和国，尤其是民主共和国的基础——的概念，敏锐地表达孟德斯鸠的共和主义观点；马克思摘抄了这个主题的许多关键阐述。马克思引用了孟德斯鸠的共和主义观点，即民主共和国的基本原则是美德，相反，君主制却斩断了这一共和主义美德，即"关于爱国心、渴望真正的荣耀、舍弃自己、牺牲自己最宝贵的利益，以及我们只听说的古人所曾有过的一切英雄的美德"③。的确，在马克思对孟德斯鸠的摘抄中，民主的和更普遍的共和主义公共精神一直是反对所谓的君主制的标准："在那里，人们使我们看到的美德，往往是关于我们对自己所应尽的义务，而关于我们对他人所尽的义务方面则较少。这些品德，与其说是召唤我们去接近我们的同胞，毋宁说是使我们在同胞中超群出众。""在民主政治下，爱共和国就是爱民主政治；爱民主政治

---

① Marx, "Exzerpte und Notizen," 276; Machiavelli, *Discourses on Livy,* 16.

② Montesquieu, *Spirit of the Laws,* 25. 参见《论法的精神》，张雁深译，商务印书馆2005年版，第27页脚注1。张雁深译本把 virtue 译为品德，本书将其译为美德。

③ Marx, "Exzerpte und Notizen," 107; Montesquieu, *De l'Esprit des lois,* Vol. 1, 23, 27; *Spirit of the Laws,* 22, 25. 参见《论法的精神》，第27页。

是爱平等。"①最后，马克思引用了孟德斯鸠对具有公共精神的公民自由的典型赞同："自由是做法律所许可的一切事情的权利；如果一个公民能够做法律所禁止的事情，他就不再有自由了，因为其他的人也同样会有这个权利。"②

从马基雅维利、孟德斯鸠到卢梭的共和民主的轨迹远非一条直线。大多数学者强调，与马基雅维利和卢梭相比，孟德斯鸠对公共精神的承诺更有限。显然，卢梭对具有公共精神的共和主义民主的非同寻常的赞同，使他对1843—1844年马克思的政治伦理产生了更大的、或明或暗的影响。卢梭在《社会契约论》中对公共精神的很多强烈的呼吁，出现在马克思的摘抄中。尽管在构建他的契约社会时，卢梭使用了英国霍布斯和洛克的社会契约理论的语言，但是，他早已认识到，他的核心概念"公意"将要求一定程度的团结或利他主义，这在霍布斯或洛克的17世纪英国的社会契约版本中是没有的。关于为什么卢梭要求公民更多的利他主义或团结一致，已经有不同的说法。这覆盖从沃恩（C. E. Vaughan）用法语介绍他对卢梭著作经典版本的细致入微的解读，即卢梭在《社会契约论》中包括柏拉图式的集体主义和洛克-霍布斯式的个人主义，到塔尔蒙（J. L. Talmon）和伯林（Isaiah Berlin）在1950年代的解读，即卢梭只不过是被一种狂热的反自由主义所激发。最近，法国共和主义历史学家朱迪思·史克拉提出了一个更加平衡的观点，认为卢梭是孟德斯鸠共和主义——他在一种更加平等、民主甚至平民主义的方向首推公共精神——的追随者。尽管并非所有人都同意在卢梭那

---

① Marx, "Exzerpte und Notizen," 108; Montesquieu, *De l'Esprit des lois*, 1, 34, *Spirit of Laws*, 31; "Exzerpte und Notizen," 108, *De l'Esprit des lois*, 1, 46, *Spirit of the Laws*, 43. 参见《论法的精神》，第36、50页。

② Marx, "Exzerpte und Notizen," 109; Montesquieu, *De l'Esprit des lois*, 1, 162; *Spirit of the Laws*, 155. 参见《论法的精神》，第183页。

里所发现的公共精神版本的这一特殊解释方式,但在经过40年共和主义复兴之后,大多数研究卢梭的严肃学者,就像史克拉一样,首先将他看作是共和主义社会契约理论家。①

因此,马克思的《社会契约论》摘抄揭示卢梭的共和主义显然回应了他在马基雅维利和孟德斯鸠摘抄中的共和主义精神。首先,在马克思的摘抄中,我们发现卢梭对社会契约的共和主义式定义的开放性探索:

社会公约可以……简化为如下的词句:我们每个人及其全部的力量共同置于公意的最高指导之下。②

只是一瞬间,这一结合行为就产生了一个道德的与集体的共同体,以代替每个订约者个人;组成共同体的成员数目就等于大会中所有的票数,而共同体就以这同一个行为获得了它的统一性、它的公共的大我、它的生命和它的意志。这一公共人格……"城邦"……"共和国"或"政治体"。当它是被动时,它的成员称它为"国家",当它是主动时,就称它为"主权者",而以之和它的同类相比较时,则称它为"政权"。③

---

① C. E. Vaughan, "Introduction to Rousseau," *Political Writings* Vol. 1 (New York: Wiley, 1972), 50-71; J. L. Talmon, *The Rise of Totalitarian Democracy*; (New York: Praeger, 1960), 38-491; Isaiah Berlin, *Freedom and Its Betrayal*, 27-49; Shklar, *Political Thought and Political Thinkers*, 262-293. For a republican interpretation see Graeme Garrard, *Rousseau's Counter Enlightenment: A Republican Critique of the Philosophes* (Albany: State University of New York Press, 2003).

② Marx, "Exzerpte und Notizen," 91; Rousseau, *Du contrat social*, 67, Social Contract, 15. 中译本参见《社会契约论》,何兆武译,商务印书馆,2003年版,第20页。

③ Marx, "Exzerpte und Notizen," 91-92; Rousseau, *Du contrat social*, 68-69, *Social Contract*, 15-16.《社会契约论》,第21页。

这些来自于卢梭《社会契约论》第一部分的摘抄，恰恰是现在被用来把卢梭牢牢置于尤其是对社会契约的共和主义阐释，这种解释不仅把契约基于消极自由或平等，而且基于共同体伦理，这种伦理源于把个体置于由契约创造的新公共社会秩序的吸引。

此外，马克思对第二部分的摘抄集中于卢梭对社会契约理论最独特的贡献：将公意概念牢牢地置于公共精神的共和主义伦理的语境中：

> **众意**和**公意**之间经常总是有很大的差别。公意只着眼于公共的利益；而众意则着眼于私人的利益，众意只是个别意志的总和：但是，除掉这些个别意志间正负相抵消的部分而外，则剩下的总和仍然是公意。①

对构成民主基础的集体身份的要求，我称之为"全球团结"，在这种对公意的高度抽象的论述中所展示，在过去的批评中常常脱离其在西方共和主义传统中的根基。②然而，马克思的摘抄明确指出，在整个《社会契约论》的第二部分，公意所要求的全球团结与民主共和主义伦理中尤其可贵的公共精神相联系：

> 如果国家，或者说城邦，只不过是一个道德人格，其生命全在于它的成员的结合，并且如果它最主要的关怀就是要保存它自身；那么它就必须有一种普遍的强制性的力量，以便按照最有利于全体的方式来推动并安排各个部

---

① Marx, "Exzerpte und Notizen," 94; Rousseau, *Du contrat social*, 82–83, *Social Contract*, 26.《社会契约论》，第 35 页。

② Berlin, *Betrayal of Freedom*, 27–49.

分。正如自然赋予了每个人以支配它的各个成员的绝对权力；正是这种权力，当其受到公意指导时，……就获得了"主权"这个名称。①

这段摘抄不仅将公意与共和主义相联系，而且与似乎将个人完全置于公意统治下的非自由主义的甚至反自由主义的共和主义相联系。幸运的是，在摘抄所在的这章"论主权的限度"中，卢梭至少试图限制社会对个人的这种控制；而马克思引用了具体段落，在对共和主义团结进行自由主义限制方面走得很远（但并非足够远）："主权者不能……给臣民加以任何一种对于集体是毫无用处的约束；他甚至不可以有这种意图；因为在理性的法则之下，任何事情绝不能是毫无理由的。"②

马克思将公意和共和主义伦理相联系的摘抄，以卢梭式的公共精神达到了同样的顶点，在1844年的《论犹太人问题》第一部分（"JQ1"）中，马克思也以卢梭式的公共精神总结了他对全球团结的著名颂扬：

> 那些敢于建立人民机构的人，可以说，必须觉得自己有能力改变人性，将每一个本身是完整的、独立的整体的个体，转变成他在某种程度上获得其生命和存在的更大整体的一部分……用部分和道德的存在替代物质和独立的存在。他必须……把人类自身的权力从他身上带走，并且取

---

① Marx, "Exzerpte und Notizen," 94; Rousseau, *Du contrat social*, 85, *SocialContract*, 27.《社会契约论》，第37页。

② Marx, "Exzerpte und Notizen," 95; Rousseau, *Du contrat social*, 86, *SocialContract*, 28.《社会契约论》，第38页。

代他们的是只有在别人帮助下才能运用的异己权力。

当马克思发表《论犹太人问题》，即他关于1843年所进行的社群主义民主研究的高潮时，他引用了卢梭的这一著名段落，但是从马克思当时的德国社群主义的核心来讲，赋予了它特殊的含义。①在此期间，马克思不仅阅读古代罗马语系的共和主义者的著作，而且他自身还关注德国在社群主义的政治伦理方面的一个特别争议，这个问题出现在1841年路德维希·费尔巴哈《基督教的本质》和1842年出版的著作《哲学革命序论》中，这发生在马克思刚搬到巴黎不久前。在这些伦理著作中，费尔巴哈为推进自己的伦理学，批评黑格尔的社群主义伦理学版本。②

在通向社群主义的两种进路——共和主义进路以及，尤其是德国辩论——中，黑格尔是一个核心人物，但黑格尔的进路不同于1843年马克思摘抄的罗马语言中的共和主义进路，并且，也不同于费尔巴哈式的看待共同体的深入的文化方式。在罗马语言的共和主义、费尔巴哈式的共和主义与黑格尔式思考方式之间的冲突，在《黑格尔国家学说批判》——马克思在写作的同时也做了有关马基雅维利、孟德斯鸠和卢梭的笔记——中产生了一种令人瞩目的社群主义式民主的解释。共和主义的摘抄笔记和"批判"，也与他1844

---

① Marx, "Exzerpte und Notizen," 96; Rousseau, *Du contrat social*, 97-98, Karl Marx, "On the Jewish Question" 1, in Karl Marx *Early Writings* (New York: Penguin, 1975), 224; "Judenfrage," in Karl Marx, *Die Frühschriften* (Stuttgart: Kroner, 1955), 199. 这篇文章是马克思1844年对布鲁尼·鲍威尔的重印版的《论犹太人问题》的评论。在1843年的摘抄和发表"犹太人问题"，马克思忽略了两个相同的段落。在"他的存在"和"代替"之间，他忽略了"为了强化它之故而改变人的结构"，在"他必须"和"带走人类的"之间，他忽略了"总之"。

② Feuerbach, *Essence of Christianity*, 1-12; "Preliminary Theses on the Reform of Philosophy," 156.

年的《论犹太人问题》有密切关联。必须要从他对古典共和主义、现代共和主义的理解,以及对法国大革命的理想自由主义式辩护和热情中,来阅读马克思1843年至1844年的政治伦理。

今天,在阅读马克思对黑格尔的《法哲学原理》的悖论在于,过去40年来共和主义的复兴,允许我们以一种几乎与马克思所选择的评论相反的方式来阅读黑格尔的著作。现在,我们最终能把它视为一部共和主义著作,但是,马克思认为它基本上是一部反共和主义的著作。在卢卡奇的《青年黑格尔》(写在1938年的前几年,在俄罗斯,他被法西斯流放到那里,因此,远远早于现代公民共和主义在西方的复兴)中,黑格尔政治伦理中的共和主义因素得到了深刻的体现。卢卡奇为黑格尔关于社会实践的公共伦理(Sittlichkeit)的论述进行辩护。在《青年黑格尔》中,**有关伦理**的伦理学(Sittlichkeit ethics)与古代希腊和罗马共和国以及孟德斯鸠思想相联系。①

普遍认为,在通向伦理学的德国哲学进路的历史中,伊曼努尔·康德创立了一个基于普遍的、公正的,至少据称独立于社会和历史的实际状态的特定道德立场的伦理学,而黑格尔试图建立一种扎根于历史的具体社会实践的伦理学。黑格尔把前者称为道德(Moralität),把后者称为伦理(Sittlichkeit)。道德由基于理性的抽象和普遍原则构成,而伦理把实践者使用的社会实践作为道德原则。前者受到所谓的理想自由主义传统的青睐,而后者则受到社群主义社会评论家的支持。请注意,在这个定义中,这两个概念本身并非不可兼容。道德的一些或全部抽象的、普遍的原则可能被纳入社会实践。伦理的部分或全部社会实践可能会使用基于理性的抽象的、普遍的原则。然而,从黑格尔到近代对康德和哲学自由主义的社群

---

① Lukács, *The Young Hegel*, 4, 35, 55, 146-167.

主义批判，康德的道德和理想自由主义原则的问题，在于它们常常过于单薄，而不是一种厚的社群主义伦理。这似乎不仅是偶然批评，毕竟两个领域之间并没有足够多的重叠。相反，一些社群主义者认为，基于理性的普遍原则必须保持薄，因为抽象的性质使它们不利于生活和社会实践。关于这一点，道德理论家——现在通常与自由主义的抽象哲学表达有关——反驳，社群主义者在其渴望植根于道德原则上，必须越来越少地关心其普遍性和合理性。[①]的确，社群主义伦理，尤其是被表达为一种黑格尔式的关于伦理的伦理学时，被理解为一种需要加强道德反思的理论，这是尤根·哈贝马斯在1976年对马克思主义著名的道德重构中所作的补充。[②]毫无疑问，许多理论家使得历史和社会的社会关系理论听起来是非道德的，而且马克思关于道德的一些表述增强了这一点。然而，卢卡奇使用关于伦理的伦理学就表明，在最好的情况下，就像它听起来那样，它的确是：一种将伦理融入社会现实的伦理理论。[③]

正是卢卡奇在1920年代和1930年代大胆尝试将马克思主义伦理学融入到黑格尔式的关于伦理的伦理学中，充分揭示了社群主义

---

① 在关于这个话题的大量文献中，无论是关于现代共产主义者和自由主义者，还是关于康德-黑格尔的辩论，我都会引用 Benjamin Barber, *The Conquest of Politics* (Princeton: Princeton University Press, 1984), 3-21, 这是关于社群主义的，而 Dworkin, *Taking Rights Seriously,* 147 是关于自由主义的。如果让康德和黑格尔对话，我会选择 Kant, *Foundations of the Metaphysics of Morals* (Indianapolis: Bobbs-Merrill, 1956), 49, 以及 Hegel, *Hegel's Philosophy of Right,* 33.

② Jürgen Habermas, *Zur Rekonstruktion des Historischen Maaterialismus.* (Frankfurt: Suhrkamp, 1976). See my "Jürgen Habermas' Recent Philosophy of Law and the Optimum Point between Universalism and Communitarianism," in *Radical Critiques of the Law*, ed. Stephen Griffin and Robert Moffat (Kansas:University Press of Kansas, 1997), 67-82.

③ See my "Hegelian Marxism and Ethics," *Canadian Journal of Political and Social Theory* 8:1-2 (1984): 112-138; "Lucien Goldmann and Tragic Marxist Ethics." *Philosophy and Social Criticism* 12:4 (1987): 350-373.

马克思主义的道德观点的一个细微差别。在1923年的《历史和阶级意识》中，卢卡奇第一次提出了对他所谓的乌托邦道德立场的一般批评。卢卡奇认为，把我们的意志强加于事实，和在事实中发现一个指引我们意志方向的时刻，同样是不可能的，也就是说，他反对与康德道德立场相关的对事实的极端乌托邦式嘲笑，以及对事实的社群主义崇拜。①卢卡奇取代了自主道德观（autonomousmoral standpoint）概念，即认同一种新历史伦理的概念，这一概念可以改变朝向道德的人类欲望的事实，但不依赖于事实或道德欲望。卢卡奇显然认为，凭借这种对历史进程的认同，没有伦理原则和道德立场的自主权——无论如何他之前经常把它视为改变事实的超验欲望——他也可以做到。因此，卢卡奇做出了一种反对**有关道德**的伦理学（Moralität ethics）的论断，也就是，反对一种基于自主性（源于嵌入式实践）的理想道德观。然而，即使是基于其自身条件，这个论断也只声称，认同无产阶级所采用的新历史伦理，使得道德观变得没有必要，而不是道德观与这种认同是不一致的。卢卡奇从来没有令人信服地表示，如果工人阶级的成员打算接受一种朝向新伦理的历史目的论力量概念（the concept of the teleological force of history），将其作为行动指南，那么，他们必须放弃作为行动指南的道德观。

几年后，卢卡奇澄清了道德观与**有关伦理**的伦理学之间的关系。背景是在黑格尔死后，他的**有关伦理**的伦理学的模棱两可导致了黑格尔左派、中派和右派之间的分裂。在这样的背景下，假定作为一个马克思主义者的卢卡奇会提出一种对黑格尔的左派解释，并将马克思解释为黑格尔左派，是自然而然的。实际上，卢卡奇曾经

---

① Georg Lukács, *History and Class Consciousness* (Cambridge, Mass: MIT Press, 1971), 23.

在《历史和阶级意识》中作过这样的解释。但是，在1925年关于摩西·赫斯（Moses Hess）的文章中，他不但没有这样做，反而积极主张对黑格尔的典型的左派解释是不正确的，而且马克思本人并不是任何典型意义上的黑格尔左派。对于卢卡奇来说，黑格尔和马克思都是进步派，因为他们都接受一种强调个人如何投身于历史社会实践（Sittlichkeiten）的政治伦理，而与典型的左派——在面对历史和传统上呼吁一种完全抽象的伦理学——分道扬镳。对卢卡奇来说，黑格尔（当然还有马克思，甚至更多）要求改变，但是哲学的变革必须从冷静的现实主义——当它们在历史中展开时，个人如何真正融入社会关系——中产生。①从《历史和阶级意识》到"摩西·赫斯"以及《青年黑格尔》中的共和主义，卢卡奇的进展首先表现在，解释马克思主义社会关系理论的理想方式，是它作为一种道德概念——深深植根于个人所从事的实践的现实，但它与道德反思并不矛盾——发挥着最大作用。同样清楚的是，卢卡奇越强调**有关伦理**的伦理学作为马克思主义伦理学的基础，他就越能强调马克思主义的共和主义基础。虽然**伦理**理论与共和主义互不牵扯，但两者之间有着密切关系。**有关伦理**的伦理学与共和主义的伦理学强调认同，并将个人的道德立场融入社会的社会目标，我称之为全球团结。

卢卡奇一方面在共和主义者孟德斯鸠和黑格尔之间建立联系，另一方面将马克思与我们对共和主义的新理解相联系。事实上，黑格尔和孟德斯鸠是现代最伟大的共和主义法律和政治伦理的分析家。他们强调，公民共和主义者在建构理想政体和宪法时如何把握人的精神。此外，黑格尔式共和主义和马克思主义式共和主义意味

---

① Georg Lukács, "Moses Hess and the Problems of Idealist Dialectics," in Lukács, *Tactics and Ethics* (New York: Harper and Row, 1975).

着一种**有关伦理的**伦理学。比 1930 年代卢卡奇所能做的，共和主义的复兴有助于更清楚地展示黑格尔式共和主义。①

即使在 1843 年，马克思最反对黑格尔的时候，他也提到了黑格尔《法哲学原理》的共和主义元素。尽管如此，马克思选择加以评论的段落，往往看似直接反对共和主义的民主精神，以至即使它们揭示了公共精神，由于仍然如此执着于贵族精神甚至君主制精神，以致马克思无法容忍它们。在"批判"中，马克思运用了两种反对黑格尔社群主义政治伦理的论据，来构建他自己关于民主的社群主义式伦理。首先，马克思的民主概念部分，只是积极阐释了他对政治制度的消极批判。听起来像是后来许多无政府主义者都赞成的注脚，马克思诋毁了民主的制度基础，他认为这脱离了真正的共同体。这是马克思的反政治和反共和主义的论点。然而，对于 1843 年的马克思来说，这些反制度论证是费尔巴哈的深层文化伦理对抗黑格尔的政治伦理的回声。这些论证在反对马基雅维利、孟德斯鸠和卢梭的共和主义和它们反对黑格尔上同样出色。它们代表了一种对**有关伦理**的伦理学的反应，从把共同体视为情感、表达、爱和即时性的费尔巴哈式观点的立场来看，这是一种植根于具体的社会和历史实践的伦理。他们坚持要求共同体的及时的、充分的流动，反对其在制度（如政治和法律制度）中的伦理表达。

首先，这一社群主义民主的反政治解释被一种政治解释所补充。其次，马克思想要一种公共生活中公民更多参与意义上的民主，其中包括经济、社会和政治生活的其他方面，但不一定主要是国家或法律事务意义上的政治生活。这是马克思的政治的、公共的

---

① 关于共和主义的黑格尔,也参见 Charles Taylor, "Hegel's Ambiguous Legacy for Modern Liberalism," 65; Steven B. Smith, *Hegel's Critique of Liberalism* (Chicago: University of Chicago Press, 1989).

民主论断，它反对黑格尔强调的作为一个精英群体——代表过度私有化的公民社会——的国家。马克思陈述了两个概念，作为反对黑格尔的不同论点：（1）"民主既是形式又是内容。黑格尔从国家出发并将人视为主体化的国家；民主源于人，把国家想象成客观的人。"（2）"正如宗教不能使人成为人，而是人创造了宗教一样，宪法并不能使人民成为人民，而是人民创造了宪法。"[①]

因此，这些反对黑格尔式政治社群主义论点中的每一个，至少发展了社群主义民主的初步特征，并且这些特征彼此冲突。然而，每一个都太碎片化，而不能被视为民主的完整定义。尽管如此，这两个论述都指向共同民主的完整定义。正是因为它们具有这种潜能，因此，展示马克思关于共同民主的特征中阻碍其发挥潜能的不一致之处，就很重要。

我们可以称（2）为马克思富有表现力的、深层文化的社群主义民主概念，源自于他与费尔巴哈伦理学的碰撞，这一碰撞强调，无论是有意还是无意，早期社群主义民主理论中的模糊性，如卢梭的和在古典共和主义传统中的更普遍的理论。无论当时或现在，这一传统都与自由主义民主强调个人同意国家的观点背道而驰。这个观点是指个人不仅必须被动同意，而且必须使自身积极致力于使民主成为真正有价值的伦理目标的共同原则。共和主义大多要求具有公共精神的公民，最近，两位共和主义政治理论家将马基雅维利的

---

[①] Marx, "Critique of Hegel's Doctrine of the State," in *Early Writings*, 87; "Kritik der Hegelschen Staatsphilosophie," in *Fruhschriften*. 关于马克思 1843—1844 年政治著作的另一种阐释，参见 Paul Thomas, *Alien Politics* (New York: Routledge, 1994).

公共精神与阶级理论和马克思主义联系起来。①我们已经看到，在马克思的马基雅维利、孟德斯鸠和卢梭摘抄中所表达的信奉公共精神是共和主义自治的基础。这些共和主义政治理想是对昆汀·斯金纳所认为的更有限和更严格的目标（传统自由主义允许国家对其公民进行追踪、宣传和要求）的挑战。②

显而易见，一旦提出这样一个观点，重要的是要补充，对于一种自由的社群主义而言，个人对原则的强烈而积极的承诺，本身不足以实现一个自由而民主的社会。自由的、民主的社群主义坚持认为，无论是积极遵守共同原则，还是个人同意或接受国家或政体，都是必要的。但是，人们必须遵守什么原则呢？通常，自由的社会契约论者可能会认为，他们致力于消极自由和某种程度的平等。社群主义者和共和主义者要求他们自己承担更多。然而，在这样做的时候，个体也可以被要求更多。关于社会可以承诺什么和政体可以潜在地要求其公民什么，这种更广泛的社群主义观念是否与自由主义的消极自由和平等观兼容？

为了回答这个问题，我们必须区分公民可以致力于什么和可以要求他们做什么这一更广泛的观念的三个方面：经济、政治和文化。比起政治上扩大或经济上、物质上扩大公民相互要求的范围，文化上的扩大对自由主义的自由和平等造成更多还是更少的困难？当然，不只是包括消极的自由和平等，黑格尔和费尔巴哈都扩大了对共同原则的承诺范围。费尔巴哈可能与黑格尔就共同体的含义发

---

① John P. McCormick, *Machiavellian Democracy* (Cambridge: Cambridge University Press, 2011), 6–9, 把马基雅维利和阶级理论联系起来。Miguel Abensoure, *Democracy against the State: Marx and the Machiavellian Movement* (London: Polity Press, 2011) 把马基雅维利和马克思主义联系起来。

② Skinner, "The Republican Ideal of Political Liberty," 300–301, 305–309; *Hobbes and Republican Liberty*, viii–xi; *Liberty before Liberalism*.

生过争执，但他与黑格尔的对话预设了他追求的不仅是有关消极自由和平等的典型自由主义价值观。当马克思加入辩论时，他预设了共同体不仅仅包括消极自由和平等。此外，马克思从马基雅维利、孟德斯鸠和卢梭那里摘抄的段落，都涉及一种超越平等和消极自由，包括公共精神在内的更广泛的公民承诺观念。事实上，将马克思几乎完全被忽视的、共和主义式公共精神参与的经典现代表达的摘抄，与他早期著名的政治著作并置，是令人大开眼界的。共和主义观点贯穿于"批判"，既反映在马克思对黑格尔的伦理批判中，也矛盾地反映在他对黑格尔自身伦理的阐述中。

马克思对黑格尔国家学说的评论，完全是针对黑格尔关于宪法的《法哲学原理》部分。在这本书的结构中，宪法占据了非常大的空间，黑格尔的共和主义甚至据此来表达自身。《法哲学原理》所有前面部分，从对道德和伦理的更个人主义、利己主义或私人主义态度的不完美，转向对伦理的更制度化态度，但是，在家庭和公民社会中伦理的首次制度化的巨大缺陷，被国家的特别是在宪法中表达的公共精神伦理所修正。然而，尽管黑格尔以公共精神对待国家宪法，这使得《法哲学原理》部分是共和主义的，另一方面，黑格尔的这本书却反对卢梭民主共和主义，部分反对马基雅维利的民主共和主义，甚至更反对孟德斯鸠的贵族共和主义。黑格尔共和主义的贵族性和半君主制性质，显然是由他的宪政国家的三大核心范畴所揭示：皇室、行政和立法，这三个范畴支配着马克思的"批判"。纵观马克思对这三个范畴的评论，他表达了对黑格尔那里非常有限的民主冲动的蔑视，与此同时，或是把他对黑格尔缺乏民主的批判与对黑格尔据称缺乏公共精神的批判联系起来，或是表明黑格尔的问题是他提到了公共精神却没看到或追踪其民主影响。

但是，马克思如此信奉这一理念，即共和主义公共精神需要民主,以至于他通常很不愿意承认,即使看起来黑格尔对公共精神的信奉完全是真实的。因此,例如,黑格尔关于君主代表所有类别的建议只会被嘲笑。马克思在古代世界而不是在黑格尔那里找到真正的共和主义公共精神。马基雅维利、孟德斯鸠和卢梭所发现的对古代共和国的崇敬,与马克思遥相呼应:"要么共和国是真正的对公民私人的关注……或者,政治国家只不过是一个人私人的任意妄为……就像亚洲的专制主义一样。"[①]

对于马克思来说,黑格尔并没有表明行政部门——被黑格尔视为一个理性官僚机构——能够代表公民的公共精神方面。[②]黑格尔的极其间接的立法集会形式也未允许立法机构捕捉到公民的公共精神。[③]的确,黑格尔未能展示国家如何捕捉公共精神,据说是为了展示他对现代国家现实的洞察力;在整个"批判"中,古代公民过一种公共关切生活的能力与现代公民在这方面的无能形成对比。[④]

对25岁的马克思来说,黑格尔的国家公民不可能有真正的统一意识,就像不可能有真正的公民信任一样。[⑤]对于马克思来说,黑格尔的法的概念不能超越私人关切,再一次,这表明他与现代国家的反公共精神的推动力有多么协调。[⑥]在现代代议制国家,以及在黑格尔对它的描述中,作为公民特殊利益对立面的普遍的公民概

---

[①] Marx, "Critique of Hegel's Doctrine of the State," 91. 接下来的几种观点出现在我的这篇文章"Marx's Early Concept of Democracy and the Ethical Bases of Socialism," in *Marxism and the Good Society*, ed. Lyman Legters, et. al. (New York: Cambridge, 1981),但是没有探讨它们和共和主义的联系。

[②] Marx, "Critique of Hegel's Doctrine of the State," 100, 101.

[③] 同上,124-125。

[④] 同上,127,138。

[⑤] 同上,160,174。

[⑥] 同上,177。

念消失了。①然而，马克思在其"批判"中，确实无意中透露了他对黑格尔的理解，即在其伦理学中，黑格尔不是一个反共和主义者，而是一个失败的共和主义者。黑格尔有时被看作是想要但却不能获得公共精神的公民身份，主要原因是他蔑视真正的民主："黑格尔一气呵成地提出了完全矛盾的论断：代表是基于信任，基于一个人对另一个人的信任，同时它又不是基于信任。这是一个相当正式的游戏。代表的对象不是特定的利益，而是人及其国家公民的普遍利益。"②

为了理解马克思在1843年至1844年对共和主义的态度，我们想知道为什么——如果他着迷于马基雅维利、孟德斯鸠和卢梭强调的具有公共精神的参与——他没有同样更清楚地看到至少在黑格尔身上的共和主义的公共精神因素？问题的一部分原因是黑格尔在马克思同时代的德国青年黑格尔主义者中，尤其是费尔巴哈的声誉。作为一个强调共和主义公共精神的伦理思想家，黑格尔认为，一种自足的伦理学必须依赖于广泛的政治、社会和经济制度。与一些青年黑格尔主义者的嘲讽相反，他并未将所有或大多数现存的制度，都视为植根于**伦理**的道德原则的适当体现。③对于黑格尔来说，在伦理的道德实践中，伦理的嵌入性可能是积极还是消极，取决于这些制度是否允许人类认识到它们最真实的要素，其中包括它们最具公共精神的道德原则。这是共和主义的黑格尔。④然而，在1843年，马克思经常屏蔽黑格尔的这一方面，部分原因是他根据费尔巴

---

① Marx, "Critique of Hegel's Doctrine of the State," 182–183.
② 同上，197。
③ See Jacques D'Hondt, *Hegel en son Temps* (Paris: Editions Sociales, 1968), 99–120; Shlomo Avineri, *Hegel's Theory of the Modern State* (Cambridge: Cambridge University Press, 1972), 62–80, 讨论了黑格尔在普鲁士拒绝君主制因素。
④ See especially Taylor, "Hegel's Ambiguous Legacy for Modern Liberalism," 64–77.

哈的批评来看待黑格尔。

　　费尔巴哈在 1831 年黑格尔逝世后就在政治伦理问题进行的辩论背景下写作，论证黑格尔对像国家这样机构的强烈辩护反映了他的一般伦理学中的一个错误。费尔巴哈主张一种超越任何传统意义上的政治的政治伦理。对于费尔巴哈而言，人类必须在自身中认识自己，而不是在国家或宗教机构中，这两者都被认为是使人类异化。他认为，最重要的是，社群主义理想的表达必须是直接的。此外，对于费尔巴哈而言，当一个人达到自我实现时，不仅仅是对他个人的能力而言，而且是就属于该个体作为该物种成员的共同力量（common powers）而言。因此，对于费尔巴哈来说，以前进入政治和宗教机构的社群主义伦理活力，现在应该追求人类的共同力量，就像它们在标准政治中一样，要直接而非间接地经历。这种直接性包括在日常经验中找到自己和一个人的共同感，这变成某种优越于有组织的宗教、法律和国家的抽象领域的东西。

　　尽管费尔巴哈的观点可能似乎在总体上直接打击了黑格尔式社群主义和政治社群主义，如果他想到的话，包括马基雅维利、孟德斯鸠和卢梭的共和主义，但是，这样一个横扫一切的结论是没有必要的。马克斯·施蒂纳（Max Stirner），个人主义的无政府主义者，《唯一者及其所有物》的作者，声称费尔巴哈仍然保留了在宗教尤其是宗教的利他伦理中他所批评的大部分内容。在回应中，费尔巴哈同意，在某种意义上，他既反对黑格尔的间接共同体，也反对施蒂纳缺乏共同体，从而捍卫了他的道德共同体概念。① 因此，尽管政治形式，包括黑格尔的共和政治，可能从费尔巴哈的伦理理念中消失，但是它们的内在内容依然存在。事实上，费尔巴哈对黑格尔

---

　　① Ludwig Feuerbach, Uber Das *Wesen des Christentums* in Beziehung auf den *Einzigen und sein Eigentum*, in *Werke*, Vol. 4 (Frankfurt: Suhrkamp, 1975), 69-80.

的政治共同体解构之后，所留下的是社群主义政治和社群—共和主义政治的内在内容：对一些基本的个人目标与社会目标的自觉认同，我称之为全球团结，可以看作是实现社群主义民主和共和主义公共精神的关键。

结果，当马克思拿起费尔巴哈的棍棒反对黑格尔时，他的社群民主伦理就处于卢梭的直接共和主义民主伦理与费尔巴哈的直接社群主义经验伦理之间。[①]在这两种情况下，民主都需要全球团结，但是，每种情况都要求它采取不同的形式。费尔巴哈的民主伦理是深刻的、文化上的，卢梭的民主伦理则是直接的、共和主义的。这两者之间有着天壤之别，尽管它们都体现了社群主义伦理。费尔巴哈深厚的文化社群主义不再强调包括国家在内的一切制度形式。卢梭的直接民主共和主义强调国家，就像孟德斯鸠的不那么直接的共和主义一样。马基雅维利对此的立场含糊不清，所以，马克思从《论李维》中的摘抄确实没有涉及公共精神的直接与间接表达的问题。但是，马克思1843年从《论法的精神》与《社会契约论》中的摘抄表明，他意识到了对回答这一问题——直接性或间接性多大程度上相容于或被要求于共和伦理——时所需要的细微差别。

孟德斯鸠关于直接和间接形式的共和统治的观点，源于他对三种可能的政府形式的基本定义。在第一种形式共和主义中，要么一些人，要么大多数人，甚至所有公民都参与制定法律。在前一种类型中建立了一个贵族共和国，后者是一个民主共和国。在第二种形式君主制中，是一个人的统治，但有固定和稳定的法律。在第三种

---

① 关于费尔巴哈，尤其参见 *Vorläufige Thesen zur Reform der Philosophie*, in *Kleine Schriften* (Frankfurt: Suhrkamp, 1966), 128. 关于卢梭、费尔巴哈和青年马克思之间的关系，参见 Richard Hunt, *The Political Ideas of Marx and Engels*, Vol. 1 (Pittsburgh: University of Pittsburgh Press, 1968).

形式专制主义中,是一个人的统治,但没有固定的法律。①

与共和政府和非共和政府之间的这些对照相辅相成的是,孟德斯鸠为间接代表性共和主义,比在卢梭《社会契约论》中的发现,提供更有利的解释基础;这表现在他对选举权——马克思的"批判"的基本主题之一——的讨论中。在描述共和主义和民主共和主义的特征时,孟德斯鸠非常依赖于选举概念。这对现代读者来说并不奇怪,但是,正如法国知识分子、历史学家伯纳德·曼宁(Bernard Manin)最近提醒我们的那样,有一种类型的选举权,依靠于它可能会让很多18世纪读者感到惊讶,即依靠立法机关的选举权。一位18世纪中叶的读者会理解孟德斯鸠本人所指出的:"古人根本不知道……有以全国代表组成的立法机关为基础的政体。"②孟德斯鸠在《论法的精神》中做到了,而卢梭在《社会契约论》中却不允许代表来立法。

尽管,马克思从孟德斯鸠论选举权的第一部分摘抄掩盖了在这一点上的含糊不清,但是,马克思随后摘抄的段落却解决歧义。"在民主政治里,人民在某些方面是君主,某些方面是臣民。只有通过选举,人民才能当君主,因为选举表现了人民的意志。"③即使人们没有在《论法的精神》,或马克思从中的摘抄中看得更远,孟德斯鸠想要拥有公民的意志,意味着在行政和立法方面有代表的支持。但是,马克思的摘抄澄清了这一点和表明了他的理解,即孟德斯鸠不仅允许地方官员的选举,而且允许立法议会的代表成员的选举。在他著名的关于权力分立的陈述中,孟德斯鸠同意代表议会,马克思引用道:"每一个国家有三种权力:立法权力、有关国

---

① Montesquieu, *Spirit of the Laws*, 10. 参见《论法的精神》,第9页。

② Montesquieu, *Spirit of the Laws*, 167. 参见《论法的精神》,第197页。

③ Marx, "Exzerpte und Notizen," 106; Montesquieu, *De l'Esprit des lois*, Vol 1,12, *Spirit of the Laws*, 10.《论法的精神》,第9页。

际法事项的行政权力和有关民政法规事项的行政权力……我们将后者称为司法权力,前者简称为国家的行政权力。"①

正是这种分权学说导致孟德斯鸠明确支持选举立法议会的选举权,这是他自己与古代共和国的对比,也是卢梭在《社会契约论》中反对的,而曼宁认为这种看法即使在18世纪后期,虽然当时它被视为美国和法国革命的基本特征,也经常被认为是一种古怪的东西。②马克思的摘抄如下:

> 在一个自由的国家里,每个人都被认为具有自由的精神,都应该由自己来统治自己,所以立法权应该由人民集体享有;然而,这在大国是不可能的,在小国也有许多不便,因此人民必须通过他们的代表来做一切他们自己所不能做的事情……代表的最大好处,在于他们有能力讨论公共事务。人民是完全不适宜于讨论事情的。③

作为一个比孟德斯鸠更加激进、民主、平民主义和参与式的共和主义者,卢梭在《社会契约论》中批评了所有形式的代表制共和国,并且为共和政府设定了一个绝对必要的条件,即全体公民都直接参与一切法律和立法活动。大多数政治理论家会认为这种立场使卢梭成为一个激进的甚至是平民主义的民主主义者,而且马克思从

---

① Marx, "Exzerpte und Notizen" 109; Montesquieu, *De l'Esprit des lois,* Vol 1,163-164, *Spirit of the Laws,* 156-157. 参见《论法的精神》,第185页。马克思省略了括号里的部分。

② Bernard Manin, *The Principles of Representative Government* (Cambridge:Cambridge University Press, 1997), 1-7.

③ Marx, "Exzerpte und Notizen,"109; Montesquieu, *De l'Esprit des lois,* Vol. 1,166-167, *Spirit of the Laws,* 159. 参见《论法的精神》,第188页。在马克思的摘抄中,存在公共事业和人民之间的断裂,并且后者的"le"没有大写。

《社会契约论》第二部分关于建立参与式民主的摘抄,显示出他对这种异乎寻常的平民主义版本的民主共和主义的兴趣。但是,我们应该记住,对于卢梭本人来说,最严格意义上的民主意味着共和国的大多数公民在一切方面都自己管理政府。当他们这样做时,就是一个民主共和国;当他们不这样做时,就是一个贵族共和国。似乎很奇怪的是,顺着卢梭自己的术语,他在《社会契约论》中所信奉的民主制(populist democracy),在那里所有公民制定法律,对卢梭而言只要大多数人不执行法律,那也是一个贵族共和国。然而,卢梭关于民主共和国的宽泛概念,只不过意味着公民全体制定所有法律。作为一个实践模型,卢梭常常强调共和主义民主的宽泛概念,而不是更严格的定义。①幸运的是,马克思的摘抄揭示了卢梭的民主共和主义的民粹风格,以及其与孟德斯鸠由分权驱动的宪政与对代表议会辩护的对比。

马克思对孟德斯鸠认可的分权和代表议会的摘抄来自英国这一章,孟德斯鸠认为国家作为是一个现代国家,以自由为基本目标。②相比之下,在《社会契约论》中,卢梭的主要共和主义模型是古代世界,尤其是公民集会。对于卢梭来说,人民倾向于公共事务,这种普遍共和意志的可能性的大多数历史证据,来自罗马共和国,正如通过马基雅维利的李维所描述的那样。在捍卫共和民主中,卢梭嘲笑了针对罗马平民公民活动的不和指控:"实际上,即使是在最动荡的时代,只要元老院不加干涉,人民的**全民公决**总是进行得很平静的,并且总是按多数票来表决的:公民们既然只有一种利益,人民便只有一种意志。"③

---

① Rousseau, *Du contrat social*, 171, *Social Contract*, 57–58.《社会契约论》,第79—80页。

② Montesquieu, *Spirit of the Laws*, 156. 参见《论法的精神》,第184页。

③ Rousseau, *Social Contract*, 94.《社会契约论》,第134页。

虽然马克思没有引用这段话，但他的摘抄强调了在一个具有公意的共和国中公民自身直接立法的必要性。马克思从《社会契约论》中关于古代共和国的引用来自一个更罕见的雅典的例子，更接近马克思对古希腊哲学的关注，而不是对卢梭、马基雅维利和孟德斯鸠的共和罗马的关注："在希腊人那里，凡是人民所需要做的事情，都由人民自己来做，他们不断地在广场上集会。"① 马克思的摘抄显示了他的清晰认识，即对卢梭而言，这个人民的权力首先是立法上的，因为他引用了卢梭关于民主的著名说法，认为公民中的大多数是行政官，从而表明卢梭认为他自己的民主制共和国不允许代表立法议会，但却允许被选举的立法者，作为一个贵族共和国。② 马克思选择的摘抄也表明他清楚地理解，卢梭禁止代表立法议会是如何从公意理论，以及从批判孟德斯鸠的宪政分权中有机地发展起来的。通过引用"主权是不可分割的"这章，马克思呈现了卢梭的观点，即"我们的政论家们既然不能从原则上区分主权，于是便从对象上区分主权……这一错误出自……我们把仅仅是主权权威所派生的东西误以为是主权权威的构成部分"③。与这种支离破碎的、毫无疑问在卢梭头脑中与孟德斯鸠相联系的观点相反，卢梭赞同统一和完整的公意将制定其自己的法律：

> 但是当全体人民对全体人民作出规定时，他们便只考虑着他们自己了；如果这时形成了某种对比关系的话，那

---

① Marx, "Exzerpte und Notizen," 101; Rousseau, *Du contrat social*, 160, *SocialContract*, 86.《社会契约论》，第122页。

② Marx, "Exzerpte und Notizen," 100; Rousseau, *Du contrat social*, 126, *Social Contract*, 57–58.《社会契约论》，第79—80页。

③ Marx, "Exzerpte und Notizen," 94; Rousseau, *Du contrat social*, 79–80, *Social Contract*, 24–25.《社会契约论》，第33—34页。

也只是某种观点之下的整个对象对于另一种观点之下的整个对象之间的关系,而全体却并没有任何分裂。这时人们所规定的事情就是公共的,正如作出规定的意志是公意一样。正是这种行为,我就称之为法律。①

正是这个主权立法机构组成了国家,政府只是寄生于其上的行政机构。"国家是由于它自身而存在,但政府则只能是由于主权者而存在的。"②此外,

> 政府的滥用权力,这表明在国家议会中拥有议员或代表的权宜之计。在某些国家,他们就是人们所公然称之为的"第三等级",就好像其他两个等级的私人利益应该排在第一和第二位,而且公共利益应该考虑仅排在第三位。
> 正如主权是不能转让的,同理,主权也是不能被代表的;主权在本质上由公意所构成,而意志又绝不可以被代表:它只能是同一个意志,或者是另一个意志,而绝不能有什么中间的东西。因此人民的议员就不是,也不可能是人民的代表;他们只不过是人民的办事员罢了,并且他们不能作出任何肯定的决定。他们的行为不可能成为法律……
> 代表的观念是近代的产物,并且源于封建政府,起源于那种使人类屈辱并使"人"这个名称丧失尊严的、既罪恶而又荒谬的制度。

---

① Marx, "Exzerpte und Notizen," 95; Rousseau, *Du contrat social*, 94, *Social Contract*, 33–34.《社会契约论》,第 46 页。

② Marx, "Exzerpte und Notizen," 99; Rousseau, *Du contrat social*, 121, *Social Contract*, 54.《社会契约论》,第 76 页。

这是可发现的对代表议会的强烈控诉,但是,马克思在文章中忽略了这一对英国代议制政府的具体鉴定,从而忽略了对孟德斯鸠间接共和主义的具体抨击。①

在"批判"中,马克思在代表议会上支持卢梭或孟德斯鸠吗?答案是,马克思支持1789年的法国大革命,以及在此之前的1776年的美国革命。正如曼宁提醒我们的那样,这些革命的最终结果是坚持认为民主与代表议会是一致的。②因此,孟德斯鸠对代表议会的辩护,本身就是基于17世纪英国革命,经常但并非总是在马克思对卢梭的评价中得到肯定,尽管卢梭对直接性的许多呼吁既存在于法国革命本身也存在于马克思的"批判"中。

马克思运用法国大革命的经验来摆脱显然是卢梭的直接性和孟德斯鸠式的代表制之间的中间路径,呈现在他对最先出现的黑格尔悖论——宪法或立法——的解决中。黑格尔运用这一事实,即立法本身必须基于宪法,来限制与法国大革命相联系的关于宪法的自然法改革。马克思反对这一点,为法国大革命的立法议会辩护——实际上通常是代表的——来制定法律或大幅度改变宪法的最终权力:"立法创造了法国大革命;事实上,无论它出现在什么地方,作为一个主导因素,它带来了伟大的、生机勃勃的、普遍的革命。它并没有攻击这样的宪法,而只是攻击一个特定的、过时的宪法;这是因为立法充当人民代表和类意志(species-will)的代表。"③

费尔巴哈认为类意志是在宗教和政治中表现出来的人类共同感。在马克思关于立法的评论中,无论他有多么接受代表,也存在着一种使立法尽可能直接和接近于人民生活的卢梭式和费尔巴哈式

---

① Marx, "Exzerpte und Notizen," 100–101; Rousseau, *Du contrat social*, 158–159, *Social Contract*, 85.《社会契约论》,第 120–121 页。

② Manin, *Principles of Representative Government*, 1–7.

③ Marx, "Critique of Hegel's Doctrine of the State," 119–120.

主张。这个观点出现在马克思对现代国家和黑格尔国家的抽象性的著名攻击中：

> 在现代国家中，"全体关注"以及与它相关的任何事情就是垄断……这个现代国家已经形成了一种奇怪的想法，即把"全体关注"视为一种**单纯形式**……
> 宪政国家就是那种国家形式，在那里，国家利益，即人民的真正利益，只是在形式上存在，尽管它与现实状态一样是一种确定的形式。

对于马克思而言，就黑格尔的观点而言，"一方面，国家和政府总是被视为等同的，另一方面，人民分裂成为社团和个人"[①]。正是这种费尔巴哈—马克思主义的要求——废除或根本转变国家形式——使得马克思最终反对代表性立法活动，这是他反对黑格尔君主制的革命性辩护："代议制宪法是一个巨大的进步，因为它是对**现代国家境况**的开放的、合乎逻辑的和没有歪曲的表达。"[②]

现在我们可以看到，在"批判"中，在他对直接性的态度上，当他接受法国大革命时期出现的代表议会结构时，马克思有时听起来像孟德斯鸠，当他强调人类必须直接体验他们的权力，而不是通过一个代议制国家间接使用权力时，他有时像卢梭和费尔巴哈。这一关于直接性的哲学强调，听起来像卢梭的共和主义思想，即所有公民都应该立法，他们不能允许代表为他们立法，而且政治行政机关对于立法机构来说并不重要。但是，这种对直接性的强调，听起来也像是费尔巴哈为获得新的共同体验特征而总体强调重塑文化。

---

① Marx, "Critique of Hegel's Doctrine of the State," 129, 131.
② 同上, 141。

马克思在回应卢梭和费尔巴哈时也指出，当人在行使他们的权力时，他们应该理解他们的权力与全人类的共同权力的关系。这听起来像卢梭的共和主义式坚持，即对于真正的民主而言，必须接受共同原则。但对费尔巴哈，以及跟随他的马克思来说，这些社群主义似乎远远超出卢梭所允许的传统政治。费尔巴哈的共同原则接受在爱中必须有被动和积极的因素，并且承认个人的活动被他人的活动所补充。①这种深厚的文化社群主义理想有其危险，**如果它们被强加的话**。然而，正如马基雅维利、孟德斯鸠和卢梭所显示的共和主义那样，这种社群主义文化理想也可能在纯粹的政治制度中扮演一个更丰富的角色，**当且仅当没有企图强制这些理想时**。

1843年，马克思的德国社群主义/法国共和主义使他在这一阶段遵循社群主义的无政府主义来反对共和主义，强调没有或尽可能少的传统政治制度的社会解放。这改变了第二阶段"批判"中民主共同体的政治理论吗？背景是关于黑格尔宪法哲学的辩论。在《法哲学原理》中，黑格尔把自己置于两种宪法传统中。他认定的一种传统是卢梭的，把它看作是为实现一种自足的政治伦理而破坏所有社会传统的理论。②但是，黑格尔同样反对他所认定的第二种、保守的理论，即倾向于接受所有存在的传统，却不指出哪种传统更基本，或者这些传统之间的规范和逻辑联系。③这两种观点都代表着

---

① Feuerbach, *Essence of Christianity*, 33–43, 65–73.

② Jürgen Habermas, *Theory and Practice* (Boston: Beacon Press, 1973), 121–141; also see Habermas, *The Philosophical Discourse of Modernity* (Cambridge: MIT Press, 1987), 23–44, 对一个更具反思性和自由主义的黑格尔进行阐释。

③ Jacques D'Hondt, *Hegel en son Temps*, 111–118,已经表明黑格尔和其他人是如何把这一保守的传统主义和瑞士反共和主义的君主制支持者卡尔·冯·哈勒(Karl Von Haller)等同起来。

宪法法律的社群主义政治，黑格尔对这两种观点的联合批评，似乎表明了社群主义民主和共和主义的第三条道路。黑格尔似乎希望在宪法法律中有一个中间值，所以应该根据合理性评估传统，根据传统来评估合理性。在整个西欧和部分东欧以及美国，也必须找到像典型的现代西方国家所形成的这样的中间途径。[1]这种现代化的结果是合理编撰的法律体系的诞生，这是黑格尔所捍卫的。黑格尔表达他的中间立场，当他指出："一个制度不仅仅是所创造的东西；这是几个世纪的工作，它就是理念，就在一个特定国家中发展出的意识而言是理性的意识。"[2]

通过将自己置于中间传统之中，黑格尔可以把重点放在对共和主义至关重要的共同原则上，并以一种转型的方式将其应用于同样面临转型的自由主义的分权原则。随后，黑格尔可能认为，国家的各种权力都接受或承认各种原则，所有这些都导致了更大的全球团结。作为整体的国家，其任务就是连接这些原则，并且表明这些连接的合理性。用黑格尔的术语，国家的任务是在共同原则之间进行调解。正是共同原则的**调解**概念将黑格尔与卢梭区别开来。它不是这样的情况，正如卢梭在《社会契约论》中特别直接的共和主义版本，即所有公民都以同样的方式接受一些共同原则。[3]相反，在黑格尔的间接共和主义中，一些公民采用一些原则，另一些公民采用其他原则，以及作为一个整体的国家具有它的统一宪法，将各原则融合起来，同时联合支持不同原则的团体或阶级。这是共同原则的**调解**。

但是，正是**共同原则**的调解的概念，将黑格尔与卢梭、孟德斯

---

[1] Jürgen Habermas, *Between Facts and Norms* (Cambridge: MIT Press, 1996), 6, 42–81.
[2] Hegel, *Hegel's Philosophy of Right*, 286–287.
[3] Rousseau, *Social Contract*, 26–27.

鸠、共和主义传统，以及区别于他的更典型的自由主义分权理论家联系起来。通过强调不同权力之间进行调解的必要性，黑格尔采用了洛克和孟德斯鸠的自由主义政治哲学的内容。通过强调共同原则的必要性，黑格尔吸纳了卢梭的共和主义政治哲学以及孟德斯鸠在其共和主义方面的精神。①对于黑格尔来说，国家中的不同团体应该选择自己的代表，然后，这些代表就会碰面，达成一种国家利益的感觉。因此，他反对直接的普选权。

相比之下，马克思认为，在全国投票上每个公民都应该直接投票，因此反对黑格尔的中间立场。因此，马克思支持法国、美国和英格兰—苏格兰革命的经验，并且似乎与孟德斯鸠一样接受了代表议会。马克思捍卫普选权和所有人制宪的民主思想，反对黑格尔更为贵族、精英主义和封建主义的观点。通过反对黑格尔的社群主义政治形式，他认为，"'并不是**所有作为个体的人**，都应该共同审议和决定普遍关注的政治事务'，因为'个人的确在共同审议和决定政治上的**所有普遍关心的问题**'，如在社会中是作为社会的成员。不是作为个体的整体，而是作为整体的个人"②。

即使在这种批评中，马克思也站在如黑格尔、马基雅维利、孟德斯鸠和卢梭那样的共和主义的社群主义一边，反对这种立场，即仅凭自我追求的个人数量，就构成正义国家，这一立场通常与自由主义相关，但当然不适用于所有的自由主义；这是一个作为个体的全体参与国家的立场。当马克思与这种个人主义的民主概念相对立时，他强调，正如黑格尔、马基雅维利、孟德斯鸠和卢梭那样，关于国家也是由全体之中的个体所构成的社群主义观念，以及为了正

---

① Locke, *Two Treatises of Government*, 364–366; Montesquieu, *Spirit of the Laws*, 156–166.

② Marx, "Critique of Hegel's Doctrine of the State," 186; "Kritik der Hegelschen Staatsphilosophie," 137.

义国家，个人必须有一些基于全球团结的共同原则。这一点在马克思的评论中清楚地显现出来："当人们谈到'国家的普遍关切'时，给人的印象是'普遍关切'是一回事，而'国家'是另一回事。但是，**国家**是'普遍关切的问题'，而实际上通过'普遍关切的诸问题'我们意指国家。"①

"作为全体的个体"，作为民主的一个定义概念，对于马克思来说实际上意味着三件事情：首先，**所有个体**（all the individuals），经验上验证是否所有人都参与；第二，**作为全体的个体**（individuals as all），问题是所有这些个体都有共同原则；第三，在某种程度上，所有个体都有同样的原则。特别是最后一点，它定义了马克思的普遍主义的社群主义，而不是黑格尔的特殊主义观点，即不同群体的个人有不同的共同原则，然后由国家调解。因此，马克思再次可以被看作是跟随费尔巴哈，认为人类（human species）和个人自身（individual self）之间必须有一种直接的统一，但他也遵循卢梭的共和主义的民主，从而更加清楚地将费尔巴哈的文化社群主义应用于公认的政治制度。然而，即使在这里，马克思还未明确肯定直接议会民主——这成为其政治伦理学的一个如此关键的规范性链条，来作为他终结逐渐展开的不公正的财产阶级社会的愿景。然而，把自由主义的代表民主作为费尔巴哈纯粹的文化道德民主的具体应用，马克思是否可以对之进行辩护的问题依然悬而未决。但是，如果马克思的民主的特点——"人民制宪"，接受国家这一现实——与文化社群主义存在根本冲突，那么，这个问题必须以否定的方式进行回答。这不仅仅是有自由主义的政治解释与文化社群主义相冲突的可能性，而且，是否有任何实际的政治——不管它是直接的还是社群主义的——都会与费尔巴哈或马克思的 1840 年代早

---

① Marx, "Critique of Hegel's Doctrine of the State," 187.

期深厚的文化德国社群主义相冲突。

因为，当马克思以人民制宪的方式谈论民主时，他至少给予政治制度一个积极的角色。他追随着马基雅维利、孟德斯鸠和卢梭，而不是费尔巴哈。马克思甚至指出，正如在法国大革命中一样，当立法机构制定宪法时，这代表了类的意志（species will）的活动。①因此，在这里，马克思似乎持有卢梭两个方面的立场。卢梭的立场本身介于政治浪漫主义和社群主义道德（认为所有政治制度，立法的、行政的或司法的，都会使民主参与异化）与自由主义和共和主义混合（例如在孟德斯鸠那里发现的可以赋予代表和执行机构以强大的权力）之间。对于《社会契约论》中的卢梭来说，当然，公意——在一些方面类似于费尔巴哈的类——必须通过一个不是由代表组成的立法机构来表达自己，而是由所有公民来直接表达自身。②然而，对卢梭而言，行政机构可以自由地作为一种代表而行动。因此，卢梭的《社会契约论》介于否定任何国家结构的浪漫无政府主义与代议制立法机关之间。然而，马克思转向了卢梭的两个不同的方面，首先声称类不能通过任何制度表达自己，因此，比卢梭更多地坚持深刻的、文化的社群主义的无政府主义。随后，马克思宣称，类可以通过比如法国大革命期间存在的那种代议制立法机构表达自身，因此，与卢梭在《社会契约论》中所做的相比，更少坚持直接的共和主义民主，而且显然更接近孟德斯鸠愿意接受的像英格兰那样的代议制立法机构。因此，马克思对黑格尔的费尔巴哈式深刻的文化反对，以一种矛盾的方向导致他对黑格尔的法国式共和主义的政治反对。

在他对投票的分析中，也可以看出马克思在关于民主的直接或

---

① Marx, "Critique of Hegel's Doctrine of the State," 119–120.
② Rousseau, *Social Contract*, 50–54.

间接表达问题上转向卢梭的两个方面的倾向。我们看到，马克思强调，当所有人都就同样的问题投票时，类显示了它的直接统一性。这与黑格尔的观点——各个群体表达了他们自己的地方性共同原则，然后由将各种群体共同原则联系在一起的国家将这些地方性共同原则统一起来，而不需要普选——相反。然而，马克思对普选权的最广泛的赞扬表明，在投票后他真正表达的是普选权象征着类的统一性的方式。但是，如果投票只是类的统一的象征，那么可以推测，没有那个特定的象征也能表现出统一性。

马克思指出，一旦实现了普选权，那么就会超越政治国家：

> 只有当公民社会实现了**不加限制的**主动和被动的**选举权**时，它才**真正**将自己提升到自身的抽象点……但这种抽象的完善也是它的超越（Aufhebung）。通过真正将其**政治的**存在确立为其真实存在，公民社会确保：其公民存在，就其区别于其政治存在而言，是**无关紧要的**。随着一方的消亡，另一方面，它的反面，也崩溃了。①

这意味着一旦实现了普选权，那么国家与公民社会之间的区分，即国家以外的社会制度就会被分解。只要有代表机构，国家和公民社会就是分开的。马克思所说的普选包括代表立法议会。因此，必须得出结论，只要有普选权，便不再有普选的需要。选举权只是共同类本质的象征。当存在类本质的直接表达时，便不再需要普选权。因此，如果马克思接受普选作为自身的解放，那么，马克思就接受包括有代表立法议会在内的有代议制国家。但是，如果他认为实现普选是为了终结普选的需要，那么他根本不接受任何国

---

① Marx, "Critique of Hegel's Doctrine of the State," 191.

家。在1843年，马克思似乎徘徊在两个立场之间，一个导致代议制的共和主义民主，另一个导致深刻的费尔巴哈式文化或无政府主义的社群主义民主。

尽管在"批判"中社群主义民主的具体特征可能发展不一致，但是出现了自身不一致的三个主题：(1)强调共和主义的公共精神、全球团结以及相应地强调对作为民主先决条件的共同原则的承诺，(2)强调直接的公民统治，以及(3)不相信对共同原则的传统政治制度表达。尽管在马克思心中，在(1)，(2)和(3)之间可能存在必然的联系，但实际上这些立场都是逻辑上分离的。只有当它们被视为全体意味着彼此时，任何意义上的政治都被否定了。

尽管如此，后两个主题被20世纪60年代和70年代的意大利政治理论家卢西奥·克莱蒂（Lucio Colletti）所利用，他主张马克思早期著作与马克思在1871年《法兰西内战》中关于委员会的社群主义民主的论述之间的连续性，这是马克思主义共和主义民主伦理的第二阶段的中心。从它们之间的不一致性中解放出来，(2)强调直接的公民统治，并且从民主议会制的观点来看，(3)不相信标准的自由主义政治制度实际上可以与马克思的1871年对官僚制的批判联系起来。然而，在这里，我不同意克莱蒂和类似的思想家，如俄罗斯法律理论家叶夫根尼·帕舒卡尼斯（Evgeny Pashukanis）和英国法律理论家泽农·邦科夫斯基（Zenon Bankowski），(1)和(2)也必须从费尔巴哈的文化共同主义的否定倾向中解放出来，而非维护政治和绝对二元化社群主义和理想自由主义的民主伦理，马克思主义的共和主义民主思想在第二和第三阶段中要克服这样的倾向。①相反，正是那些绝对地否定政治和僵化地二分社群主义和理想自由主义的民主的倾向，导致了"批判"中的许多不一致之处，并有可能助长非自由主义或反自由主义的社群主义。自由主义和社群主义民主的反自由主义二分法的最佳解毒剂就是强调贯穿于1843年"批判"中的共和主义与马克思主义之间的重叠。第三章呈现了在第二阶段"法兰西内战"和第三阶段"共和主义和民主的平民主义"中，自由主义的马克思主义的共和主义的展开。然而，为了理解社群主义民主的反自由主义发展，我们还必须理解马克思自己的反自由主义诱惑：他在写作"批判"之后立即对权利进行批判。

在马克思写了他对现代国家的批评之后不久，他开始了作为巴黎知识分子的短暂职业生涯，在1844年出版的《论犹太人问题》，发表了他对权利的社群主义批判，这出现在1844年第一卷也是唯一一卷的《德法年鉴》中。未发表的"批判"强调全球政治团结和承诺共和主义的公共精神原则，这都被视为民主的关键特征，随后在《论犹太人问题》中得到进一步发展，并对权利的批判发挥着关键作用。然而，对于《论犹太人问题》来说，对权利的批判并非不可或缺，《论犹太人问题》基于社群主义民主的全球团结和共和主义公共精神发展了一个明确的参与性政治；是否这种政治必须采取权利的批判形式是非常值得商榷的。

权利批判和公共精神参与式政治的进一步发展构成了《论犹太人问题》超越"批判"的主要进步，前者内容的余下部分只是继承了后者强调直接公民自治和批判政治机构。《论犹太人问题》支持这一理念，即民主参与必须建立在全球政治团结和对原则的承诺的

---

① See Lucio Colletti, "Introduction to Marx," *Early Writings*, 40–43; Zenon Bankowski, "Anarchism, Marxism and the Critique of Law," in David Sugarman, *Legality, Ideology and the State* (New York: Academic Press, 1983), 273–280.

基础上。它揭示了诸如"公民应该承诺多少原则?""在政治愿景中如何结合消极自由、全球团结和平等?"等问题。正如"批判"中一样,马克思在《论犹太人问题》中认为,接受现代宪法中的不平等财产意味着在国家中缺乏对普遍道德原则的关注。因此,他从经济阶级开始。但是,在《论犹太人问题》中,他比"批判"中更强调接受阶级不平等确实是背叛了政治共同体的精神。因为在《论犹太人问题》中,国家确实有对普遍性的真正需求,以及为了公共关注需要一种共和主义工具,但在典型的现代国家中,这些需求被视为背叛。因此,一个新的视角出现在国家的积极方面。也因此,尽管对权利的批判似乎将其推向非政治化的方向,但《论犹太人问题》实际上比"批判"更具有政治立场,在其社群主义方面显示出更典型的共和主义精神。因为《论犹太人问题》更强调费尔巴哈的观点,即尽管国家是扭曲的,但正如宗教那样无论如何扭曲也表达了共同的人性和类,国家也是一样。当然,这一点也使马克思更符合从马基雅维利到孟德斯鸠和卢梭的共和主义的社群主义,特别是在1843年的摘抄中他所强调的来自这些思想家的东西。为了把握这和列宁后来对西方国家的解构有多么不同,我们必须记住,在国家中发现公共精神的理念不仅适用于资本主义民主阶级国家,而且可能甚至潜在地适应于完全非民主的阶级国家。《论犹太人问题》在强调国家的社群主义公共精神的潜力方面是独一无二的。而在"批判"中,公民社会比国家更有可能表达类,在《论犹太人问题》中,国家比公民社会更可能表达类。

49　　因此,在《论犹太人问题》中,马克思对政治民主的赞成更加一致,包括其在现代自由主义国家中的表现。政治民主,只要它存在,在某种程度上必须意味着自由民主,被视为表达尚未发现的类的最佳方式。然而,政治民主犯了一个错误,即继续允许类的普遍理想与采取和类理想方向不一致的私人生活现实之间的对立：

> 政治民主制之所以是基督教的，是因为在这里，人，不仅一个人，而且每一个人，是享有**主权**的，是最高的存在物，但这是具有无教养的非社会表现形式的人，是具有偶然存在形式的人，是本来样子的人，是由于我们整个社会组织而堕落了的人、丧失了自身的人、外化了的人，是受非人的关系和自然力控制的人，一句话，人还不是**现实**的类存在物。基督教的幻象、幻梦和基本要求，即人的主权——不过人是作为一种不同于现实人的、异己的存在物——在民主制中，却是感性的现实性、现代性、世俗准则。①

当它表达类时，人类正在采取的那些与民主国家的普遍政治生活不符的方向是什么？那些方向中至少有一些包括权利，但是满足这种责难的权利清单有多广泛还不清楚。尽管如此，马克思关于这一点的含糊不清可能被认为是问题的一部分，并且有助于界定这些早期政治著作可能导致的潜在的反自由主义的社群主义。②

然而，马克思的思想有两个方向，表现为以两种不同态度对待权利：权利与全球团结——在政治民主中表现自身的普遍类的概念所要求的——既是一致的，也是不一致的。③因为权利的概念既跨

---

① Marx, "JQ1," 225–226. 中译本见《马克思恩格斯文集》(第1卷)[M]. 北京：人民出版社，2009：37。

② Whereas Jeremy Waldron, "Introduction to Karl Marx's 'On the Jewish Question'" in *Nonsense upon Stilts*, 119–136. 只看到了反自由主义，Ernst Bloch, *Natural Law and Human Dignity*, 181–207. 看到了一种根植于西方伦理的理论。

③ Marx, "JQ1," 225–226.

越了民主中类的理念,也跨越了对个体性人的强调,所以产生了这种二元性。在其前一个方面,它是公民的权利。在后一个方面,它是人/人类(man/humanity)的权利。平等也有两个方面,一方面与类和公民权利有关,另一方面与人——比作为公民更具私人性的角色——和人权相联系。①

马克思的论述的基本问题是,他认为这些人权在很大程度上,即使不总是与公民权利不一致,但是,共和主义的社群主义并不需要对权利进行如此广泛的批判。此外,虽然马克思可能直接从卢梭共和主义的公共公民身份辩护中发展出他对权利的批判,但是,他肯定更容易从费尔巴哈的文化社群主义中推导出来。无论如何,不管马克思如何想,1844年他所做出的权利批判,并非真正产生于任何一个来源,尤其不是从《论犹太人问题》中发现的卢梭式共和主义。

在1843—1844年的一个问题是,马克思没有充分地遵循他的观点,即一种特殊类型的权利——公民权利——甚至在阶级分化的社会中,表达了超过在财产上承诺消极自由的东西。在逻辑上,马克思必须明确指出,公民身份需要一种非财产形式的消极自由,如他终其一生所捍卫的言论自由和正当程序权利。相反,在《论犹太人问题》中,马克思的大部分内容是谴责了他头脑中与人权相联系的自由和团结的丧失。

然而,《论犹太人问题》的高潮部分暗示了一种非常不同的发展的可能性。这些高潮部分表明那些批评家是错误的,他们在这些早期著作中看到的只是个人和公共生活领域完全统一的超道德的社群主义需求。相反,马克思所要求的是重新建立抽象的政治公民与

---

① Marx, "Critique of Hegel's Doctrine of the State," 87—90, "Kritik der Hegelschen Staatsphilosophie," 47—50.

具体的私人之间的和谐，即使在这些被公认为深厚的文化和费尔巴哈式社群主义著作中，也不会放弃卢梭所寻求的、独特的政治领域的概念：

> 只有当现实的个人把抽象的公民复归于自身，并且作为个人，在自己的经验生活、自己的个体劳动、自己的个体关系中间，成为**类存在物**（species-being）的时候，只有当人认识到自身"**固有的力量**"（forces propres）是社会力量，并把这种力量组织起来因而不再把社会力量以政治力量的形式同自身分离的时候，只有到了那个时候，人的解放才能完成。①

然而毫无疑问，阅读这份宣言的一个直截了当的方式是，一个独特的政治领域恰恰是他想要避免的，因此他1843—1844年的深层文化社群主义将不会满足于任何低于整个生命的东西，而不仅仅是任何能被等同为政治生活的东西。

对那些为真正的阶级理论家辩护的大多数人而言，这种深层次的文化社群主义似乎成为主流，即马克思主义的"政治"或"法律"伦理必须远远超出像传统政治或法律——与自由主义政治伦理对话——的任何东西，变得几乎是不可能的。②当然，在这一点上，对于马克思来说，对政治的费尔巴哈式文化社群主义解读，与共和主义的政治社群主义解读背道而驰；然而，这两者仍然处于紧张之中。根据前者的观点，社群主义或自由主义的政治，必须加以克

---

① Marx, "JQ1," 234. 中译本见《马克思恩格斯文集》（第1卷）[M]. 北京：人民出版社，2009：46。

② See Bankowski, "Anarchism, Marxism and the Critique of Law," 273–280.

服，并且尽管在自由主义和社群主义形式的政治之间，这似乎是中立的，但事实并非如此。他支持社群主义形式的政治，因为他认为，在没有制度政治的情况下，全球团结比起消极自由和程序权利可以更容易地存在。1844年马克思的这个方面与卢梭强调的必须补充政治法则的情感和超越传统政治生活的费尔巴哈主义有关。但是，在马克思读费尔巴哈的同时，他也在摘抄马基雅维利、孟德斯鸠和卢梭的共和主义著作，那么，他是从何处融入到这种深刻的文化社群主义视野中的呢？马克思赞美现代政治国家的议会活动，并将其视为类生活的表达，并将其等同于选举权，他是从何处融入的呢？马克思一生都在捍卫公元前5世纪的雅典民主大会，他是从何处融入的呢？[1]所有这些都是政治—法律制度，正如黑格尔的作为伦理的伦理学一样，这些制度要求道德个体必须将自己沉浸于社会和政治生活。社群主义民主的这一方面不是仅仅由"公民权利"的词语所代表的吗？《论犹太人问题》表达了在阶级伦理、深层文化社群主义和共和主义的社群主义之间的冲突，而这只是在马克思主义的共和主义的第二和第三阶段才能解决的。

尽管《论犹太人问题》在某些方面比"批判"更进一步超越，甚至反对自由主义和共和主义国家，但在其他方面它更接近于那种国家。考虑到马克思在讨论权利批判时开篇就说道："政治解放当然是一大进步；尽管它不是普遍的人的解放的最后形式，但在迄今为止的世界制度内，它是人的解放的最后形式。"[2]尽管马克思在这里似乎只是要求解放的政治类型的终结，也许这是一个也保留了政治解放中独一无二的东西的结局。随着马克思的继续，这种可能性

---

[1] See George McCarthy, *Dialectics and Decadence*, 67-69.
[2] Marx, "JQ1," 221. 中译本见《马克思恩格斯文集》(第1卷)[M]. 北京：人民出版社，2009：32.

得到证实：

> 人把宗教从公法领域驱逐到私法领域中去，这样人就在政治上从宗教中解放出来。宗教不再是国家的精神；因为在**国家**中，人——虽然是以有限的方式，以特殊的形式，在特殊的领域内——是作为类存在物和他人共同行动的；宗教成了**市民社会**的、利己主义领域的、一切人反对一切人的战争（bellum omnium contra omnes）的精神。它已经不再是**共同性**的本质，而是**差别**的本质。它成了人同自己的共同体、同自身并同他人**分离**的表现——它最初就是这样的。①

显然，古代和现代的共和主义、黑格尔式的**有关伦理**的伦理学，以及18世纪启蒙理想自由主义思想的精神在这里得以保存。国家确实表达了人类的普遍共同体，当宗教成为私人事务时，情况会更好。当宗教的社群主义可能性下降时，国家的普遍主义的社群主义可能性就会增加。然而，作为一种共同体形式的政治生活，相对于宗教生活的优越性是不稳定的。普遍的共同体有被私人倾向削弱的危险："政治国家的成员是宗教的，因为个人生活与类生活、公民社会生活与政治生活之间的二元性。当人认为远离他的实际个体性的政治生活是他的真正的生活时，他们是宗教的。"②

然后，马克思继续把他所看到的权利原则作为去政治化的一个理由：

---

① Marx, "JQ1," 221. 中译本见《马克思恩格斯文集》（第1卷）[M]. 北京：人民出版社，2009：32。

② Marx, "JQ1," 225.

政治民主制之所以是基督教的，是因为在这里，人，不仅一个人，而且每一个人，是享有**主权**的，是最高的存在物，但这是具有无教养的非社会表现形式的人，是具有偶然存在形式的人，是本来样子的人，是由于我们整个社会组织而堕落了的人、丧失了自身的人、外化了的人，是受非人的关系和自然力控制的人，一句话，人还不是**现实**的类存在物。基督教的幻象、幻梦和基本要求，即人的主权——不过人是作为一种不同于现实人的、异己的存在物——在民主制中，却是感性的现实性、现代性、世俗准则。①

因此，市民社会的利己主义和国家的社群主义是分裂的。在结论中，马克思引用了卢梭的共和主义作为他的典范，用他在1843年从《社会契约论》的摘抄的重要段落结束了《论犹太人问题》：

可见卢梭关于政治人这一抽象概念论述得很对：

"敢于为一国人民确立制度的人，可以说必须自己感到有能力改变人的本性，把每个本身是完善的、单独的整体的个体变成一个更大的整体的一部分——这个个体以一定的方式从这个整体获得自己的生命和存在——，有能力用局部的道德存在代替肉体的独立存在。他必须去掉人自身固有的力量，才能赋予人一种异己的、非由别人协助便

---

① Marx, "JQ1," 225–226.

不能使用的力量。"①

那么，这就是马克思对权利的社群主义批判。这部著名的著作在某种程度上似乎表明了马克思主义的社群主义和阶级伦理，以及重要的理想的自由主义人权概念之间的最终不相容性。但实际上，它留下了这种可能性，即一种更严格的共和主义民主版本可能包含强烈的共和主义和公民权利概念。

哈尔·德雷珀，关于马克思主义民主的伟大美国历史学家，描述了马克思在英国的日常民主活动，与反自由主义的社群主义民主传统或许多批评家相比，这一描述更接近事实的真相。②此外，恩斯特·布洛赫，对一个超越阶级的社会的**期望**的伟大理论家，吸收马克思在生产资料中的权利批判，不仅涉及传统社会主义对私有财产权的批判，而且涉及可追溯到古希腊和罗马的政治伦理的自然法概念和尊严。当然，公民权以及人权可以基于这一理由得到捍卫，即自然法不仅意味着团结，而且意味着消极自由和平等。③然而，事实仍然是，马克思没有发展出一种普遍的人的政治权和公民权的积极理论。然而，马克思自己确实继续发展的是一种与共和主义哲学密切相关的议事会和平民主义民主的概念，但是比起1843—1844年著作，以及消极自由和平等的基本自由主义价值观具有更多相容

---

① Marx, "Exzerpte und Notizen," 96; Rousseau, *Du contrat social,* 97-98, *Social Contract,* 35-36; JQ1," 224; "Judenfrage," 199; 在1843年的摘抄和已发表的《论犹太人问题》中，马克思忽略论两个非常相同的段落。在"他的存在"和"代替"之间，他忽略了"出于巩固它的目的，改变人的制度"，以及在"他必须"和"改变本性"之间，他忽略了"总之"。中译本见《马克思恩格斯文集》(第1卷)[M]. 北京：人民出版社,2009:46。

② Hal Draper, *Karl Marx's Theory of Revolution Volume II: The Politics of Social Class* (New York: Monthly Review Press, 1978), 115-168.

③ Bloch, *Natural Law and Human Dignity,* 183-208.

性，因此与分享这些价值观的程序性权利更为相似。第三章探讨了这一议事会/公社和平民主义道德，就像共和主义的马克思主义所展现的那样。

# 第三章
# 马克思主义共和式民主伦理学的历史展开

## 马克思主义共和主义，第二阶段：直接民主伦理学的展开

马克思主义阶级伦理学中的社群主义和自由主义政治价值之争是与直接民主的价值和更间接的政治形式之争连接在一起的，其中，直接民主的价值与共和主义以及无政府主义公社和议会有关，而间接的政治形式则与更为标准化的自由主义代表大会、议会或国会等有关。特别是在卢梭和马克思主义的共和主义理论中，直接的民主形式反过来又与民主的平民主义联系在一起，这与那些采取贵族主义和反平民主义立场的共和主义形式是不一致的。同时，直接性和民主的平民主义又都是和地方主义联系在一起的。

尽管并非绝对多数，但是20世纪的马克思主义（至少在理论上）还是作为国际主义来呈现自身的，与地方性的和民众性民主参与的哲学几乎没有什么关系，而共和主义的马克思主义则在其历史展开中强烈捍卫那些在公社和议会中出现的直接的、平民的和地方性的民主。在共和主义的马克思主义所失落的历史中记载了对平民

主义地方主义的强烈捍卫，并以此作为国际主义中反共和主义和反自由主义的版本，而在20世纪的大部分时间里国际主义是以非西方的马克思主义政党为其特征的。

马克思主义的共和主义呼吁全球团结、平等和消极自由。从理论上讲，这些价值观可以在直接民主和间接民主中同时实现。①但伦理学往往是直接与间接民主形式争端的核心，因为直接形式依赖并促进地方一级本地化的全球团结和民众参与的民主主义精神，相比之下，间接形式依赖并培养消极自由。在这里，共和主义传统对于发展自由主义和社群主义政治伦理学之间的对话而言至关重要。

作为一名共和主义者，卢梭的早期政治著作对马克思的影响最为巨大，卢梭特别强调《社会契约论》中关于整体团结、公共精神和地方化民众运动的伦理价值，其中最重要的是直接的、地方性的、民主化的非代议制立法会议。尽管如此，共和主义还有另一面，例如孟德斯鸠，他的思想与间接的和代议制的民主形式是相容的。与孟德斯鸠相比，卢梭，特别是在《社会契约论》中更关心的是捍卫直接和地方民主。然而，两者都是主要的伦理共和主义者，虽然卢梭和直接民主在马克思的早期政治作品中占据了优先地位，但是在马克思1843年的作品中对不直接的代议制的集会的赞美也证明了他在阅读孟德斯鸠之后的效果。此外，在马克思的早期政治作品中，我们还发现了以费尔巴哈为基础的共和主义和文化社群主义政治的混合体，后者促成了前者，不仅支持了卢梭的直接性，而且还支持了一个超越了所有政治的共同体。正是后者的这种倾向促成了卢西奥·克莱蒂（Lucio Colletti）在20世纪70年代意大利关于

---

① Norberto Bobbio, *Which Socialism?* (Minneapolis: University of Minnesota Press, 1987), 65–84; Nicos Poulantzas, *State, Power, Socialism* (London: New Left Books, 1980), 251–265.

马克思主义、民主和自由主义的大辩论中，把马克思早期著作中的抽象民主伦理和《法兰西内战》中对相对直接民主的著名辩护做成了铁板一块。[1]

尽管如此，对共和主义的公共精神伦理的承诺和对由大量地方性民众参与而形成的直接或相对直接的立法议会的承诺在逻辑上是撕裂的。这一点开始出现在马克思关于共同民主思想的第二阶段，这一思想在一百年前卢梭的《波兰政府论》中也有，而这部作品与《法兰西内战》有许多关联，马克思在其中有对直接民主议会和公社的最著名的表述。与克莱蒂和列宁相反，《法兰西内战》是持不同政见的欧洲共和主义的作品。

确实，马克思主义的平民共和主义通常会诉诸一种特殊的直接民主，这种民主在现代西方自由主义中显得不那么典型，但在西方自由主义和整个共和主义的更大框架下来看又并非完全的不典型。伯纳德·曼宁（Bernard Manin）提醒我们，当18世纪晚期的民主思想家詹姆斯·麦迪逊（James Madison）和阿贝·西耶斯（Abbé Sieyès））赞扬间接代议制民主政府时，其在美国和法国的同时代人普遍认为他们愿意牺牲直接民主从而来反对民主。[2]我们必须在这种背景来下理解马克思主义伦理学关于公社和议会的思想。

《法兰西内战》的直接背景是1870年至1871年的普法战争，以及在战争期间由巴黎共和主义者、民主人士和各种激进分子带头，企图重建法兰西共和国以取代在1870年9月4日战争结束时

---

[1] Lucio Colletti, "Introduction" to Marx, *Early Writings*, 35-46.

[2] Bernard Manin, *Principles of Representative Government*, 1-4; see Isaac Kramnick, "Introduction" to Alexander Hamilton, John Jay, James Madison, *The Federalist Papers* (New York: Penguin, 1987), 36-47; Joshua Miller, *The Rise and Fall of Democracy in Early America*, 1630-1789: *The Legacy for Contemporary Politics* (Philadelphia: University of Pennsylvania Press, 1991),31, 81-104.

路易·波拿巴建立的第二帝国。在国际工人协会伦敦分会的两次单独的发言中，马克思分析了战争和共和国的建立。当马克思发声的时候，阿道夫·梯也尔（Adolphe Thiers）带领的法国反共和军的武装正在血腥镇压著名的巴黎公社，而巴黎公社被马克思看成是重建法兰西共和国的制高点。①《法兰西内战》是基于马克思的两次会谈用英语写成的，开篇便旗帜鲜明地宣称公社的合法性是期望建立一个崭新的法兰西共和国的逻辑顶点。②因此，巴黎公社本身的特点是由马克思和共和国的共产主义者共同赋予的，当然，这种用法根本不能证明马克思关于巴黎公社的思想是一种深刻的伦理意义上的共和主义，而仅仅是马克思挑选出来以此作为公社关键特征的东西。

马克思从公社中发现的政治伦理是什么，在什么意义上它们与古典和现代共和主义哲学家所宣传的伦理有关？马克思把公社称为"最终发现的政治形式，以便解决劳动力的经济解放问题"③。然而，它究竟是"这一种"政治形式，还是最多只是一种刚好阐明了共同民主伦理的，超越了不公正的财产阶级社会的政治形式？从一开始就很明显，马克思关于1871年巴黎公社的主张当然并不意味着他将其成就看作是超越了财产阶级的成熟社会的结果。他不可能这么想是因为公社没有真正采取任何实质性措施来结束对劳动力的

---

① Karl Marx, "First Address of the General Council on The Franco-PrussianWar," "Second Address of the General Council on The Franco-Prussian War," in "The Civil War in France," in Marx, *The First International and After*. See Rubel and Manale, *Marx without Myth*, 261-267.

② Marx, "Civil War," 187.

③ Marx, "Civil War," 212. Bobbio, *Which Socialism?* 63-64, has disputed howseriously Marx took this. David Held, in *Models of Democracy* (Stanford: Stanford University Press, 1987), 126-131, 以上文章探讨了马克思关于公社的著作在多大程度上提出了劳动力的政治解放的构想。

经济剥削。尽管如此，马克思确实认为被占领的城市的实际情况预示着某些剥削的破裂，在其中一些经济和政治事务由公社/议会来管理。关键是共和主义传统中的一个概念，即一个强制授权制度（mandat impératif），在其中，选举代表的人给予代表们其应该授权的特定指示或授权，从而使民主比典型的代议制更为直接。

在巴黎公社，马克思同时发现了特定的和一般的授权理论。特定授权的原则是，选择代表参加更集中的联邦议会的地方代表将通过立法向他们下达特定的指示，即强制授权。更一般的授权是马克思定义的，强调所有代表的可撤换性和可撤销性，从而将当地代表与其选民的意愿紧密联系在一起，以此确定了更为一般的授权。撤换是当地公社一级的授权机制，因为如果代表们与他们所代表的人失去关联，他们就会被撤换。但是，强制授权制度是地方和国家代表之间最为直接明确的特定授权纽带。因此，马克思对巴黎公社所实践和/或设想的政治形式的描述可以被分解为他所说的城市公社本身的一般授权，以及公社期待与法国其他地方建立的纽带，即特定授权。

关于特定的授权，马克思赞扬了公社成员，因为他们坚持整个法国都应该被划分为政治公社。那么，每个公社都是一个地理单位，拥有特定的政治形式。此外，公社之间的关系本身就需要一种明确的政治形式，一种根植于法国政治历史的联盟，与古代阿提卡的共和联盟有相似之处，在那里更大的地理空间形成了城邦，而雅典是其中心，以及现代瑞士和美国也与之类似。在马克思所宣称的公社之间的关系中，"国家的统一不应该被打破，相反，要由共同宪法组织起来"[1]。显然，马克思认为这个联盟就像个体公社一样，预示着"最终发现的政治形式，以便解决劳动力的经济解放问

---

[1] Marx, "Civil War," 210.

题"①。一项中心任务是将国家的农业经济与城市的工业化经济联系起来,最终利用政治帮助实现劳动力和商品的分配,这是经济正义的核心任务。马克思特别谨慎地强调,公社之间的联系并不是一些无政府主义者所想象的那样,这些无政府主义者的关键主张是劳动力的解放不需要联邦的政治形式。马克思在这里更倾向于用共和主义手段来实现共产主义目的。他认为中央集权与联邦和民主是相容的,他在批评俄国无政府主义者米哈伊尔·巴枯宁(Mikhail Bakunin)的无政府主义形式时也强调了这一点。②因此,公社之间联系的计划,如果要导向成功,就必须回应某个对马克思主义政治的最古老的指控——它要么赋予中央政府一切权力,没有留给地方民主参与的空间,要么就彻底没有政治。

在马克思的联邦制中,公社代表将选出代表,他们将组成一个联合了各类公社的中央机构。正是这些公社代表参加了由当地代表经过特定授权的联盟。从表面上看,授权制度似乎只是展示了一种有差异的以及显然更加直接的版本,即人们所更加熟悉的标准的自由主义指令和与代议制民主过程相关的制度。但在更深层次上,使用授权制度的社群议事会和公社也有助于整合自由主义和社群主义的价值观。当然,在最具体的层面上,授权制度试图使社区和代表之间的联系更加直接。但直接性与整体团结、平等和消极自由的价值之间有着复杂的关系,而不仅仅是启蒙政治的形式。仔细研究一下巴黎公社的政治形式,就会发现,在《法兰西内战》中,马克思更接近卢梭的共和主义,甚至有时更接近马基雅维利和孟德斯鸠的共和主义,并没有采纳他自己在1843年到1844年间的费尔巴哈式

---

① Marx, "Civil War," 212.
② Karl Marx, "Conspectus of Bakunin's Statism and Anarchy," in *First International and After*, 333-339.

的深层文化视角。

公社的代表将由全面的选举产生。事实上,在巴黎公社,公社的代表只是巴黎的"市政议员,从市内各区中经全面选举而产生"①。这其中共和主义的思想谱系是什么呢？黑格尔在共和主义的基础上批评了全面选举,因为它并不维护和增进积极的政治自由。相比之下,卢梭一直是一个比黑格尔更加民主、激进和投入的共和主义者,特别是在《社会契约论》中,他批评了对全面普选权的单独过分强调,因为它过多地限制了政治自由领域的投票权,以此代替了立法的直接参与。对于《社会契约论》中的卢梭来说,从最严格的意义上说,这意味着公民自己不仅制定了法律,而且还拥有行政权力,并在几乎所有方面管理政府。然而,卢梭在《社会契约论》中对民主的更为宽松的描述只是要求所有公民制定所有法律。作为一个实践的典范,卢梭的说法更加宽泛。他在《社会契约论》中的主要范本是古罗马的公民集会。相比之下,孟德斯鸠承认,在古罗马和雅典,共和民主的关键词是直接立法,但他认为英国代表集会中的现代的共和民主很有可能成为自身的范本。②然而,在这两位18世纪伟大的法国共和主义者的分裂背后,却是他们在公共精神伦理价值方面的深深的统一,他们以许多确定的共同视角来看待代表及其与选举他们的公民之间的关联。

例如,以下是卢梭在《社会契约论》中的关于反对代表集会和反对孟德斯鸠的宣言:

> 正如主权是不能转让的,同理,主权也是不能代表的;主权在本质上是由公意所构成的,而意志又是绝不可

---

① Marx, "Civil War," 209.

② Rousseau, *Social Contract*, 85; Montesquieu, *Spirit of the Laws*, 156–166.

以代表的；它只能是同一个意志，或者是另一个意志，而绝不能有什么中间的东西。因此人民的议员就不是、也不可能是人民的代表，他们只不过是人民的办事员罢了；他们并不能作出任何肯定的决定。凡事不曾为人民所亲自批准的法律，都是无效的；那根本就不是法律。英国人自以为是自由的；他们是大错特错了。他们只有在选举国会议员的期间，才是自由的，议员一旦选出之后，他们就是奴隶，他们就等于零了。在他们那短促的自由时刻里，他们运用自由的那种办法，也确乎是值得他们丧失自由的。

代表的观念是近代的产物；它起源于封建政府，起源于那种使人类屈辱并使"人"这个名称丧失尊严的、既罪恶而又荒谬的政府制度。[1]

孟德斯鸠把英国描述为世界上一个直接以自由为目的的国家，上述这些关于英格兰议会的强烈言论则在卢梭的作品中随处可见，似乎表明了卢梭对孟德斯鸠捍卫代议制集会的竭尽可能的苛刻批评。[2]

马克思对巴黎公社/议会的辩护与卢梭在《社会契约论》中对共和民主的严格定义是不相容的，卢梭将共和民主定义为所有公民的立法权，加上所有或大多数公民的行政统治；甚至这种辩护也不符合卢梭在《社会契约论》中对共和民主的更宽松的定义，即由公民的联合体来制定所有法律，然后将行政职能交给少数个体。严格来

---

[1] Marx, "Exzerpte und Notizen," 100–101; Rousseau, *Du contract social*, 159, *Social Contract*, 85. From "unless it has been ratified" to "deserve to lose it" are omitted in Marx's 1843 excerpt. 中译文转引自卢梭《社会契约论》，何兆武译，商务印书馆，2003年版，第120—121页。

[2] Montesquieu, *Spirit of the Laws*, 156.

说，就卢梭的《社会契约论》而言，后者是一种贵族共和主义，完全不属于民主共和。马克思所描述和设想的巴黎公社甚至没有达到卢梭《社会契约论》中的贵族共和主义，因为在巴黎公社中，当地的公社代表实际授权给那些服务于联邦公社的代表，即使这样做是由于撤换制度和整个公社制度的精神能够促使代表们遵循将他们选举出来的公民的授权。因此，对比《社会契约论》中的卢梭坚持一种非常严格的直接共和主义形式，马克思在《法兰西内战》中则表现出对某些代表制的更多同情，更接近于当时法国的实际政治形势，相应地在某些特定方面也更加接近于孟德斯鸠的间接共和主义。

而且，公共精神的共和主义理想和整体团结的普遍社群理想似乎主导了马克思对授权的辩护，其形式包括：（1）特定授权原则，即选举出的更高级别代表的代表们将根据自身的意愿和授权而给予前者特定指示——强制授权（mandat impératif）；（2）一般授权原则，即使用撤换权将当地代表与其选民的意愿紧密联系起来。若这些代表必须依据任意一个授权来行动时，那么这种授权理念就非常接近卢梭在《社会契约论》中的概念了，政府的执行机构就像一个杂役，其行为严格遵照公民立法机构的具体指令。相比之下，关于代表应如何立法和授权的特定授权的概念修订了卢梭认为只有公民自身可以立法的观点。在两种立法授权思想之间存在很大差异：（1）地方代表向上级代表提供特定的授权指令，（2）公民授权给地方代表。授权制度的每一个部分都以不同方式重叠了共和主义的理念。

1.强制授权特定联邦制的共和主义根源

共和主义和自由主义民主价值观都强调了这样一种特定的授权观念，即共同代表将轮流选举那些组成各个共同体的中央机构的代表，并对他们发出具体指示。只要这个想法适用于立法机构，那么有关巴黎公社的这种共和主义的描述便与其法国形式和其古老的血统一样重要。当然，公社的重要性超越了其法国形式，甚至超越了阶级政治，马克思重申了其早期对工人阶级作为普遍阶级的信念。①但在与英国的公民身份可能性进行对比和比较之后，马克思似乎对法国的公民身份有特殊的理解。②《法兰西内战》浸身于现代西方国家的传统，但也唤起了卢梭和孟德斯鸠的法国共和主义者的乌托邦形象，至少在卢梭和孟德斯鸠看来，法国公民像古罗马人和雅典人一样，选择了促成公民参与的政治制度。

作为理解马克思思想的窗口，《法兰西内战》有一种独特性：它可能是马克思用英语向世界展示其杰作的唯一作品。在《法兰西内战》的第三部分，英文单词"宪法"久久萦绕不止。

> 公社体制被误认为是企图把各大国的统一——这种统一虽然最初由政治暴力所造成，但现已成为社会生产的强大因素……公社体制会把靠社会供养而又阻碍社会自由发展的国家这个寄生赘瘤迄今所夺去的一切力量，归还给社会机体……公社体制是把农村的生产者置于他们所在地区中心城市的精神指导之下。③

马克思的观点更清楚地阐明了同时适用于特定授权和一般授权的公社宪法。马克思相当欣赏亚里士多德实施政治伦理的具体方

---

① 参见 Marx, "JQ1"。

② David MacGregor, *Hegel, Marx, and the English State* (Tornonto: University of Toronto Press, 1992), 204-233.

③ Marx, "Civil War," 211. 中译文转引自《法兰西内战》，《马克思恩格斯全集》第3卷，人民出版社，2012年版，第100—101页。

法，于是他经常使用的方法是最好从特殊联邦授权制度的宪法性（constitutional）方面开始，以此将地方公社联结到一起。在将巴黎公社定位于法国市政体系之前，马克思非常谨慎，并未介绍这一联邦授权理念。公社的成员是"市政委员"，"不仅是市政当局，而且迄今为止国家行使的整个动议都落入了公社手中"①。巴黎公社的市级机构接管的国家的具体职能就是联邦。

> 只要公社制度在巴黎和各个次要的中心确立起来，旧的中央集权政府就得也在外省让位给生产者的自治机关。……设在专区首府里的代表会议，应当主管本专区所有一切农村公社的公共事务，而这些专区的代表会议则应派代表参加巴黎的全国代表会议；代表必须严格遵守选民的确切训令（mandat impératif，此处马克思将译者翻译的"强制授权"翻译为英文的"formal instruction"——译者注），并且随时可以撤换。那时还会留给中央政府的为数不多然而非常重要的职能，则不应该像有人故意捏造的那样予以废除，而应该交给公社的官吏，即交给那些严格负责的官吏。②

去识别出那些将巴黎公社歪曲为分裂政治联邦层面的人当然很容易。马克思脑海中这些人就是国际上的无政府主义者，特别是米哈伊尔·巴枯宁（Mikhail Bakunin）。③更难的任务是确定联邦制度

---

① Marx, "Civil War," 211. 中译文转引自《法兰西内战》，《马克思恩格斯全集》第3卷，人民出版社，2012年版，第209页。

② Marx, "Civil War," 210. 中译文转引自《法兰西内战》，《马克思恩格斯全集》第3卷，人民出版社，2012年版，第100—101页。

③ Marx, "Conspectus of Bakunin's *Statism and Anarchy*," 333-338.

的谱系，这是马克思没有能够帮助我们完成的事。事实上，《法兰西内战》的整体基调表明，马克思在巴黎公社中发现了一种全新的宪法，是一种战胜资本主义阶级统治的政治所独有的宪法。

> 人们对公社有各种不同的解释以及公社代表各种不同的利益，证明公社是一个高度灵活的政治形式，而一切旧有的政府形式在本质上都是压迫性的。公社的真正秘密就在于：它实质上是工人阶级的政府，是生产者阶级同占有者阶级斗争的结果，是终于发现的、可以使劳动在经济上获得解放的政治形式。[1]

马克思并没有谈到巴黎公社背后的历史谱系，因为在他的整本书中都没有出现这样的谱系，列宁把这种与过去决裂的预感转变为与国家的彻底决裂，特别是其"西方的"民主代表形式。[2]但这里是存在一个谱系，证明列宁对于公社完全打破国家的解释是错误的。更确切地说，马克思的崭新的强制授权的"宪法"与法国共和主义在18世纪产生的主要理论宪法之一完全一致，即卢梭在1772年写作的《波兰政府论》。[3]

卢梭已经在《社会契约论》中强调，一个真正的共和国，其宪法可能由外部立法者来制定，这是一种与古代共和国相关的实践，尽管是被神话所笼罩的。巴黎的一位波兰移民邀请卢梭为波兰写一

---

[1] Marx, "Civil War," 212. 中译文转引自《法兰西内战》，《马克思恩格斯全集》第3卷，人民出版社，2012年版，第100—101页。

[2] Lenin, *State and Revolution*, 40-44.

[3] Rousseau, *The Government of Poland*, trans. Wilmoore Kendall (Indianapolis: Bobbs-Merril, 1972); "Considérations sur le Gouvernement de Pologne, et sur sa réformation projetée en avril 1772," in Rousseau, *Du contrast social* (Paris: Garnier, n.d.).

部能够振兴共和主义元素的宪法，卢梭就此承担了共和党创始人、立法者和振兴者的古老任务。在 1772 年，为波兰立法是一项神话般的任务。在整个 18 世纪和 19 世纪巴黎的生命中，波兰共和国的命运都具有重要意义。17 世纪，伟大的波兰—立陶宛共和国在其东部边界上被史诗般的战争撕成了碎片，透过波兰的眼睛我们可以看到 18、19 和 20 世纪的全部努力都是为了夺回一个被俄罗斯在东、德国和奥地利在西肢解了的共和国。因此，抛开细枝末节不提，卢梭在 1772 年振兴波兰共和国的精神可以类比于马克思在 1871 年恢复法兰西共和国的行动。两者都寻求重建共和主义的过去，其共和国的陨落与罗马共和国的垮台一样都共享了一些神话般的元素。

但是，这种相似之处远比简单地通过振兴或重建摇摇欲坠的波兰共和国或法兰西共和国的一般精神更加细微。卢梭在他的波兰宪法中将其大部分的智识精力都耗费在当地立法者给联邦立法机构成员的正式指示或授权上，他希望这些指令或授权能够用来振兴波兰共和国。卢梭以正式指示或授权制度作为核心标志着一种转变，即他不再像《社会契约论》中那样反感全部的代表立法大会。然而，在《波兰政府论》中，卢梭实际上仍然反对代表大会的精神，特别是英格兰的代表大会的精神，这一思想在 10 年前就已经开始支配他了。从哲学上讲，《波兰政府论》可以同时支持和反对代表大会，因为给予联邦代表的正式指示取代了那些给予指示的人的直接立法活动。

从哲学的角度来看，这种妥协可能被视为一种手法或一种强大的手段，但目前尚不清楚它是否完全由哲学驱动。卢梭显然在联邦授权制度中看到了一种振兴特定的波兰立法体系的方式。卢梭对波兰的了解并不全面，但他清楚地理解波兰共和国并非一个统一的联邦。**国会**（the Diet），即波兰联邦议会，旨在克服这种不足，但是在17世纪蓬勃发展的共和国中却没有这样做。于是任何18世纪的波兰共和主义的复兴便必须克服这个问题。

波兰联邦议会的不统一体现在自由否决权上,这一机制允许任何**国会**议员中止任何他们不想要的立法。正是在解决**国会**的不统一的问题时,为了避免采用他所讨厌的成员可以针对立法问题自由投票的英国联邦议会制度,卢梭才引入了他的特定强制授权的版本,试图将当地立法者与联邦系统联结起来。卢梭没有使用强制(mandat)或强制授权(mandat impératif)的表述,但他使用法语单词委员会(commisssion),也可以翻译为授权,他所描述的波兰联邦代表的正式指示系统几乎与马克思在一百多年之后对法国的描述一样,卢梭的英语译者之一也的确在某个时刻将卢梭用来表示正式指令的任务"nonces"翻译为"mandates"(授权),"nonces"源自拉丁语"nuncio":法语词和拉丁语词都强烈地表达了具有特定任务的代表的意思。①

卢梭描述了联结当地波兰议会和联邦议会的正式指令任务的作用,马克思描述了将法国当地市政机构与中央化的巴黎公社联结起来的特定强制授权,二者如出一辙。一个不同之处在于,卢梭更清楚地说明了给予代表的正式指令背后的基本的共和主义理由,即避免代表的腐败,避免其屈从于更高级的立法议会的意愿,从而忘记了为当地代表议会发声的使命:

> 大国最大的弊端之一,就是比其他任何一个国家都更难保存自己的自由,就是立法权力在这样的国家不能得到自我的表现,而只能通过代表制来行动……立法者作为一个主体很难被腐蚀却极易被愚弄。它的代表们难以被愚弄

---

① Rousseau, *Government of Poland*, 31; "Le Gouvernement de Pologne," 359, 362.

却容易被腐蚀，而且他们不被腐蚀的情况是非常罕见的。你只要看一看英格兰议会和你们自己国家在自由否决权上的例子，你就知道了。现在，一个人能够启示一个迷途的人，但是他怎能阻止一个待价而沽的人呢？即使不是波兰事务的专家，我也能够以任何事物来作赌注，打赌你们的国会就是寻找启示的地方，而你们的地方议会就是美德所在的地方。

我知道有两种方法可以阻止腐败这一令人震惊的罪恶，是腐败将自由的组织变成了奴役的工具。

第一，……就是常设议会：通过经常地更换代表，你们将使得引诱他们的成本更加高昂和困难……

第二种方法是尝试让代表完全依从他们的指令，并在议会中就他们的行为对其选民作严格的解释。在这一点上，我只能表示我的震惊，英国人是如此的不负责任、疏忽大意，甚至是愚蠢至极：他们将至高无上的权力交到代表们的手中，却对他们不加以任何限制，而这些代表享有长达整整 7 年的授权（commission）时间来使用这些权力。①

卢梭给出的理由是：（1）联邦授权的特定制度，即阻止联邦代表偏离他的任务，即他们必须依从那些将他选举出来的当地代表要求他做的事情，也意味着向某种事物的转变，例如（2）联邦和地方一级的一般授权制度。

---

① Rousseau, *Government of Poland*, 35-36; "Le Gouvernement de Pologne," 362. 在开头的几句中，卢梭利用了 corrompre（腐败）和 tromper（诡计）的构词关联来强调这两个弱点之间的对比。这在英语中是不可能理解的，但是 Kendall 将"tromper"翻译成"戴上"也削弱了它的意义，我认为"trick"（诡计）是一个更准确的翻译。

## 2. 代表公民的一般授权制度的共和主义根源

卢梭认为地方代表更有可能拥有联邦代表所缺乏的廉洁美德，当然他们也有可能被腐化，并且在卢梭和马克思的授权制度理论中都将从本地公民到本地代表再到联邦代表的现实作为一般授权制度的特征。特别是，联邦代表不断更新换代，现有代表腐败的欲望也不断被免除，这一点在逻辑上同样适用于本地代表，从而将改变公民与那些选举他们的人的关系。联邦授权制度在逻辑上意味着如果没有任何适用的授权制度的话，本地代表会更加紧密地依从于那些选出他们的公民的意愿。即使在马克思和卢梭关于联邦代表如何对其"选民"负责的术语中也出现了这一点，因为从逻辑上讲，选民可以是那些不担任联邦代表但是选出联邦代表的本地代表，也可以是选举本地代表成为联邦代表的公民。实际上，任何一个联邦代表的选民都可以是选举其他当地代表的其他公民。

此外，在《波兰政府论》中被整体强调的代表的改组和更新，以及在《法兰西内战》中提到的对代表实行撤换的压力，既可以被看作是特定联邦授权制度的一部分，也可以是公民的一般授权制度的一个附属物，用来对本地代表授权并通过他们授权给联邦代表。从历史上看，任何类型的代表都会被撤换和轮换的想法也可以追溯到古罗马和雅典，从而产生出从李维到马基雅维利、孟德斯鸠和卢梭等共和主义者，他们在其中提到了许多例子，谈到了对全部和所有类别的官员实行定期轮换和常态轮换的重要性。

授权制度与共和主义的观点有着特殊的逻辑联系，即立法必须以立法议会通过整体团结确定集体目标为基础。自由主义和社群主义的价值观在代表的立法议会中相互交织，共和主义的公共精神越是占据主导地位，则越倾向于一个授权制度。然而，即使考虑到共和主义，特别是卢梭的授权制度的深刻的伦理起源，我们仍然必须要追问为什么这种共和主义的代表形式也受到了马克思主义这样一种特立独行的共和主义形式的青睐,其实马克思主义最多只在超越不公正的财产阶级社会中使用那些共和主义主题。在任何对卢梭或马克思等代表形式的追溯中,我们必须要问,与现代的显然不是授权制度的自由主义代表制度相比,这种制度在道德上是如何形成的。

至少有两种对代表制度的自由主义批评出现在 18 世纪晚期:英国的埃德蒙·伯克(Edmund Burke)和美国弗吉尼亚的詹姆斯·麦迪逊(James Madison)。然而,对于许多人来说,约翰·斯图亚特·密尔(John Stuart Mill)在 1861 年的《代议制政府》被看作是对授权类型系统的最强有力的综合批判。[①]对于自由共和主义的马克思主义而言,问题不仅仅是授权制度对于超越不公正的财产阶级的社会是必需的,还有它是否与自由主义是相容的。授权制度深深植根于西方政治理论,对其的批判也同样如此。我们必须在自由主义马克思主义者的共和主义所实际需要的背景下同时看到共和主义的授权制度以及现代的反强制的伦理。

首先,如果被问及的话,当公民告知本地代表需要作出什么立法授权的话,联邦代表是否会得到更具体的指示,那么这与公民自身对本地授权进行立法是一样的吗?或者与本地代表自己制定的联邦授权是一样的吗?但如果是这样的话,为什么那些授权的人不仅仅是首先制定立法授权呢?因此,一方面,如果适用于立法活动的强制授权是被严格执行的话,那就毫无用处了,因为本地公民或本

---

① John Stuart Mill, "Representative Government,"选自 *Utilitarianism, On Liberty and Representative Government* (London: J. M. Dent, n.d.); Edmund Burke, "Speech to the electors of Brighton of November 3, 1774,"选自 *Burke's Politics: Selected Writings and Speeches on Reform, Revolution and War,* Ross J. S. Hoffman, and Paul Levack, eds. (New York: Alfred A Knopf, 1967), 114—117; James Madison, *Federalist Papers,* 122—128. 见 Manin, *Principles of Representative Government,* 1—7.

地代表也可以首先制定立法授权；另一方面，如果由代表给出的立法授权的的确确有别于那些由公民或本地代表给出的授权的话，而且如果代表完全发挥所有作用的话，那么立法活动就会远离公民。

对上述困境，可能存在以下几种共和主义视角的回应。首先，必须将强制授权视为一个相关元素，而不是将其看作是一种绝对的收紧的意愿，即将公民或本地代表的意愿与本地或联邦代表立法绑缚在一起的那种东西。但是这种关系需要收紧的想法表明它也可以放松。这怎么可能呢？是不是公民只是投票给本地代表，或者本地代表只是投票给联邦代表，因此立法代表和选民之间的关系才会变得如此紧密？卢梭和马克思式的共和主义者的回答必定是否定的；紧张程度的问题取决于社群主义和自由主义的价值观是如何混合在一起的。

在某些情况下，本地或联邦代表进行立法授权的主要原因可能是他们知道那些选择他们的公民或本地代表需要某种特定类型的法律。代表们不会根据他们的个人良知进行投票，如果他们通过认同那些选出他们的公民团体或本地代表而达成了整体团结的话，个人良知就对他们来说就是无关紧要的。相反，如果代表们并不完全认同选举他们的公民或本地代表的目标，那么他们就很有可能根据个人良知不去投票支持立法。正是出于捍卫个人来作为腐败的解毒剂的目的，伯克、麦迪逊和密尔才要反对授权制度。[①]

在某些情况下，代表们进行授权的主要原因可能是由于完全服务于另一个目的所产生的利益压倒了选举他们的公民或本地代表的利益。因此，卢梭最重视授权给联邦系统的代表，因为他认为他们最有可能被腐败，从而背离他们所真正代表的任务。当然，所有人

---

① Mill, "Representative Government," 279-283; Burke, *Burke's Politics,* 114-117; Madison, *Federalist Papers*, 122-128.

也都知道，偏离选民的意愿在逻辑上可能发生于代表的任何层级中，而且往往也是如此，特别是在任意形式尤其是阶级方面四分五裂社会中。不同之处在于代表们的腐败实际发生的频率和环境。卢梭认为这个危险一直存在。马克思认为，一般来说，在资本主义民主中所发生的是，那些当选为代表的人并不能充分服务于所有选举他们的公民的利益，而是服务于掌握财产的阶级。马克思的阶级分析几乎完全可以在卢梭的腐败理论中得到说明。在这里，揭露阶级扭曲的利益与捍卫整体团结和共和主义公共精神的利益混合在一起，表明如果财产在一个没有强制授权的制度中压过了民主的话，那么民主就会被腐蚀。

然而，这一观点并未说明在不公正的财产阶级已经被超越或正在被超越的社会中发生的事情。它没有提到消极自由的支持者，如密尔、麦迪逊或甚至伯克所关注的强调良心而不是授权的思想。对于这些思想家来说，代表必须拥有消极自由，不去服务那些选举他们的团体或整个共同体，而是必须在立法问题上遵循他们的良心。像马克思和卢梭这样的共和主义者不能用反对伯克的论点来反对麦迪逊和密尔，伯克坚持代表制的良心理论是可以在事实面前妥协的，即他同样赞同贵族天生就有成为代表的权利的传统。[①]

作为共和主义民主主义者的马克思和卢梭，和作为自由主义民主主义者密尔和麦迪逊之间的抽象争论，既可能出现在一个由不公正的财产阶级划分的社会背景下，也可能出现在一个超越了这种划分的社会中。在某种程度上，关于代表与由财产阶级主导的社会之间的实际关系的广泛分歧独立于授权伦理与良知伦理之间的概念问题。即使没有强制授权，单凭任何代表制（无论它是否基于财产阶

---

① 关于伯克的特别观点，参见 Alfred Cobban, *Rousseau and the Modern State* (London: George Allen & Unwin Ltd, 1937), 64.

级）在逻辑上被腐蚀的可能性，也能够证明腐败可能被采纳，因为如果没有它，就不能保证代表的授权主要是由他们所代表的人的意愿来授予的。然而，这一论点并不一定能够证明马克思或卢梭的共和主义授权伦理针对密尔在良心理论中的消极自由的讨论。对于密尔提出的关于良心自由的问题，即使不公正的财产阶级由于代表制腐朽的极大可能注定要消失，良心自由也不会消失。一个超越了不公正的财产阶级的社会必然会选择卢梭或马克思的授权理论而不是密尔的个人良知。无论是普通公民还是本地代表，强制授权都会拉紧选举者的意愿和代表们的授权。这种收紧有可能被证明为是正当的吗？它仍然能够回应密尔自由主义式的反对意见，或者回应伯克的贵族主义式的反对意见吗？

所有这些问题都在探讨消极自由和整体团结如何在民主的代表伦理中相互作用。我们必须假定，在授权制度中，本地或联邦代表有时可以在没有得到对他们下达指令之人的明确批准的情况下创制授权。因此，对代表的评价将根据他是否遵循了选民要求理念的一般性回应来进行。一般性回应的概念意味着与各个共同体和群体在一定程度上的整合。有时，代表可能必须在没有特定指示的情况下进行授权。但是在此之后，他至少要与选民核实以获得他们的追溯性的同意。如果代表们试图获得这个同意的努力不明显，或者他们在获得从一般到具体的指示的过程中不够熟练的话，那么这将成为严格的授权理论中被撤换的可能性因素。尽管如此，如果代表确实进行了询问却仍然想要根据良心的消极自由来立法的话，又会如何呢？可能有人会反对说，在大的国家内部，代表和选民之间的这种不断反馈将会非常困难，这就是为什么共和派倾向于选择小的共同体作为民主行动的中心。偏爱小国家或共同体的原因也不仅仅是技术性的。这也是因为在大国，很难有一套在社会中流行的足够同质化的共同价值，只有存在这套共同价值，某一位代表才有可能为了达成对整体团结的充分认同去放弃他的良心的消极自由，所谓整体团结就是团结那些选举他们的人，真正遵循本地公民或本地代表的授权。

因此，去看清楚为什么马克思或卢梭可能无法诉诸代表的良心的解决方案和整合了公民价值的直接共和主义的解决方案，就要理解卢梭—马克思主义式的共和主义者收紧了代表与他们的选举者的意愿，而这是一个潜在的非常严重的问题。对于那种统一的价值观而言，这种收紧的要求或许永远不会在一个真正支持消极自由的社会中被发现，无论这个社会有多大或多小，且无论阶级的划分已经在何种程度上被实际地终结。这一点触及了这样一重意义的核心，即在这种意义上，与强制授权制度相关的特定形式的社群主义和共和主义式的民主可能从根本上与现代生活的良知自由和个性自由是不一致的。①

面对自由主义的这些批评，必须承认共和主义的论点也流入了授权伦理，虽然是以共和主义为其核心，但对于共和主义来说肯定也存在问题，因为它和社群主义对一般意义上的消极自由的批评之间也存在潜在的联系。如果说马克思的卢梭式的强制授权伦理可以通过表明它最好地融合了消极自由、平等和整体团结等价值，且由于它还是实现后阶级（post-class）时代的财产公正的最佳方案来得到捍卫的话，那么马克思的地位当然可以被看作是强大超然的。但是，如果授权理论只是获得上述价值的某一种方式，或者如果它在获取这些价值的时候是有缺陷的，那么授权理论似乎就是一种相当弱的观点。如果它的确成为这些价值的障碍，特别是如果它将消极

---

① 参见 John Christman, ed, *The Inner Citadel: Essays on Individual Autonomy* (New York: Oxford University Press, 1989).

自由排除在外,那么它就是某一个克服了财产阶级划分的社会中成为民主之核心的弱的选择。

事实上,可能出现的问题是,在公民选举者的价值观和本地代表的授权之间,或者在本地代表选举者的价值观和联邦代表的授权之间,一直保持同样程度的收紧是否是适合的。出于结合最好的自由主义民主和共和主义民主的利益考虑,答案似乎是否定的。收紧的程度应该同时取决于所辩论问题的在技术和道德两方面的重要性。在一个已经结束或正在结束不公正的财产阶级划分的社会中,公民身份似乎只有在那些被普遍接受之后以实现整体团结的道德原则的基础上才是可能的。社群主义的共和主义者和其他社群主义者都强调了对共同价值观的这种承诺,而自由主义者也开始接受其中的某些理想。[1]争论的焦点并不在于此。对于马克思主义者来说,经济正义原则才是核心。

争论的关键是,是否公民和本地代表,或者本地和联邦代表所分享的自由主义的道德标准足够厚,能够给予授权以具体的指导,或者不论这些标准何时变厚,他们必须如此,实现的方式是要么充分沉浸在特定的社会实践中产生整体团结,要么充分沉浸在良心道德中,从而可以成为消极自由的堡垒。[2]似乎强制授权的要求是,如果代表感到缺乏一种共享的能够指导他们的经济原则的普遍性的话,他们就应该回到共同体来加厚这些标准。相比之下,对于密尔

---

[1] 参见 Rawls, *Political Liberalism*, 204-206; Dworkin, "Liberal Community," *Freedom's Law*.

[2] 关于厚薄标准的讨论,见 Michael Walzer, *Thick and Thin: Moral Arguments at Home and Abroad* (Notre Dame: University of Notre Dame Press, 1994).

和伯克来说，他们应该通过回归个人的良知来加厚政治道德。①

当然，共和主义的民主，包括马克思主义者对不公正的财产阶级变幻无穷的终结，只有在大多数人致力于平等、消极自由和团结等此类特定的价值观的情况下才能繁荣昌盛。密尔或伯克可能不会全盘接受所有这些价值观，但他们理论中的有关良知的立法代表却必须与选举他们的公民分享某些价值承诺。因此，密尔—伯克式的代表制伦理与马克思—卢梭主义的代表制伦理之间存在共同点。当然，共和主义者和其他社群主义者可能继续强调对许多其他价值观的认同，仅仅是为了增进民主参与所必需的整体团结和公共精神。然而，马克思—卢梭主义授权伦理的自由主义版本绝不允许用消极自由来进行强制干预，哪怕这种干涉将实现整体团结的认同。当公民认同后不公正的阶级社会的价值观时，出现的整体团结和公共精神将成为民主参与的主要基础，但这种认同不应被强制。因此，自由共和主义的马克思主义必须努力克服基于整体团结的民主与基于良心的消极自由的民主之间的潜在冲突。

在马克思的《法兰西内战》中，行政和立法的融合距离结束西方国家还非常之遥远，它仅仅代表了与孟德斯鸠的共和主义相对立的卢梭式共和国的一种特殊愿景。在《论法的精神》中，孟德斯鸠曾强烈地宣称，"当立法权和行政权归于同一个人或同一个机构时，自由便不复存在；因为人们害怕这个国王或议会可能制定暴虐的法律，并强制执行这些法律"②。而马克思在1843年却并没有引用这句话。相比之下，尽管卢梭乐意在其理想的平民主义式的共和国中实行行政和立法功能的分离，他强调公民参与立法，然而除非作为

---

① 参考关于抽象正义原则与多元民主实践的相关争论，选自 Jurgen Habermas, "Reconciliation through the Public Use of Reason," and John Rawls, "Reply to Habermas," *Journal of Philosophy* 11:3 (1995): 109–180.

② Montesquieu, *Spirit of the Laws*, 157, *De l'Esprit des lois*, Vol. 1, 164.

立法者的大多数公民也至少拥有某些行政权力，否则严格来说其结果就将导向一个贵族的共和国。总的来说，卢梭呼吁建立一种人民享有一切权力的模式，而并不特别关注分权。①正如马克思所引用的卢梭一样，正是这个主权立法机构构成了国家，政府只是一个寄生在它上面的行政机构。"国家是以它自身而存在，而政府则是由主权者而存在。"②当然，对于卢梭而言，或更大可能的是对马克思来说，这些观点并没有否定共和国的目标，而是允许这些目标得以实现。但是，《法兰西内战》的关注焦点并不是像列宁所认为的那样，要确立一种完全不同于代议制民主和源自西方自由主义精神的民主形式的正当性；当然，它也没有确立一种完全类似于标准化的自由主义代议制的政治。③为了实现对不公正的财产阶级民主的终结，在"共和主义和民主的平民主义"时期还出现了更多的比恰如其分的政治更多的东西。

## 共和主义的马克思主义，
## 第三阶段："共和主义和民主平民主义"

在共和主义马克思主义的第三个阶段，平民主义中，（1）马克思主义，（2）共和主义和（3）民主平民主义之间的概念联系成为根本。这个阶段的中心是路易斯·亨利·摩尔根（Lewis Henry Morgan）的《古代社会》，他受到基于部落和宗教民主的平民主义及社群主义的观点启发，研究了古罗马和古希腊的共和主义和民主形式。马克思在1881—1882年间阅读摩尔根的笔记，于1972年以

---

① Rousseau, *Social Contract*, 57-58.

② Marx, "Exzerpte und Notizen," 99; Rousseau, *Du contrat social*, 121. 此处我使用了我自己的译文，也可参考 *Social Contract*, 54。

③ Lenin, *State and Revolution*, 39-43.

《卡尔·马克思的社会文化人类学笔记》(EN)（后简称《人类学笔记》）的名称出版，距离恩格斯关于摩尔根政治理论的更为著名的评论《家庭、私有制和国家的起源》已经过去了88年，离乔治·汤姆森（George Thomson）的共和主义作品《埃斯库罗斯和雅典》的发行也过去了23年。关于马克思和恩格斯首次阅读《古代社会》这一事实的最佳证明是1884年2月16日，恩格斯写给卡尔·考茨基（Karl Kautsky）的一封信："在论述社会的原始状况方面，现在有一本具有决定意义的书……这本书当然也是被马克思发现的，这就是摩尔根的《古代社会》（1877年版）。马克思曾经谈到过这本书，但是，当时我正在思考别的事情，而以后他也没有再回头研究；看来，他是很想回头再研究的，因为根据他对该书所做的十分详细的摘录中可以看出，他自己曾打算把该书介绍给德国读者……如果我有时间的话，我会用马克思的笔记来处理这些材料。""摘录"还包括评论，恩格斯发现的正是马克思关于摩尔根的笔记，现在已经以《人类学笔记》(EN)的名字发表了，而恩格斯在1884年出版了《家庭、私有制和国家的起源》(OFPPS)。①

在其1877年富有洞见的著作《古代社会》中，摩尔根引入了氏族（Gens）的概念，以精确地刻画宗族或部落的概念。"氏族"成为摩尔根的一个超历史的概念，从古希腊和罗马一直延伸到易洛魁人。出于对"血缘关系"进行研究的预期，摩尔根将"氏族"定义为仅通过男性或完全通过女性来继承成员资格的群体。摩尔根认为，如果成员资格通过女性继承，那么这是更为古老和原始的形式，即在X联盟中，女儿的子女仍保留在氏族中，但X联盟里儿子

---

① 参见 Lewis Henry Morgan, *Ancient Society*; Engels, *OFPPS*; Karl Marx, *The Ethnological Notebooks of Karl Marx*, ed. Lawrence Krader (Assen, the Netherlands: Van Gorcum, 1972). 恩格斯给考茨基的信引自 Michelle Barrett 对 *OFPPS*(8)的"Introduction"。

的子女则不会被保留。相反，如果成员资格通过男性继承，那么 X 联盟中儿子的子女就会留在氏族中，但是女儿的子女却被排除在外。[1]虽然关于如何继承成员资格的说明定义了氏族，然而可以确定的是这一说明并未充分地表征其特质。

摩尔根认为历史就是氏族社会作为一种技术、文化和财产制度的逐步削弱。因此，历史分为三个阶段："蒙昧"、"野蛮"和"文明"。摩尔根认为三个阶段中分别依次使用三种不同的制造工具和武器的矿物质（大致是石器、青铜和铁器），以及三种采集食物的不同手段（狩猎和采集、有限种植和使用犁和牛群耕种的土地农业）。他仍然认为，即使在石器或青铜器时代的技术和食物采集的基础消失之后，某些氏族社会的财产模式也有可能会回归。[2]

英国社会主义历史学家拉斐尔·塞缪尔（Raphael Samuel）撰写了关于英国马克思主义历史的文章，认为在文化上，摩尔根创立的氏族研究开创了将马克思主义转向过去的范式："在资本主义社会和共产主义部落之间曾经存在消极的比较。1914 年以前的社会主义乌托邦似乎往往不会追溯和回顾黄金时代……恩格斯关于'评论'以及《家庭、私有制和国家的起源》的晚期作品，都是通过一种深刻的，甚至可以说是完全世俗的堕落而产生的。"[3]对塞缪尔来说，这些（基本上是社群主义的）关于复兴氏族或部落社会文化的想法其实是在深刻地反对当前的技术进步主义，而这种进步主义在 20 世纪 30 年代的英国甚嚣尘上，这一运动更清楚地在物质造物的方面界定了氏族社会在蒙昧、野蛮和文明中的演进。"原始共产主义现在已经从社会主义的想象中消失了，作为男人和女人如何能够团

---

[1] Morgan, *Ancient Society*, 49–61.

[2] Morgan, *Ancient Society*, 8–9, 19–27, 550–554.

[3] Raphael Samuel, "British Marxist Historians 1930–1980." Part one, *New Left Review 20* (1989): 87.

结一致地生活在一起的一个例子……在戈登·柴尔德（Gordon Childe）的作品中，"蒙昧""野蛮"和"文明"变成了矿物学意义上的旧石器时代、新石器时代和青铜时代。它们不再代表恩格斯在其《家庭、私有制和国家的起源》中描述的原始共产主义的破坏阶段，而是"让人类能够更好地利用其环境的革命"。①

正如摩尔根重新诠释了古代西方的共和主义民主，马克思为19世纪建构了一种平民主义的民主共和主义，而汤姆森将马克思主义者的平民主义的民主共和主义扩展到了20世纪。相比之下，在《家庭、私有制和国家的起源》中，恩格斯给出了对民主的纯粹的平民主义解读，实际上并不包含典型的共和主义元素，完全站在了对古代共和主义的纯粹的非平民主义的解读的对立面，而后者的一个典型例子就是孟德斯鸠用共和主义来捍卫柏拉图的反民主的立场，例如柏拉图的《理想国》和《法律篇》都是共和主义著作。②恩格斯对古代民主的解读立场是平民主义和民主主义，而不是共和主义，因为他强调的是共同体的平民主义主题，其中并不包括类似西方国家机构的东西。恩格斯从未暗示过，在公元前5世纪罗马共和国和雅典城邦发展起来的那些国家机构的运动中可以捕捉到人民

---

① Raphael Samuel, "British Marxist Historians 1930-1980." Part one, *New Left Review 20* (1989): 88. 当戈登·柴尔德（Gordon Childe）将摩尔根在1877年的叙述放到1940年代的语境下时，摩尔根的蒙昧、野蛮和文明的粗略分类就变成了柴尔德笔下的旧石器时代、新石器时代和青铜时代。当然，"石头"和"旧石器"的定义仍然与1877年至20世纪中叶的考古工作是相称的。最大的区别在于，柴尔德将"野蛮时代"等同于新石器时代早期的青铜时代，"文明时代"的到来等同于古希腊的米诺斯文明或迈锡尼文明等青铜时代的伟大文明，然而摩尔根在1877年的时候甚至还不知道这些文明。参见 Gordon Childe, *What Happened in History* (London: M. Parrish, 1960, 1-17); "British Marxist Historians," 59。

② Montesquieu, *Spirit of the Laws*, 39-40; Plato, *Laws*. 以下资料有助于评价平民主义和共和主义的相容性，参见 Shklar, *Political Thought and Political Thinkers*, 244-293。

· 107 ·

营造共同价值的运动，而对于摩尔根、马克思和汤姆森而言，这种运动却可以更加规律和稳定地表达民意。

恩格斯对古代雅典和罗马的解释和马克思在1843年到1844年间政治作品中的深层文化意义上的费尔巴哈阶段非常相似。相比之下，在政治方面，恩格斯与马克思1843年到1844年政治写作中的对立使他同时对现代国家的共和立法机构以及罗马共和国和雅典城邦的公民集会进行了评价，这一点和马基雅维利、孟德斯鸠和卢梭的工作如出一辙；从1880年到1882年，恩格斯对罗马共和国和雅典城邦的平等权利极尽溢美之词。1941年，汤姆森在摩尔根的基础上继续发展了平民共和主义的马克思主义。

民族主义和社群主义的氏族政治，特别是易洛魁社会的政治理论同时解密了古代共和主义和19世纪晚期的阶级理论，那么，它也同样适用于平民主义吗？摩尔根的《古代社会》在政治方面的意义提供了密钥。许多读者在阅读了恩格斯的《家庭、私有制和国家的起源》时可能会惊讶地发现，摩尔根和马克思写作的大多数关于宗族和氏族社会的东西超越了财产的概念，其主要内容是关于宗族的政治。读者们感兴趣的是，在宗族政治的基础上重新思考家族的政治，但是《古代社会》，包括马克思在上面作的笔记的主要目标是重新思考与宗族生活相关的政府的政治。马克思和摩尔根也就必然站在了恩格斯的对立面，后者对重新思考家庭本身表现出了更大的兴趣。这种区别与马克思主义批评中的共识是相对立的，这种共识认为是恩格斯将政治植入了摩尔根。然而，定量的比较研究表明，《古代社会》比《家庭、私有制和国家的起源》更为关心政治。摩尔根将《古代社会》分为四个部分。他在第一个部分中首先简要介绍了他关于从蒙昧到野蛮再到文明的历史发展理论中更为技术化的方面，然后，他转向第二个也是最长的部分，即"政府观念的生长",包括第47至380页。只有这样,他才能正式转向关于家族的第三部分(381—522页),并在第四部分简短但重要地讨论了财产。相比之下,恩格斯从家庭开始,并在此花费了整本书的近一半篇幅。他对政治的处理甚至不及摩尔根的四分之一,甚至在关于财产的部分也出人意料地吝于笔墨。

但是到底是把家庭放在最开始还是说惯性地将核心的政治机构放在最开始,也许就是人们如何选择最合乎逻辑的方式来描述从氏族社会走向更高阶的野蛮和文明的进程,氏族社会联结了家庭和政治生活,而在更高的阶段中家庭和政治貌似是更加独立和分离的部分。我们必须记住,即使对氏族的定义是指所有女性的后代或所有男性的后代组成的群体,这个定义也需要将政治概念与家庭概念融合进去。事实上,甚至可以说恩格斯的阐述比摩尔根的更合乎逻辑,因为恩格斯首先定义了较小的宗族/家庭单位,然后才定义了由此构建的氏族政治社会。确实,摩尔根的论述受到了影响,因为他必须对氏族政治社会以之作为构建基础的家庭提出一个简短的初步定义,而他必须等待自己结束了关于政治的第二部分的数百页论证之后才能可以真的告诉我们这个氏族家庭是什么。但是,恩格斯更符合逻辑的阐述却忽略了氏族的政治本质。摩尔根并不需要对氏族家庭进行完整定义来描述政治,李维在谈到法比亚人的宗族/家族的政治作用时指出他们自身就能足以承担保卫罗马共和国的责任,而摩尔根比李维更进了一步。[①]换句话说,除了马克思,摩尔根和恩格斯所接受的氏族家庭的财产和技术特征之外,还有三种关于氏族家庭的特征:性、文化和政治。摩尔根和马克思的时代里流行的是政治的特征,而和他们同时代的法国历史学家福斯特尔·德·库朗

---

① Livy, *The Early History of Rome* (Harmondsworth, Middlesex: Penguin, 1971), 159–166.

热（Fustel de Coulanges）研究了古希腊和罗马，他试图为现代世界重新构建古代的共同体，摩尔根、马克思和德·库朗热都在古代希腊和罗马以及 19 世纪的历史中采纳了政治的特征。[1]但是在《家庭、私有制和国家的起源》中盛行的是家庭在性和文化方面的特征。恩格斯的作品给人一种感觉，其中的宗族社会，无论是基于男性还是女性继承，特别是在后一种情况下，似乎就完全脱离了所有的政治社会，因此前者的统治和后者的统治就很难做比较。[2]这是一种转型的和解构主义的政治视角。

恩格斯设想了一个超越国家的社会，他在日耳曼部落中勾勒出了这种社会，他认为他们能够比雅典人或罗马人的氏族更长远地坚持他们的集体民主（communal democracy），因为即使他们征服了由私有财产支配的罗马，他们依然能够避免来自这些罗马机构的大部分腐败行为且一直延续到查理曼时代。因此，恩格斯将他们的政府描述为一个集体的（communal）政府，于是就不是一个政治的政府。[3]我们在摩尔根或马克思那里没有找到这样的猜想，即公社宗族社会排除了雅典或罗马的政治因素。

摩尔根和马克思从对氏族概念所暗示的现代政治的批判开始，但他们没有对政治治理社会（甚至是通过性、文化和育儿的形式联结起来的家庭）进行这种否定性的分析。和恩格斯不同，他们没有将政治的和集体的视为专门的要素。马克思全神贯注于摩尔根对政府的描述，没有任何证据显示马克思赞同恩格斯关于非政治的氏族社会的集体治理与古代雅典和罗马的政治世界之间彻底决裂的观点。

---

[1] Fustel de Coulanges, *The Ancient City* (Garden City: Doubleday, n.d.).

[2] Engels, *OFPPS,* 207–210, 214–217.

[3] Engels, *OFPPS,* 187–190.

实际上，摩尔根绝不是要诋毁政治国家，而是从氏族人类学的角度重建了古代共和政治。但是，将这种政治愿景注入不公正阶级政治的结局在后来的马克思主义理论中仍然是边缘的观点，部分原因是因为在社会主义世界推广古代社会的恩格斯关注的是全然不同的东西，尤其是要去改变婚姻的本质以其更加符合对爱情的需求。相比之下，马克思专注于宗族生活的政治。他使用摩尔根的语言来描述政府对其公民的关系，这种关系对易洛魁人来说是纯粹个人化的，因为"政府通过人民与氏族或部落的关系来对待人民"①。他也和摩尔根及恩格斯一样，用政治团结的语言来描述易洛魁人的政治生活；此外，他跟随摩尔根，而不是恩格斯，将这种语言与自由主义政治伦理的语言结合起来。"易洛魁族的全体成员都是人身自由的人，都有相互保卫自由的义务，在特有权利和个人权利方面一律平等；不论酋长或军事统帅都不能要求任何优越权，他们是血亲纽带结合起来的同胞。自由、平等、博爱，虽然从来没有明确表达出来，却是氏族的根本原则，……这就可以说明，为什么印第安人具有那种受到普遍承认的强烈的独立感和自尊心。"②

这一关于特点的评价不仅仅是马克思的奇思妙想，他还在其中将易洛魁与古老的西方政治伦理联系了起来。马克思接着谈论了易洛魁酋长的动机。虽然他提到酋长们可能被寻常野心所激发，他还将这一点与摩尔根对古希腊首领理事会的思考相提并论，并引用了埃斯库罗斯在《七将攻忒拜》中的观点，马克思认为这一点有助于首领议事会去建立超越或对抗军事领导人的权力。在戏剧中，厄忒俄克勒斯（Eteocles）是希腊的领导人，他和他的兄弟波吕尼刻斯

---

① Marx, *Ethnological Notebooks*, 143. 马克思以各种方式把德语和英语混合在一起。无论何时出现任何德语文字，此处我都会引用并标明为译者译。

② Marx, *Ethnological Notebooks*, 50. 译者译。

（Polynices）都失败了，来自议事会的先知宣布说，厄忒俄克勒斯将获得一个光荣的葬礼："我来宣布已经决定的事情，由卡德摩斯城（Caedmus）议事会颁布的法令。"①继摩尔根之后，马克思否认在易洛魁氏族或在埃斯库罗斯所描绘的氏族政治社会中，存在着现代意义上的领导权的世袭权利。进言之，氏族社会不仅可以选举，还可以废除他们的领导者。②因此，在共和主义和民主平民主义时期，在易洛魁人与古希腊罗马民主以及共和主义之间的紧密关系揭示了公社民主的秘密，并阐明了西方政治传统中马克思主义民主理论的平民主义维度。

对摩尔根来说，他用最纯粹的易洛魁人的同期形式揭示了宗族民主，但易洛魁人的民主宗族生活又反过来启发了摩尔根、马克思、恩格斯和汤姆森的思想，他们所设想的雅典和罗马民主与共和主义的早期历史，已经被李维和普鲁塔克等古代共和主义者描述过了。事实上，《古代社会》可以被看作是普鲁塔克关于古代雅典和罗马共和国兴衰史主题的一个新版本。③《古代社会》也可以与马克思的《人类学笔记》，以及汤姆森的《埃斯库罗斯和雅典》一道，被看作是马克思的早期政治著作和其1871年的《法兰西内战》正在向前推进的终极目的（Telos）。摩尔根的平民主义和自由主义共和主义都从他对古罗马和雅典民主和共和主义的见解中获得了核心的原动力，也在其中得到了最好的体现。同样，恩格斯纯粹的平民主义的社群主义也在他对同一主题的否定观点中最为清晰地呈现了出来。马克思站在摩尔根那边，汤姆森在《埃斯库罗斯和雅典》中也站在了摩尔根一边，尽管汤姆森在他1955年的《第一哲学家们》

---

① Marx, *Ethnological Notebooks*, 172.

② 同上，180。

③ Plutarch, *The Lives of the Noble Grecians and Romans* (New York: ModernLibrary, n.d.), 24-48, 74-92.

中开始更多地倒向了恩格斯。①

摩尔根认为,古希腊民主共和主义和罗马共和主义始于雅典和罗马过去的宗族,远远早于公元前5世纪,这种观点也被恩格斯大加推广。此外,摩尔根的另外一个观点并没有被恩格斯所普及,没有被写入《家庭、私有制和国家的起源》,且确实与其有所差别,即虽然雅典和罗马的古典民主和共和主义时期在某种程度上是对在其之前的宗族民主的退却,尽管如此,在其他方面,特别是在雅典,却又是一场进步。在这一点上,摩尔根和普鲁塔克及李维这类古代共和主义政治理论家的联系更为紧密,而不是恩格斯。虽然恩格斯断言宗族民主和民主本身在雅典城邦和罗马共和国的古典时期陷入了堕落状态,但他没有明确表示他在这一点上反对摩尔根,也没什么兴趣和摩尔根争辩,而只是简单地进入他对氏族治理社会的集体化的捍卫,尤其是其在"日耳曼"欧洲的发展,对恩格斯来说其时间段是从凯撒一直延伸到了法国革命的前夜。②恩格斯与摩尔根的这一重差别聚焦于治理的纯粹的、集体化的、民主形式的可行性,恩格斯把其称之为"政治的",但我们可以称之为自由主义或自由主义的社群主义或民主治理的共和主义形式。在恩格斯看来,当公元前5世纪的雅典民主和罗马共和主义的"国家"政府出现时,这个宗族民主就消失了。但必须记住,现代西欧的古典共和主义的捍卫者,包括民主共和主义者,如马基雅维利、孟德斯鸠和卢梭,在雅典和罗马的早期政治历史以及从公元前5世纪就开始存在于城邦国家的政治和国家的民主及共和主义之间找到了极大的连续性。因此,他们与恩格斯的反共和主义不同。摩尔根当然地站在马

---

① George Thomson, *Studies in Ancient Greek Society Volume Two: The First Philosophers* (London: Lawrence and Wishart, 1955), 208–245.

② Engels, "The Mark," Frederick Engels, *Socialism, Utopian and Scientific: With the Essay "The Mark"* (New York: International Publishers, 1972), 91.

基雅维利、孟德斯鸠和卢梭这边,而马克思关于摩尔根的笔记也强烈地表明他也同样站在这边。

摩尔根在古代雅典和罗马的宗族和民主的双重问题上接受了作为人类学家和政治理论家的训练,就像许多其他19世纪的美国和西欧政治理论家一样,接受了在公元前5世纪勃兴的雅典和罗马民主共和主义之前的好几个世纪的共和主义历史的训练。在古代历史学家的记述中,已经有了罗马或雅典的宗族或部落社会的概念,这些概念早已存在,并为公元前5世纪古代城邦国家中的民主或共和主义奠定了基础。这肯定不是马克思独有的想法。事实上,它是另一个非常不同的关于古代政治生活的欧洲式的关注焦点,在摩尔根、马克思和恩格斯深入研究古代宗族民主之前曾一度短暂地出现过,即福斯特尔·德·库朗热的《古代城邦》,摩尔根曾引用过他的观点。[1]

现代历史学家们对摩尔根、恩格斯、马克思、德·库朗热,以及后来在他们基础之上的汤姆森等基于部落主义的中心思想持怀疑态度。[2]政治理论无法解决这一历史争议,但它可以说明部落和宗族或氏族的概念如何阐明了古代共和主义和民主以及马克思主义的平民共和主义民主的伦理学。关键不是德·库朗热、摩尔根、恩格斯、马克思和汤姆森与现代历史学家在宗族、部落、民族和阶级社会问题上的事实差异,而是古代共和主义和民主政治学的意义,因为它关切到一种组合了平民主义的共和主义和自由主义的民主是否在马克思主义阶级伦理学中享有价值的问题。

---

[1] Morgan, *Ancient Society*, 549.

[2] M. I. Finley, *Politics in Ancient World*, 44-45. Finley 正在讨论克利斯滕斯所谓的部落改革,而法国历史学家 Denis Roussel *tribu et cité* (Annales litteraire de l'universite de Besancon, 1976)则对部落,尤其是对古希腊部落的重要性表示怀疑,Finley 则认为这些事是真实可信的。

摩尔根、马克思、恩格斯和汤姆森的部落民主都是在我称之为整体团结特征的基础上形成的集体民主的例子,共和主义的公共精神就是其中之一。摩尔根和恩格斯对于在民主雅典城邦和罗马共和国内部自身是否保留了部落社群主义的民主存在分歧。摩尔根,就像马克思所谓的"新英格兰的共和主义者"(Yankee republican)一样,认为宗族的平民民主主义在古代雅典的共和民主中得以保留,而且在公元前509年最后一批勒克斯(Rex,即"王"——译者注)被驱逐之后,在罗马的贵族共和主义中仍然得到了一定程度的保留。① 对摩尔根来说,在公元前5世纪的罗马甚至更多的雅典历史中发现的部落和共和政治元素的具体结合令他欣羡不已,他是如此钦佩社群主义的共和主义形式。相比之下,显然恩格斯并不重视古代雅典或罗马的这种结合。在部分程度上,他的反对意见是基于他强调在公元前5世纪的雅典和罗马加深了阶级统治,而不是在更早期的时段里存在的无阶级的部落社会和民主。但在某种程度上,他的反对意见似乎是认为共和主义和氏族社群主义民主的结合非常有可能成为一个过去的不公正的阶级社会的理想。马克思和摩尔根当然也看到了古代共和国尤其是罗马的阶级扭曲现象日益严重。但是,马克思关于摩尔根的笔记表明,他支持"新英格兰的共和主义者"摩尔根,在宗族民主是否与公元前5世纪罗马的"政治"共和主义以及雅典的民主共和主义结合的问题上,马克思不会支持恩格斯的看法。只要马克思支持摩尔根,他就支持自由主义和共和主义的民主融合。

摩尔根和马克思对古代政治理论家,特别是普鲁塔克和李维的解读,帮助他们澄清了民主主义和共和主义伦理学中阶级、共同体

---

① 在 *Ethnological Notebooks*(206)中,马克思将摩尔根称作"新英格兰的共和主义者"。

以及自由主义之间的关系。为什么普鲁塔克和李维特别地重要呢？首先，他们凭借着历史学家的优势和特点，均从部落民主的视角中提出了关于公元前5世纪罗马共和主义发展的连贯叙述，普鲁塔克还谈到了公元前5世纪的雅典共和主义民主。普鲁塔克也介绍了随之而后的罗马共和国和雅典共和国民主的垮台。因此，普鲁塔克和李维在将希腊和罗马政治伦理传播到现代世界的过程中占有独特的地位。现代历史学家可能会发现他们的准确性不如修昔底德，波利比乌斯（Polybius）或者塔西佗。现代哲学家可能会发现他们对民主的逻辑论证不如柏拉图和亚里士多德那么引人注目。尽管如此，特别是就普鲁塔克而言，没有人能够像他一样对罗马和雅典的共和主义及民主的兴衰作出如此相对连贯的叙述，他的叙述非常接近实际事件的时间点。[1]

作为社群主义者，普鲁塔克和李维都强调通过对全体或部分共同体的关键政治目标的整体认同来实现一种无论是贵族式的还是民主式的共和主义。与此同时，普鲁塔克和李维都对阶级斗争提出了现实的解释，这当然削弱了所有成员认同整个雅典或罗马共同体目标的可能性。有充分的证据证明普鲁塔克和李维将他们对古典罗马共和主义和雅典共和民主中共同体身份认同的描述与旧的氏族公社团结的持续影响和现实进行了勾连。[2]摩尔根使用了他们作品中的这些元素来确认他的直接的人类学证据，这些元素主要来自易洛魁人，这是在古希腊和罗马部落的宗族民主，后来发展成为公元前5

---

[1] 关于雅典人和亚里士多德, The Athenian Constitution (Harmondsworth: Penguin, 1987) 是一个绝佳的文本，但是不论是马克思还是摩尔根都未曾接触到它，因为它直到1890年才被发现。参见 P. J. Rhodes, "Introduction," AthenianConstitution, 10。

[2] Plutarch, "Theseus," 选自 The Rise and Fall of Athens (Harmondsworth, Middlesex: Penguin, 1960), 30, 关于 Numa 和 Lycurgus 的比较, 选自 Lives of the Noble Grecians and Romans, 94, 339-340; Livy, Early History of Rome, 52, 67, 81, 89, 105, 113, 114。

世纪的雅典共和民主和罗马共和主义的民主。摩尔根站在古代共和主义政治理论的视角，认为即使是在公元前 5 世纪古典雅典城邦或罗马共和时期的雅典和罗马阶级斗争中最黑暗的时刻，公元前 5 世纪以前的共同体精神仍然存在，实际上它启蒙了这场斗争的理想并将它的目标理想化，即创造一个真正统一的共同体身份，以之作为共和主义和民主的基石。这种观点也见于马基雅维利、孟德斯鸠和卢梭，以及马克思和汤姆森。

然而，恩格斯看到的雅典和罗马的古老的共同体历史截然不同。对于恩格斯来说，氏族公社民主的灵感只能是一个完全取代了公元前 5 世纪雅典和罗马的"国家"民主和共和主义的梦想，这完全是对公社民主历史的敌视。[1]这与摩尔根的观点完全相反，对他而言，雅典城邦和罗马共和国的政治国家民主形式可以用来实现阶级社会的终结，从而破坏公社民主的历史。摩尔根认为，可以将古罗马和雅典的国家形式、社群主义的共和主义和民主结合起来，作为 19 世纪晚期美国的反制力量，彼时的美国正从共同体和民主走向财产的阶级统治。[2]这意味着对于摩尔根来说，国家和共同体民主可以共同对抗阶级统治：雅典就是摩尔根首选的样板。

尽管在许多关于古代民主的具体观点方面存在上述差异，但摩尔根和恩格斯都假定了古代民主氏族社会的存在，在许多方面与易洛魁人非常相似，远早于在古代历史学家看来被克里斯提尼（Cleisthenes）于公元前 509 年制度化了的雅典民主的古典时期，也远早于普鲁塔克指出的由来库古（Lycurgus）在公元前 6 世纪前建立的

---

[1] Engels, *OFPPS*, 142–151.

[2] Morgan, *Ancient Society*, 256–276; Marx and Engels, "Preface to the second Russian edition of *The Manifesto of the Communist Party*," 选自 Teodor Shanin, ed., *Late Marx and the Russian Road: Marx and the Peripheries of Capitalism* (New York: Monthly Review, 1983), 138–139。

斯巴达宪制社会。①摩尔根和恩格斯也都认识到公元前6世纪和公元前5世纪以来日趋增加的对私有财产的强调对民主是一种普遍的破坏，而且特别损害了古希腊宗族社会遗留下来的民主。是的，正是在这一点上摩尔根和恩格斯好似同伴。对于恩格斯来说，从希腊的氏族民主到古代雅典民主的道路只是一种堕落，而摩尔根在这种转变中同时看到了得失。于是，摩尔根和恩格斯在氏族民主与共和政府的兼容性方面便存在分歧。

摩尔根和恩格斯都强调，在野蛮阶段的高级阶段，氏族民主包括三个要素：一个酋长议事会，一个人民集会（集市 agora：特指古希腊的广场和集会场所——译者注）和一个军事首领（巴塞勒斯 basileus：古希腊的国王或执政官——译者注）。②两人都接受了以下观点，即伴随着梭伦在公元前593年到公元前594年和克里斯提尼在公元前509年分别领导下的政治革命，这些机构的宗族基础逐渐消失，主导了古代雅典民主的国家的新的政治形式更多地建立在领土之上而不是血缘关系的基础上。两人都认为，与此同时，私有财产（而不是宗族财产）得到了巩固。两人都同意，雅典国家的新的政治形式包括议事会，选举出议事会的部落的人民集会，以及管理国家的执政官（archons）。③然而，实际上恩格斯要说关于民主的这类新的国家或"政治"形式的一切都是消极的。《家庭、私有制和国家的起源》并未暗示除了怀旧之外，在宗族民主和古代雅典民主的价值观之间还存在任何连续性；这两种东西一种被赞扬，另一种则被诋毁。然而，恩格斯本人认为，在经济上，公元前6世纪初梭伦所处的国家在财产改革方面取得了一些成功，从而使得无产阶层

---

① Plutarch, "Lycurgus,"选自 *Lives of the Noble Grecians and Romans*, 49–56, "Aristides,"选自 *Rise and Fall of Athens*, 111。

② Morgan, *Ancient Society*, 243–247; Engels, *OFPPS*, 137–139.

③ Engels, *OFPPS*, 151–152.

受益。此外，宗族民主和古代雅典民主中的三种制度，即领导人、议事会和集会不仅在名称的联系上，而且在功能的联结上也当然需要提出比恩格斯的说法更多的解释。除了阶级原因之外，关于恩格斯为什么低估公元前5世纪的雅典民主，肯定还有其他的原因。他明确指出，还有部分原因是他源自对西方传统政治形式的不信任。①

将《家庭、私有制和国家的起源》与《古代社会》作对比的话，就能看出一条与恩格斯对立的共和式平民主义马克思主义的道路。对于摩尔根而言，从氏族民主到公元前5世纪古典共和民主时期的雅典，不管是衰落，还是积极的发展，不仅存在相异性还存在连续性。在讨论公元前5世纪氏族社会的"纯粹民主"时，摩尔根指出，它的"虚假元素，即贵族元素，已经渗透到制度中并在过渡时期制造了大部分冲突，它与执政官（basileus）的机构紧紧联系在一起，在这个机构被废除后仍然存在；但新的制度推翻了一切。雅典人比其余的希腊部落更成功，他们能够将他们的政府理念导向其逻辑结果"②。摩尔根认为，雅典从"纯粹的"氏族民主迈向向"政治的"古典民主过渡的理性基础是"为了福祉和社会安全，需要更广泛地分配政府权力，更明确地对其进行定义，以及对官员进行更严格的问责制；更具体地说，是由主管当局制定的代替惯例和习惯的书面法。"③摩尔根为发展更多的政治民主提供了合理的理由，其法律保障更接近于古代的共和主义理想和现代的自由主义，且将因某种原因不属于任何一个氏族从而在氏族民主中就没有位置

---

① 一个更接近恩格斯而非摩尔根的评价，参见 Ellen Meiksins Wood, *Peasant-Citizen and Slave* (London: Verso, 1988)。

② Morgan, *Ancient Society*, 254.

③ 同上，258。

的宗族人群排除在外。①

实际上，摩尔根关于从蒙昧到野蛮进而至文明的整个演化模式决定了公元前5世纪的雅典共和民主至少在某些方面必定优于纯粹的部落民主。对摩尔根来说，其中的"野蛮"演化阶段有初级、中级和高级三个次级阶段，他用这三个次级阶段来分析雅典民主及其在英雄史或荷马史中的过去。在初级阶段，酋长议事会占主导地位，中级阶段则由酋长议事会和军事指挥官统治，在高级阶段，议事会、军事指挥官和人民集会占主导地位。②请注意，这并不代表民主进程的直接路线。其中，第一个是民主的，第二个是次民主的，第三个是最民主的。事实上，摩尔根只是将野蛮阶段的高级阶段称为民主的。③然而，摩尔根从未暗示过，以公元前5世纪的雅典和罗马民主和共和主义为代表的文明阶段必定不如野蛮阶段的高级阶段民主。相反，古代雅典民主的文明，其政治国家及其自由和共和价值观的传播，象征了对野蛮阶段的第三阶段的改进，其中军事指挥官相比野蛮阶段的中间阶段更加从属于人民集会。因此，摩尔根谈到文明阶段，特别是雅典文明带来了适当的改进，例如将在民主中嵌入了司法机构。④在强调司法机构时，摩尔根清楚地展示了他对进入公元前5世纪的雅典民主的自由主义元素强烈的价值立场，这种元素在诸如普鲁塔克等古代共和主义者和诸如孟德斯鸠等现代共和主义者之间相互关联，他们都具有共同的公共精神和对消

---

① Morgan, *Ancient Society*, 266-269.
② 同上,257。
③ 同上,216。
④ 同上,257-258。

极自由的自由主义价值的辩护。①

我们可能会问,摩尔根如何形成了这样的观点,即民主可以在"文明"阶段中得到进一步发展,而不是在"野蛮"阶段的高级阶段呢?根据这个观点,他同时断言,私有财产的不当影响就是民主的解毒剂,同样也在"文明"阶段发展起来了吗?②这确实是一个难题。有没有可能恩格斯并没有简单地误会摩尔根,而只是假设,如果按照摩尔根所宣称的强大的私有财产制度和民主无法结合的话,那么就摩尔根看来,在古代雅典的民主中,即便受到私有财产的威胁,他也会坚称民主将会持续发展,然而他对此的实际态度不如他所坚称的那么乐观。尽管如此,事实上似乎更有可能的是恩格斯误解了或不同意摩尔根,他们之间的差异是概念性的。对于恩格斯来说,社群主义的民主形式与国家不相容。对于摩尔根来说,共和主义和共和主义的民主国家形式与共同体民主并不矛盾。然而,共和主义的和民主的国家形式以及共同体民主都受到了来自强大的阶级划分的私有财产新形式的威胁,而不是破坏,恩格斯和摩尔根都认可这一形式是经过古代雅典城邦强化了的。恩格斯的问题在于,他认为阶级划分的私有财产和任何形式的国家(共和主义的、民主主义的或暴君独裁主义的)相互促成。然而,与恩格斯不同,摩尔根将公元前5世纪的雅典看作是一个由共和民主和由财产分配带来的阶级对抗而分裂的制度。马克思站在哪边呢?

马克思晚期的共和民主政治将氏族民主、易洛魁人、古代雅典的民主共和国和古罗马的准民主、准贵族共和国联系在一起。这些关于摩尔根的来自《人类学笔记》的写作似乎延续了摩尔根的观

---

① Montesquieu, *Spirit of the Laws*, 154–162; Plutarch, "Solon,"选自 *Rise and Fall of Athens*, 47; "The Comparison of Poplicola with Solon," "Pelopides,"选自 *Lives of the Noble Grecians and Romans*, 131, 362.

② Morgan, *Ancient Society*, 5–6.

点,即部落共同体和共和主义是相容的,但恩格斯的观点却与此相左。马克思笔记的关键在于他对阶级、共同体和自由主义国家的形式如何影响共和主义和民主的立场。这个概念性的问题与历史性的问题交织在一起。显然,马克思用强大的理论机器来探讨摩尔根对古代共和主义和民主的重建,但是共同体的部落制及其与阶级和公元前5世纪罗马雅典共和制度的关系问题对他来说也是经验主义的。这是因为他和摩尔根,就像在他们之前的也曾部分提及此类情况的法国的库朗热一样,不仅比我们现代人更容易熟悉古人的共和主义政治伦理,而且因为他们更有可能看到共和主义和民主的命运叙事,就像历史上真实发生的被李维用拉丁语、被普鲁塔克以及哈利卡纳苏斯的狄俄尼索斯（Dionysus of Halicarnassus）用希腊语叙述过的那样。因此,为了扭转这个观点,宗族民主的现实问题可能对现代历史学家来说只是经验主义的问题,可能比这些历史学家承认的更为理论化。关于雅典民主和罗马共和主义衰亡的叙事,不管是摩尔根、李维、普鲁塔克还是菲奥尼斯（Fionysus）,都是沉浸在古代的共和主义伦理中的假定。

毫无疑问,马克思更容易接受摩尔根对民族的宗族起源的研究,因为他对所有的社群主义教师——德国的黑格尔和费尔巴哈,现代欧洲的共和主义者马基雅维利、孟德斯鸠和卢梭,以及古代的亚里士多德、李维、普鲁塔克和狄俄尼索斯的阅读,本就已经为他的观念形成做好了准备,即古代雅典和罗马共和主义民主之下潜在的扩大的平等和消极自由,总有一些地方,它们的认同是基于更多具体的事物,而不仅仅是基于社会中偶尔爆发的公民自豪感和扩大了的整体团结。马克思的摩尔根笔记特别引起了19世纪德国社群主义者的共鸣,这种背景下产生了奥托·冯·基尔克（Otto Von Gierke）和费迪南德·托尼斯（Ferdinand Tönnies）的社群主义。

冯·基尔克将现代基于契约的生活与中世纪的委员会进行了对比，而托尼斯将现代契约生活与中世纪、古代或非西方的"地位"进行了对比，马克思将现代生活和政治作为部落制的对立面。托尼斯的地位社会和马克思的部落社会都强调人与人之间的非官僚的和非法律的联系。马克思来自李维、普鲁塔克和狄俄尼索斯的证据在这里与冯·基尔克和托尼斯的中世纪政治伦理证据起了同样的作用。继黑格尔之后，冯·基尔克和托尼斯展示了合作群体在社群主义政治理论中的重要性，合作群体是个人与更大社会之间的调解人。[1]摩尔根本人通过古代和现代社群主义观察到了宗族—氏族民主的经验证据，例如，他用古代历史学家描述的类别来描述易洛魁人，有时他也将"委员会"这个词应用于氏族社会。[2]

马克思对古代雅典民主的重建集中在摩尔根关于雅典社会的从部落民主转变至公元前509年克里斯提尼所建立的古典民主的叙述。马克思像摩尔根那样去描述部落民主，"在古希腊的异教徒社会中，政府通过一群集结起来的人和氏族、宗族（较小的氏族单位和较大的部落单位或部落之间的次级群体）之间的个人关系来对待他们"[3]。像摩尔根一样，马克思感兴趣的是从部落民主到公元前5世纪雅典的政治民主特征的转变，他甚至比摩尔根更少地在贬义层面使用"政治"这个词："第一届奥林匹克运动会使得希腊社会走到了世人的瞩目之下，从那里直到克里斯提尼（公元前509年）的立法，就是从异教徒走到政治（民间）组织的转变。"马克思随后补充说，"他（摩尔根）可能会说，'政治'在这里被赋予了亚里士

---

[1] Ferdinand Tönnies, *Community and Society* (New York: Harper and Row, 1957), 190-197; Otto von Gierke, *Natural Law and the Theory of Society 1500—1800* (Boston: Beacon Press, 1957), 162-194.

[2] Morgan, *Ancient Society*, 267.

[3] Marx, *Ethnological Notebooks*, 204. 译者译。

多德式的意义：人是生活在城邦中的动物，他属于政治，他就是公民。"①

有时，马克思不仅使用语言的细微差别，还包括他所列举的事例，都澄清了他对雅典共和民主中部落社群主义与自由主义元素存在兼容性的立场。希腊作家荷马、埃斯库罗斯和狄俄尼索斯在完全不同的历史时期写作了关于人民集会文章，说明人民集会有能力拒绝由酋长委员会提出的措施，马克思在引用了三人的文章之后，指出"荷马和希腊悲剧作家们所提及的集会（agora），其部分特征后来也被保留在雅典人的教会（ecclesia）和罗马人的贵族民会（comitia curiata）中。在英雄时代，集会是希腊各部一直存在的现象……每个人都可以在集会中发言；在古代大多数时候，他们通过举手来明确表示他们的决定"②。这里特别重要的是马克思对荷马和埃斯库罗斯的引用。荷马对我们来说太远，埃斯库罗斯则正处于公元前5世纪的古代雅典民主中，彼时正拥有自由主义的国家形式。如果马克思真正愿意加入恩格斯的立场，即公元前5世纪雅典的有组织的、政治的、司法的民主与部落民主的社群主义不相容，那么我们可能会看到荷马的价值胜过了埃斯库罗斯，甚至超过了克里斯提尼，以及肯定超过了类似于罗马参议院这些机构的价值。相反，马克思补充了新材料，支持摩尔根对古代雅典民主的辩护。马克思注意到，正是欧洲学者中的大部分人都支持君主制，他们称荷马时代的国王为酋长，马克思认为"新英格兰的共和主义者"摩尔根看待事物的方式更加地民主化。然后，马克思引用了历史学家乔治·舍曼（Georg Schoemann）的话，他描述了荷马时代的酋长和人民之间

---

① "Er hatte sagen sollen das political hier Sinn des Aristoteles hat=stadtisch u. politischer animal=stadtburger," Marx, *Ethnological Notebooks*, 196. 译者译。

② Marx, *Ethnological Notebooks*, 205. 译者译。基本上是对 *Ancient Society* (245-246.)的评述。

的会议说:"如果正在讨论的问题关乎人民的合作的话,那么荷马的答案是人民无法被强迫去对抗自己的意愿。"①对于马克思来说,他假设要么是希腊人选举出他们的酋长,要么"人民通过他们认可的组织确认机构,例如罗马国王……去执行包括了废除权利的权力"②。马克思毫不犹豫地使用了"权利"这个英文单词,暗示了他像摩尔根一样依赖同一个词,愿意在这里将自由主义的民主概念应用于部落世界。然后,马克思认为这是他对《伊利亚特》著名段落解释的一个反例,其中尤利西斯为了捍卫阿伽门农作为特洛伊战争中所有希腊人的统帅,似乎提出了一个哲学主张,即只能有一个统治者的必要性。然而,对于马克思来说,尤利西斯"并没有就统治的形式,国王的或者是任何其他形式进行演讲,而只是要求服从第一武士作为战斗中的职责"③。对于马克思和摩尔根来说,易洛魁人的酋长们也在战斗条件下拥有绝对的指挥权,而不是因此就证明了易洛魁民主的不真实性。马克思在这里关于阿伽门农的观点中的情境化解释证明了他的主张。马克思补充说,"考虑到特洛伊战争之前的希腊人只是出现在众多群体中,集市中发生的事情是充分民主的。阿基里斯,当他谈到礼物,即分配战利品时,不会把它们分给阿伽门农,也不会分配给任何其他的国王(basileus),而是分配给阿开亚人的子孙和人民(das Volk,德语中的'人民'——译者注)"。马克思总结说,英雄时代的国王并不行使民事职能。④

像摩尔根一样,马克思将亚里士多德对五种类型的执政官的区分也应用于英雄/荷马时代的统治者。⑤亚里士多德的划分是(1)英

---

① Marx, *Ethnological Notebooks*, 206. 译者译。
② 同上, 206。译者译。
③ 同上, 207。译者译。
④ 同上, 207。译者译。
⑤ 同上, 208。Morgan, *Ancient Society*, 251.

雄时代的国王，对自愿的主体行使权力，仅限于特定功能。他将这种类型的国王或统治者与（2）"野蛮时代"的半暴君王权进行了对比，这也是基于法律的，但却较少基于同意。（3）希腊人的选定或选举的国王，包括雅典的独裁统治时期。（4）斯巴达世袭和永久的统治。（5）暴政，亚里士多德认为可以在任何地方发生，但最常见于非希腊土地，并且不是基于法律，不是自愿接受的，而且是永久性的。[1]

然而，马克思没有对摩尔根关于亚里士多德的划分的解释进行评论，摩尔根将亚里士多德的划分解释为暗示限制权利的概念，当然，这一概念来自于共和主义和现代自由主义的民主理论。[2]相反，马克思分析了与自由和裁决相关的统治权，并指出英雄时代的国王对"自由人"（von Freien，德语词"自由"——译者注）行使权力，并且只要他具有"类似法官的职能，他就是那个率领集会或法院的人。他是提问的人，但不是那个作出裁决的人"。马克思的观察回顾了卢梭在《社会契约论》中的尝试，即通过区分法律赋予者或立法者和立法机构来解决古代民主生活中民主和权威主义的各种证据之间的类似冲突，立法者仅限于提出法律，但只有后者能够执行法律。[3]摩尔根和马克思对英雄/荷马时代的军事首领的描述非常接近于古罗马的李维和当代美国的迈克尔·桑德尔倡导的共和主义精神，他们强调政治自由依赖于对群体目标的团结认同，这对于一个

---

[1] Marx, *Ethnological Notebooks*, 208; Morgan, *Ancient Society*, 252; Aristotle, *Politics*, 1284, b35-1285, b33. According to Emilio Gabba, *Dionysus and the History of Archaic Rome* (Berkeley: University of California Press, 1991), 153-157, 222, 狄俄尼索斯（Dionysus）将罗马统治者（reges）比作不是暴君的希腊统治者。

[2] Marx, *Ethnological Notebooks*, 208; Morgan, *Ancient Society*, 252.

[3] Rousseau, *Social Contract*, 35-38.

群体，甚至是军事群体以民主单位来进行运转是必需的。①

在马克思对摩尔根的补充说明中也充斥了共和主义精神的声声回响，他们通过对忒修斯（Theseus）、梭伦和克里斯提尼的评述回应了古代雅典民主的发展，而这三者都是从普鲁塔克一直到孟德斯鸠以来的共和主义作者所青睐的人物。马克思将阶级分析、社群主义和共和主义，以及自由主义结合在一起，特别明确地体现在他对忒修斯和与其有关的雅典民主神话形成的描述中。摩尔根注意到尽管忒修斯，或者由该名称所表示的过程或一系列事件，试图引入阶级来反对氏族，但是由于投票权从未从部落中被剥夺，所以摩尔根得出结论称，"忒修斯的这个计划已经废除，因为实际上权力并未从氏族、胞族和部落转移到阶级"。对摩尔根来说，只要忒修斯也团结了部落，那么他也就的确帮助实现了一个"更高的有机过程"②。摩尔根从普鲁塔克的《忒修斯》第24章中引用了一段（希腊文），马克思也引用了这段话，显然是他自己翻译的，主要是德语，但也有部分是英语。③马克思还引用了《忒修斯》第25章的一段话，其中包含更多的自由主义和更具社群性的细微差别。把马克思对希腊文的德语/英语翻译完全用英语来表达的话，就是"为了扩大城市，他（忒修斯）呼吁确保平等权利（zusicherung gleicher Rechte），并宣称，正如那句耳熟能详的口号，'来这里吧，你们这些人'。因为他希望在雅典创造一个普遍的人民的联合（Allgemeine Volksverein）"④。继续将普鲁塔克的话变成德语/英语，马克思接着说道：

---

① Livy, *Early History of Rome*, 82–89; Sandel, *Democracy's Discontent*, 123–167.

② Morgan, *Ancient Society*, 260, 259.

③ Morgan, *Ancient Society*, 259; Marx, *Ethnological Notebooks*, 209.

④ Morgan, *Ancient Society*, 209–210. 译者译。

为了将分散的集合（许许多多的）（普鲁塔克的幻想：没有这样的许多集合）带入自由国家，忒修斯将人民分为贵族、农民和手工业者。他把监督宗教事务的权力和拥有国家机构的权利赋予贵族。他使他们成为律法的教师，是人类和敬虔职责的解释者。他使贵族与其他公民平等，因为贵族似乎有更宽广的视野，但农民却能产生更多效用，而手工业者则占据了大多数。正如亚里士多德所说，他首先倾向于人民，人民自己就能掌握自己，荷马也有类似表达，他称雅典人是一个联盟，雅典就是人民。①

这些引用使得马克思能够扩展摩尔根关于忒修斯的二元性观点，即忒修斯既是作为平等和共同体的破坏者，还是它的扩张者。②马克思展示了希腊政治理论中关于忒修斯的共和主义和民主的两位主要评论家，即亚里士多德和普鲁塔克的观点，认为忒修斯对平等和政治团结都很有吸引力。马克思最后通过与摩尔根的争论得出结论认为，忒修斯引入阶级的原因可能是为了阻止更具对立性的阶级的扩散，马克思认为阶级对立已经从氏族社会本身的不平等中发展出来了。"普鲁塔克声称'穷人和卑微的人已经准备好接受忒修斯的挑战了'，而普鲁塔克引用了亚里士多德的话，忒修斯'倾向于人民'，与摩尔根相反，似乎是在财富方面，氏族酋长的利益已经开始与氏族群众的利益发生冲突了。"③

在忒修斯之后，马克思跟随摩尔根直接进入梭伦在早期民主国家转型中的作用；他的许多笔记都简单地重复了摩尔根的历史观

---

① Homer, *The Iliad*, Richmond Lattimore, trans. (Chicago: University of Chicago Press, 1959), 90.

② Morgan, *Ancient Society*, 260-262.

③ Marx, *Ethnological Notebooks*, 210. 译者译。

点。①然而，有一项评价特别强烈地表明，与恩格斯不同，马克思接受了摩尔根的观点，即梭伦帮助维护了雅典城邦中的古代宗族民主，因为宗族民主本身开始沿着一般公民身份而不是宗族身份的共和主义路线发展起来，而这是公民在公共生活中发挥作用的关键。②因此，马克思强调了所有公民的平等价值，以及公民平等权利的自由和共和的价值："因此那些在氏族、胞族和部落之外的人，只能在公民大会（Public Assembly）中作为一个并非任何部落成员的雅典人，去赢得大会的入场券。正因为如此，他是一名公民并且可以参与选举执政官，可以参与每年度的'问责制'，可以凭借自己的权利向执政官主张过失赔偿……所有其他人，无论他们的等级或财富如何，他们在政治上发现他们与最低阶级是平等的。"③

马克思通过引用摩尔根没有引用的普鲁塔克的段落，进一步发展了摩尔根关于梭伦统治的积极民主方面的两个观点。看到普鲁塔克认为梭伦在阿雷奥帕古斯法院（Areopagus，希腊的最高法院——译者注）增加了一个议会，马克思指出"普鲁塔克错误地认为梭伦启动④了议会，实际上梭伦所做的只是将旧的酋长委员会纳入他的宪法，他从4个部落中每个部落选取100人成为人民的准议员，这样他们就不会在没有事先检验的情况下达成一致"。

马克思在这里的补充说明他站在摩尔根这边，而不是恩格斯那边，支持在雅典，或许在一般情况下氏族社群主义和民主的共和主义形式的连续性。因为他补充了普鲁塔克关于共和主义者和氏族社群主义民主形式混合的说法，他的证据更多是来自摩尔根而不是来自普鲁塔克。此外，马克思引用了普鲁塔克的《梭伦》第18章，

---

① Morgan, *Ancient Society*, 264-269.
② 同上。
③ Marx, *Ethnological Notebooks*, 213. 译者译。
④ 同上。

进一步阐述了梭伦引入的等级制。"三个更富裕的阶级可以进入所有执政机构；第四阶级则没有行政权，但可以作为人民集会的成员或民众法庭的形式参政。因此，他们是否取得了更加具有决定性的权力，因为梭伦也认为这样的事情可以让人更熟悉权力，从而也就侵犯了**人民法院**（Volksgericht）。"①

追寻摩尔根的步伐，马克思从梭伦转向克里斯提尼，在普鲁塔克看来正是他们创制了从公元前509年直至独立的雅典城邦结束的宪法。与摩尔根的说法高度一致，马克思赞扬克里斯提尼，因为"除了以同等资格竞选更高职位之外，所有登记在册的公民都是自由平等的"②。然后，马克思比较了克里斯提尼与先于他的民主色彩极少的政治家伊萨哥拉斯（Isagoras，主张维持寡头制的雅典贵族——译者注）的统治效果。"在皮西斯特拉图斯（Pisistratus，古希腊有名的僭主——译者注）垮台之后，如果克里斯提尼没有击败贵族党的话，那么伊萨哥拉斯领导下的贵族就会成功接任，因为他们深知如何利用人们害怕失去自由的恐惧；正如希罗多德谈到的在伊萨哥拉斯治下的克里斯提尼之前的那个时代，'从一开始就把人民排除在一切事务之外。'"③马克思在这里对共和制宪政民主的辩护是明确的。对于恩格斯来说，暴君皮西斯特拉图斯、贵族伊萨哥拉斯和民主人士克里斯提尼之间似乎并不存在太大的差异，因为他们都代表着反对氏族的国家。马克思在摩尔根的基础之上更激烈地褒奖了共和制民主，这种态度也反映在他的观察之中，在克里斯提尼时代之后不久发生了与波斯的战争，其中"所有阶级的雅典人都认为自己是有价值的（ruhmvoll bewahrt，德语，意为保存的光荣——

---

① Marx, *Ethnological Notebooks*, 212. 译者译。
② 同上, 214. Morgan, *Ancient Society*, 271. 译者译。
③ Marx, *Ethnological Notebooks*, 216. 译者译。

译者注)。"马克思认为，在此之后，在半民主半贵族的亚里斯泰德（Aristides）的统治下，克里斯提尼的某些民主改革甚至得到了进一步的拓展。在贵族这一面观察到"亚里斯泰德完成了这个过程，穷人或者更低层次的公民被排除在国家机构之外"。马克思再一次引用那个似乎是他偏爱的在民主和共和层面叙事的希腊历史学家，即普鲁塔克，表明在民主这一面亚里斯泰德"引入了一项法令，即城邦的管理权是所有阶级的权利，执政官需从全体雅典人中被选举出来"[1]。可以想见，马克思加入了进一步的阶级分析，认为某些机构仍然不会对所有阶级开放，而且在任何情况下都有一些富人，他们要么一直处于第四阶级或最低阶级，要么就是在战争的情况下被迫跌入这些阶级的。然而，马克思指出，"总的来说，他（即亚里斯泰德）的法律具有克制土地所有者的单边控制的作用，并允许不占有土地的资本家或有产者进入行政机构"[2]。

马克思没有评价与其开端相对立的公元前5世纪雅典民主的黄金时代，这实在是太糟糕了。尽管如此，马克思确实对古代民主雅典中的部落、国家和政治进行了描述，并对公元前5世纪的民主改革做了一些简短的评论，其中包括观察到尽管伯里克利雇佣了人民担任政治职务，但与之后的那些煽动者支付的金额相比，伯里克利支付的金额极其有限。马克思进一步思考，为了反对精英阶层的权力，如何扩大普通公民对国家的权力，他注意到在公元前5世纪的改革者厄菲阿尔特（Ephialtes，古希腊雅典的激进民主派政治家——译者注）的统治下，阿雷奥帕古斯法院失去了"以前监督整个国家权力的权力"[3]。

---

[1] Marx, *Ethnological Notebooks*, 216. 译者译。

[2] 同上，217；在 *Rise and Fall of Athens* (111) "Aristides"一节中，普鲁塔克同时讨论了 Cleisthenes 和他的继任者 Aristides。译者译。

[3] Marx, *Ethnological Notebooks*, 217. 译者译。

马克思关于雅典从宗族向共和民主过渡的叙述显然不仅仅是对《古代社会》的简单注解。马克思相当熟悉古希腊历史学家，也非常了解 19 世纪研究希腊的历史学家们，例如乔治·格罗特，摩尔根也引用了他的观点。摩尔根关于"政治"民主的解释，是从早期更亲密的民主共同体嫁接而来的，常见于许多类似的共同来源。事实上，普鲁塔克特别提出了这个主题；马克思比摩尔根更多地引用了普鲁塔克，几乎所有的引用都暗示马克思与摩尔根的观点是一致的，即雅典的自由派共和民主并不仅仅是结束了宗族民主，而是依然保留了它。特别有趣的是马克思偏爱使用政治权利的语言，其基础正是摩尔根使用权利的概念来定义氏族社会的特征。

从雅典到罗马，马克思遵循摩尔根对罗马民主的强调，古代历史学家认为在此之前罗马于公元前 509 年左右正式建立了共和国。①马克思重申了摩尔根令人震撼的声明，即分别在雅典的**集市**（agora）中，在构成了罗马的前共和时代的意大利部落的集合中被发现的人民集会在这些社会中分别达到了最高形式，它们是雅典**教会**（ecclesia）和罗马的**贵族民会**（comitia curiata），是分别存在于雅典**城邦**（polis）的古典时期和罗马共和国时期的机构。像**希腊语**（phratry）中的一样，罗马的**贱民**（curiae），后来称为**百人**（centuriatae），是最大的社会单位氏族和最小的社会单位部落之间的中间社会单位。不幸的是，马克思没有评论摩尔根的解释，即**私有**（private）财产的增长使得这些变革成为可能，因为它产生并需要以民主集会的形式出现的第三方的力量。②

但是，马克思确实遵循了摩尔根对九种权利的描述，这九种权利定义了氏族，并强调了处置和选举酋长的第八项权利。马克思解

---

① Marx, *Ethnological Notebooks*, 229.
② Morgan, *Ancient Society*, 316; Marx, *Ethnological Notebooks*, 228.

释了摩尔根的说法,"在政治社会的制度建立之前,每个氏族都有自己的首领","在**城邦**(civitas:拉丁语城邦——译者注)到来之前,每个氏族都有一个首领。"①"政治社会",这对于恩格斯来说是一个贬义词,对摩尔根来说却绝非如此,马克思愿意用更为中立的城邦来翻译它,再次暗示他与摩尔根一致,赞成自由共和主义和民主的价值。使用**城邦**(civitas 拉丁文)来描述公元前5世纪的雅典城邦或罗马共和国,也支撑了马克思的亚里士多德式的对"政治"的古代雅典民主的描述。我们之前看到,在评论摩尔根关于从**"外邦人到政治(公民)组织"**[gentile to political (civil) Organization]的转变的说法时,马克思补充说,"他(摩尔根)可能会说,'政治'在这里被赋予了亚里士多德式的意义:人是生活在城邦中的动物,他属于政治,他就是公民"②。恩格斯对"政治"的贬低和马克思以及摩尔根对"政治"的顶礼膜拜之间简直就是天壤之别。

然而,尽管存在这种差异,马克思、恩格斯和摩尔根都明确同意罗马的前共和时代的部落是民主式的。摩尔根引用了研究古罗马的19世纪德国著名历史学家特奥多尔·蒙森(Theodor Mommsen)的观点,认为每一个部落是"由其贵族(prince)来统治的",马克思回应说,"蒙森的声明顺序应该颠倒过来才是有效的。该委员会,其职能和其在社会制度的中心位置是在不断增长的,它掌握了民政的最高权力"。马克思补充说,"贵族寻找者(Prinzerfindender,德语,为寻找王子或贵族的人——译者注)蒙森看到了部落的首领……但是,蒙森先生,施行统治的是委员会(council),而不是军事指挥官,不是蒙森的贵族"③。

---

① Morgan, *Ancient Society*, 297; Marx, *Ethnological Notebooks*, 223.

② "Er hatte sagen sollen das political hier Sinn des *Aristoteles* hat=*stadtisch u. politisches animal*=*stadtburger*," *Ethnological Notebooks*, 196. 译者译。

③ Morgan, *Ancient Society*, 298; Marx, *Ethnological Notebooks*, 224.

摩尔根、马克思和恩格斯一直都否认前罗马共和国时代的国王与现代君主的类似性，而这种否定其实从罗慕路斯（Romulus，古罗马首任国王，罗马帝国、城创建者，前771年出生，约前717年逝世——译者注）就已经开始了，他是后来构成罗马共和国的重要方面的传奇性的创始人。对于马克思，同样，对于摩尔根来说，罗慕路斯的功绩与忒修斯相同，正如忒修斯是雅典民主重要方面的创始人那样，他在普鲁塔克的《对传》（*Parallel Lives*，即《希腊罗马名人传》的别称——译者注）中也扮演了同样的角色。马克思的注意力被狄俄尼索斯的选段所吸引，在摩尔根看来，他像普鲁塔克一样将罗慕路斯以及从部落民主发展而来的共和主义作为思想的主要来源。马克思强调罗慕路斯政权中的共和及民主要素和罗慕路斯均衡财产关系的意愿之间的联系。在马克思看来，它是"仅有通过罗慕路斯所分配的土地和人民才构成了**最普遍和最伟大的平等**（allgemeine u. grosste Gleichheit，德语，意为一般和最大的平等——译者注）"[①]。马克思似乎也认同摩尔根对另一位研究古罗马的19世纪德国主要历史学家B.G.尼布尔（B. G. Niebuhr）的反驳，尼布尔提出罗慕路斯仅仅是创立了部落的立法者，然而"合作体"（corporations）不能由立法行为来创立。[②] 马克思的语言和概念均与19世纪德国的社群主义者，从黑格尔到冯基尔克和托尼斯都惊人的相似，他们都声称，一个共同体中的合作体或协会，先于个体的理性利己主义而存在，虽然这一思想路线的专制血统早已被指出，但是在这里被马克思和摩尔根用来明确地表达相当民主的论点。[③]

继摩尔根之后，马克思进一步展示了对罗马社会被分化为元老

---

[①] Morgan, *Ancient Society*, 306; Marx, *Ethnological Notebooks*, 226.

[②] Morgan, *Ancient Society*, 305; Marx, *Ethnological Notebooks*, 227.

[③] Hegel, *Hegel's Philosophy of Right*, 152–154; Von Gierke, *Natural Law and the Theory of Society, 1500–1800*, 162–194; Tönnies, *Community and Society*.

和平民阶级的特殊兴趣。恩格斯认为这种分化是从国家中产生出来的，摩尔根则将其大致作为立法事件的偶然结果，相较于他们，马克思找到了平民阶级在非常早期的罗马历史中的存在，认为其在氏族社会中就已经出现了。援引尼布尔的观点，马克思断言，平民阶级早在李维笔下的第三位**国王（Rex）**安库斯（Ancus），即努玛（Numa）之后便已然存在。"到了塞维乌斯（Servius）时，平民的人数已经和公民一样多了。"彼时不仅在氏族成员之间存在不平等的现象，氏族之外的平民也是如此，马克思甚至推测到，在超出规定人数而爆满的氏族和因为人数不够而支离破碎的氏族之间也滋生出了不平等。"可能发生的情况是，在填补每个部落的100个氏族时，碎片化的氏族和人数少于规定人数的氏族被排除在外……而旧的氏族不愿意承认所有氏族的完全平等。"①

尽管马克思似乎接受，阶级分化在一定程度上是从氏族社会本身而来的，然而他拒绝接受尼布尔的其他想法，后者认为氏族社会是由贵族阶级和平民阶级构成的，前者是氏族的成员，后者则完全是外在于氏族的成员。尼布尔还认为，"整个民众是贵族"。为了反对他，马克思引用狄俄尼索斯，"贵族是通过元老院的发展被创造出来的，他们来自因为技艺、出生和财富而聚集到一起的人民。相应地，有几个非贵族的氏族中仍然存在一个大的阶级"。马克思的结论是，"元老院在氏族首领中的发展只涉及这样一个观点，即所选的家族首领——一个家族只能由其首领进入元老院——决定了只有首领和首领的后代才是贵族，因此尼布尔所认为的整个民众恰恰是平民的对立面"②。争论的意义似乎是对马克思来说，其来自罗马共和主义者例如西塞罗和李维的引文证实了氏族之内产生了贵族

---

① Marx, *Ethnological Notebooks*, 229–230. 译者译。
② 同上, 230. 译者译。

的元素，特别是在与父主（reges）和元老院的联结中产生，但是每个氏族本身仍然存在平民和贵族成员之间的划分。"不可能存在贵族氏族，也不可能有平民氏族：一个氏族中的特定家族可能是贵族而其他家族则是平民。"①因此，阶级，因为它既存在于罗马宗族民主，也存在于罗马共和国，于是就跨越了氏族社群主义和共和制民主。

和摩尔根一样，马克思认同他对罗慕路斯以及对简短的努玛创制的评价，此外马克思还加入了翻译自普鲁塔克的一个段落，在摩尔根那里则没有这个段落，马克思阐明了作为罗马第二任国王的这半个传奇的角色，狄俄尼索斯和普鲁塔克将努玛看成是后来成为罗马共和国的大部分基本架构的创制者。②马克思似乎也接受了摩尔根的观点，即普鲁塔克的评价导向的结论是，努玛试图用阶级来取代氏族的宪法实验是一次失败的尝试。③

马克思接着将普鲁塔克关于努玛的评价中明显最具有哲学性和趣味性的部分翻译成了德语，在这部分中普鲁塔克宣称努玛的目标是打破那些不可能混合的（旧的氏族）单位，使之成为可以被混合的小单位：

> 努玛现在认为，他可以通过击打和冲压那些无法混合的和僵硬的团体来联合各个团体，因为小的单位更容易联合。因此，他决定将整个团体分成更小的单位；由于更大的差异化出现了，他试图将最大的团体同样分成更小的单位，以便克服差异化。他按行业来划分人民。他把其他行

---

① Marx, *Ethnological Notebooks*, 230. 译者译。

② Plutarch, "Numa," *Lives of the Noble Grecians and Romans*, 74-92. 关于 Numa, 还可参见 Ovid, *Metamorphosis* (Harmondsworth: Penguin, 1955), 364-365.

③ Morgan, *Ancient Society*, 330-331; Marx, *Ethnological Notebooks*, 231.

业联合起来，把所有行业集合成一个公会（Zunft）。他通过根据每个合作体的诞生而规定的共同会议和宗教设施，在城市中完全克服了萨宾人和罗马人之间，塔提乌斯的公民（Burger，德语，公民——译者注）和罗慕路斯的公民之间的差异，从而使得这种分离（注：由努玛带来的按照行业划分的）实现了一切与一切的统一和混合。

努玛创制的传奇在这里有一个更宏大的历史背景，他希望将塔提乌斯（Tatius）领导的萨宾人和罗马人融合到一起。不幸的是，马克思对这段引人入胜的段落的唯一评论是，对萨宾人和罗马人的公民的提法意味着氏族主要是由商人组成的。[1]

然而，除了这一评论之外，马克思对共和主义和社群主义民主的阐释，远远超出了他所使用的19世纪传统的非原子式共同体"Zunft"（德语"公会"——译者注）的内涵，他描述了努玛将氏族民主嫁接到共和主义宪法秩序的尝试。这段文字突出了普鲁塔克的统一和反对的辩证语言，这种语言在现代共和主义者例如卢梭而言是一种策略，如果要在面对共同体的敌对分裂时发展社群主义的民主，要么就在更大的共同体中打破更小的共同体，要么就对它们实行转换使得它们相互抵消。这两种可能性代表了卢梭处理小群体的公式，这些小群体可能会挫败共和主义者的普遍意志。[2]

马克思在其共和政治的前两个阶段面临同样的联合问题。在1843—1844年的第一阶段，他通过假设族群的联合来进行非政治性的解决。在第二阶段，巴黎公社时期，他认为公社实验中产生的经

---

[1] Morgan, *Ancient Society*, 330-331; Marx, *Ethnological Notebooks*, 231. Livius Tatius 是萨宾人（Sabine）的统治者。

[2] Rousseau, *Social Contract*, 26-27.

济和政治的联合将解决这个问题。在第三个时期，马克思虽然前所未有地越来越倾向于社群民主，却对基于部落直接社群主义的混合模型不太领情，马克思甚至超越了并且保留了部落共同体在以理想化的自由主义和共和主义普遍公民身份下的最好的部分——这正是在他早期的政治著作中孜孜以求的用来反对黑格尔的部落主义的同样普遍性。

在使用普鲁塔克的叙述来分析努玛立法中的共同体和阶级之后，马克思继续追溯了他的罗马故事，罗马第六任国王塞维乌斯·图里乌斯（Servius Tullius）的传奇，他和摩尔根都认为这位国王根据公民的财产对公民进行了划分。①与雅典一起进行分析令人惊叹。然而，总的来说，马克思对塞维乌斯的讨论是令人失望的。他的确清晰地标明了改革带来了罗马的建立，他将这个时间追溯至公元前509年。②但是他从未真正提出过这个问题，就更不用说对此作答了，这个问题困扰着摩尔根的说法，为什么马克思、摩尔根、李维和普鲁塔克认为塞乌斯（Cervus）的立法改革像梭伦一样，并没有产生更高阶段的民主类型，这种类型是摩尔根，当然还有马克思所思考的公元前5世纪雅典的民主为其代表的民主，而不是在罗马共和国产生了更多矛盾和更多阶级分化的民主。马克思在他对后奴隶制罗马共和国的民主特征的评论中暗示了答案。马克思引用了一篇来自西塞罗的文章，该文章提到了**特权市民**（Equites），即摩尔根所称的"**武士**"（knigts），根据古代资料他们占据了罗马诸阶级中第一位的特权，注明他们"是从普罗大众中被选举出来的"③。马克思还使用了摩尔根所偏爱的权利语言，总结了罗马共和国的民主成

---

① Marx, *Ethnological Notebooks*, 232.
② 同上, 231。
③ 同上, 232. 译者译。

就。"在被吸纳进入**百人团大会**（Comitia Centuriata）之后，贵族民会的权利（Rechte）有所扩大，百人团大会根据元老院的提名选举所有的官员治安法官，颁布或否决元老院提出的法律，废除现行法律……宣战……涉及生命的所有案件只能向百人团大会提出上诉。"最后，马克思特别提到基于阶级的新的百人团大会做出政治决定的方式，即作为一个单位去参与，"每一个百人团在百人团大会时分别同意自己的投票；在对任何公共问题进行投票时，首先从特权市民阶层开始，然后是第一阶级。如果他们在投票中达成一致，那么这个问题就决定了，就不要召来其他的百人团了。如果他们不同意，那么第二阶级的百人团就应召而至，然后以此类推"①。

对摩尔根来说，宪法民主保留了雅典的氏族民主，甚至罗马宪制共和国也保留了氏族民主的各个方面。②那么，作为一种保留部落社群主义民主的方式，马克思在多大程度上接受了摩尔根的社群主义和共和主义的民主模型呢？澄清摩尔根和恩格斯在雅典民主和罗马共和主义问题之间的差异及其与宗族民主之间联系的问题之一是缺乏他们关于公元前5世纪的细节描述。然而，马克思对罗马共和国的一些具体看法澄清了这个问题。因此，马克思把他关于平民阶级和贵族阶级的讨论带入共和国时代，他注意到，在公元前367年的**李锡尼**（Licinian）立法之后，"只要对**国家**（Staatswurden，德语，意为国家——译者注）有利，所有的公民（文官）资格和职位都是开放的，所有自由的罗马人都被分为贵族阶级和平民阶级"③。马克思继续指出，前者有权进入某些特殊的机构，后者则没有。马克思还注意到罗马共和国的另外两个特征，这两个特征都表明他同

---

① Marx, *Ethnological Notebooks*, 232.
② Morgan, *Ancient Society*, 271-176.
③ Marx, *Ethnological Notebooks*, 230-231. 译者译。

意摩尔根更偏爱共和国的观点,而不是恩格斯的更为消极的观点。首先,马克思指出,在共和国之前属于"**民众**"(populace)的人有时也有贵族加入其中,即使他们不是**上层人士**(patricians)。[1]这个说法与他认为的在前共和国时代某些"民众"是**平民**(plebeians)的论点相结合,得出了一个不容置喙的结论,即马克思认为在共和国时期某些平民是贵族。通过对阶级划分的微妙描述,马克思倾向于摩尔根更加偏爱共和国的观点,而不是恩格斯的轻蔑立场,然后马克思声称地方官的数量庞大,在这里他也采取了同样的思路,因为每当元老院出现一个空缺时,就有一个新人会被选为议员,使他和他的家族成为上层人士;而且(正如马克思在前共和国时代所观察到的那样)国家不时地创造出上层人士。[2]最后,马克思所观察到的莎士比亚笔下的贵族共和主义式主角,科利奥兰纳斯(Coriolanus)的审判也为罗马共和国的民主元素提供了更多的诱人细节,使得部落"篡夺了在人民法庭之前召集某些上层人士的权利;因此,**特里布大会**(Comitia tributa),或者仅仅是公共议会,或者是由已经占优势的群体组织起来的议会;这些机构给予保民官(tribunes)以立法建议,机构公职也被允许向公共议会提出建议"[3]。

马克思对古代罗马和雅典人民共和国的重新解释实际上把我们带回到马克思主义的共和主义的起点:他在1843年摘录了马基雅维利、卢梭,尤其是孟德斯鸠的观点。在《古代社会》中全面展示了对古代共和主义的平民主义的解释,马克思从先于他差不多40年的孟德斯鸠处援引的观点强烈支持了这种解释,孟德斯鸠和他伟大的浪漫主义语言的先行者马基雅维利以及其继任者卢梭一样,从

---

[1] Marx, *Ethnological Notebooks*, 231.
[2] 同上,231。
[3] 同上,229。译者译。

大量来自罗马的事例中勾画了他的共和主义思想。事实上，马克思从上述所有三个思想家的观点中摘录了有关古代共和主义的平民主义的令人惊叹的证词。

马克思不必在马基雅维利的《论李维》一书中去苦苦寻找平民主义。事实上，通过马克思所见的马基雅维利视角下的李维来解读罗马共和国，是为了进入一个平民主义的民主世界，这可能会让许多古罗马的共和主义者感到惊讶，包括李维本人。在马克思对马基雅维利的摘录中，革命"最常是由所有者引起的，因为他内心对于失去的恐惧与那些内心深处渴望获得的人的愿望是相同的"①。

"来库古在斯巴达制定的法律使得人们在财产上更加平等，在等级上却更加不平等。"②

谈到古代忒拜时，马基雅维利指出："这种腐败和轻慢自由生活的天性是由这个城邦的不平等造成的；如果一个人希望平等，就必须使用最伟大的非凡手段。"③马基雅维利的平民主义与其伟大的追随者卢梭的平民主义一样，不仅是经济上的，而且是基于普通人的信仰，正如马克思在他的摘要中所说："一个王子任意而为是疯狂的，一个普通人任意而为是不明智的。因此，如果面对的是一个对法律负有义务的王子和一个被法律束缚的普通人时，我们应该在普通人这里发现比王子身上更多的美德。如果两者都不被束缚的话，那么普通人将比王子更少犯错，于是更少犯错的人有更多的补救措施。因为淫乱的人和喧哗的人能通过劝解成为好人，也能轻易地归回正道；但是没有人能劝导邪恶的王子，铁石心肠也没有任何

---

① Marx,"Exzerpte und Notizen," 276; Machiavelli, *Discourses on Livy*, 19.
② Marx,"Exzerpte und Notizen," 276; Machiavelli, *Discourses on Livy*, 21.
③ Marx,"Exzerpte und Notizen," 276; Machiavelli, *Discourses on Livy*, 48–49.

补救办法。"①

与马基雅维利一样，卢梭在《社会契约论》中的主要模型也是罗马共和国，尤其是其公民大会。对于卢梭来说，许多历史证据表明，一种普遍的共和主义式的定位于公共事务的公民意志来自罗马共和国，几乎可以肯定的是，来自李维与马基雅维利。卢梭在捍卫共和民主制时指出："事实上，即使在最动荡的时期，人民的全民公决也始终风平浪静，元老院并没有混合他们的前提下，还总是有大多数的选举权；公民只有一种利益，人民只有一种意志。"②尽管马克思没有引用这段话，但他在1843年的摘录中强调了卢梭关于类似的雅典大会的观点。"在希腊人中，无论人们必须做什么，他们都是亲自前往，并且不断地聚集在公共广场上。"③

矛盾的是，马克思在1843年对共和主义者的摘录与摩尔根式的有关古代西方民主的平民共和主义者最为直接相关的部分是来自孟德斯鸠的，然而在其通常的共和主义进路中孟德斯鸠的平民主义色彩要比马基雅维利和卢梭淡得多。孟德斯鸠所引用的例子完全是罗马人，而马克思无论是在1843年，还是在1880年到1882年间的思考，都远不如孟德斯鸠在1748年对罗马共和国的民主品质的思考。除了这种差异之外，在马克思1843年对孟德斯鸠关于罗马的摘录中引人注目的是，在古代资料的基础上共和主义者孟德斯鸠已经用浪漫的语言概括了不少关于氏族民主的理论。

摩尔根和德·库朗热（de Coulanges）在19世纪对罗马共和国的部落式解说符合孟德斯鸠的预期，强调了最为重要的是罗马人民

---

① Marx, "Exzerpte und Notizen," 277–278; Machiavelli, *Discourses on Livy,* 118-119.

② Rousseau, *Social Contract,* 94.

③ Marx, "Exzerpte und Notizen," 101; Rousseau, *Du contrat social,* 1968, 160; Rousseau, *Social Contract,* 86.

通过他们的部落投票，最能够保持其立法权。这不仅仅是孟德斯鸠对马基雅维利《论李维》的评论的重现，而是主要源于他对狄俄尼索斯的希腊时代作品的阅读，显然那时还没有马基雅维利。历史的观点使孟德斯鸠走向了异乎寻常的平民主义的方向，因为他还观察到，在库里亚或百人团大会的投票中，贵族们统治着人民。这是孟德斯鸠关注的问题，因为他认为罗马共和国的自然倾向应该是朝向民主的。① 提出孟德斯鸠观点的另一条进路是部落的共同团结也适用于共和主义民主。相比之下，胞族，更有甚者百人团大会的元老院（部落和氏族的全部单位）的共同团结则与之对立。马克思的关键摘录上写着："罗马人民大会按三种形式来划分，即百人团大会、库里亚大会和部落大会，他们聚集起来投票然后形成以上的某一种形式……百人团大会的基础是同意和方法而不是区分人民……在这种划分中……贵族掌握了投票权……在部落大会中……不存在资助或元老院协商的问题，而且贵族们也没有在其中得到承认。"马克思补充说他认为部落大会的真实情况也适用于库里亚大会（Was auch in der Stimmung der Curien der Fall，德语，意为这也反映在其他的情况中——译者注），表明在1843年马克思已经对古代共和主义民主的共同基础异常感兴趣，甚至为孟德斯鸠提供的材料添加了证据。② 当我们从马克思走向汤姆森，（1）共和主义、（2）马克思主义和（3）平民主义，以上这几个概念之间的联系仍然是至关重要的。摩尔根已经为我们作了解读，马克思关于他的笔记走得更远，这种思考并不仅仅是对古代民主的共和主义的阅读，还是平民主义的。汤姆森则将这种马克思主义的平民主义拓展得更远。

---

① Montesquieu, *Spirit of the Laws*, 172–173, 173–174.

② Marx, "Exzerpte und Notizen," 110–111; Montesquieu, *De L'Esprit des lois*, vol. 1, 182–183; Montesquieu, *Spirit of the Laws*, 174.

在许多关于古希腊民主的同样方面，汤姆森和孟德斯鸠是一个极端，而恩格斯则是另一个极端。孟德斯鸠和恩格斯分别代表了极端的对立面，因为孟德斯鸠往往接受甚至是最全面的贵族主义、反平民主义和反民主的共和国作为真正的共和国，而恩格斯则通过与平民主义的宗族民主所形成的鲜明对比来解构古典雅典民主，认为雅典民主与公元前5世纪的民主共和主义城邦根本没有任何联系，他认为城邦只是一个国家，因此还应该受到谴责。摩尔根提出了第三种方式，标识了公元前5世纪雅典城邦这一特立独行的共和主义版本的成就。马克思虽然不可能知道汤姆森，他显然也接受了第三种方式，而汤姆森则特别在《埃斯库罗斯和雅典》中进一步扩大了第三种方式。

《埃斯库罗斯和雅典》在反对法西斯主义的统一战线的鼎盛时期出版，开启了古希腊氏族民主和雅典城邦之间的连续性的视角。"埃斯库罗斯是一位民主主义者，他的战斗和他的写作一样出色。民主对内外敌人的联合胜利是其艺术的灵感来源。他是希腊最发达的共同体的显赫公民；作为古老的阿提卡贵族的一员，他也是当地传统的继承人，传统的根脉可以追溯到原始部落的社会。他终其一生全情倾注的根本问题是——这些传统中所承载的部落社会是如何演变成他全力以赴的民主城邦的？"[①]

因此，汤姆森主张希腊部落氏族民主与公元前5世纪雅典城邦民主存在关联。他认为两者都是公共的，但是前一种公共性的形式更加亲密，后者则通过自由制度来强化参与、公共精神和个体对社会目标的认同，即我所谓的整体团结。因此，汤姆森也认为部落民主社会和共和主义民主之间存在同样的关联，无论是古代还是现代的理论家，从普鲁塔克到孟德斯鸠、摩尔根和马克思都对共和主义

---

① George Thomson, *Aeschylus and Athens*, 1.

民主进行了辩护。

汤姆森使用摩尔根的氏族共同体概念，重建了公元前6世纪古典雅典城邦民主的部落背景，必须记住，这不仅包括雅典城，也包括整个阿提卡周边地区。"阿提卡是一个松散的部落联盟，每个部落都有自己的首领……还有它自己的'市政厅'（prytaneîon，希腊语，意为市政厅——译者注）或'议事厅'……同样在雅典，在雅典国王之下，也有一个贵族委员会，这些首领属于该委员会；但在和平时期，他们不参加委员会，而是满足于当地的自治。我们从修昔底德那里看到了这一点，修昔底德也因此证实了荷马诗歌的论述，即早期王权的基础是军事。"①这一历史分析与摩尔根的观点是一致的，且与现实主义者修昔底德的历史内核一致，并同样得到了同为现实主义者的亚里士多德的支持。②

但汤姆森写作《埃斯库罗斯和雅典》的目的并不是要详细描述从青铜时代到黑暗时代古老的部落民主走向雅典城邦的发展。他所需要的只是修昔底德和亚里士多德的现实唯物主义，这与摩尔根和马克思如此珍视的普鲁塔克和忒修斯的浪漫主义的叙述形成了鲜明对比。从亚里士多德和修昔底德的现实历史开始，汤姆森所要做的就是根据《埃斯库罗斯和雅典》的"经济"部分业已阐明的阶级强制和民主愿望之间的双重性来解释梭伦改革的民主的侧面，而先于他的摩尔根、恩格斯和马克思则并未发现这一点：

在阿提卡，第一次大危机发生在公元前6世纪初。农

---

① George Thomson, *Aeschylus and Athens*, 74. 还可以参见 George Thomson, *Studies in Ancient Greek Society: Prehistoric Aegean* (New York: International Publishers, 1949), 362–363; Thucydides, *History of the Peloponnesian War* (Harmondsworth, Middlesex: Penguin, 1972), 134.

② George Thomson, *Aeschylus and Athens,* 75.

民们正处于起义的边缘。最底层的阶级只允许保留其产品的六分之一,他们被高利贷者征收的利息飙升至50%,他们被迫卖掉他们的土地、他们的孩子、他们自己。许多人被驱逐到海外,许多人成为乞丐或奴隶,无家可归。Eu-patridai(主要的贵族家族/宗族:当时传统的高出身的贵族家庭和统治集团)认为,如果他们要避免农民起义的话就必须争取同商人合作……因此,作为 Eupatridai 的一分子,梭伦一直积极参与贸易,并被赋予了独裁权力(公元前593年)。

如果梭伦是一个革命者,他也许会……期待他的人民能超出他们的时代获得进步;但是,显然如果这是他的意图,他就不会被任命。Eupatridai 对自己人了若指掌。[1]

因此,一方面,在捍卫部落或共和民主时梭伦似乎是极其有限的形象,另一方面,与埃斯库罗斯本人一样,梭伦又被视为从部落民主转向公元前5世纪雅典民主的实现者。"梭伦通过恢复人民集会使得劳动阶级重新能够发声,自部落制度衰退之后人民集会已经停止运作了。正是这个机构选出了(但不是来自自己的成员)的执政官和其他国家官员。"[2]这代表了古典共和主义雅典城邦的一种民主和平民主义的叙述,但它真正命中的只是汤姆森将我们带入的埃斯库罗斯自己一生的时期。

事实上,埃斯库罗斯作为一个最为原创性的整体部分脱颖而出,是在汤姆森的第四个也是最后一个部分,"埃斯库罗斯",表明他的悲剧本身就表现出"他终其一生全情倾注的根本问题是——这

---

[1] George Thomson, *Aeschylus and Athens*, 87.

[2] 同上, 88。

些传统中所承载的部落社会是如何演变成他全力以赴的民主城邦的?"①汤姆森关于"民主"和"雅典与波斯"的章节描述了埃斯库罗斯戏剧的平民主义共和背景。

在关键的"民主"一章中,汤姆森清楚地表明,不仅是埃斯库罗斯在公元前5世纪初看到了部落民主朝向城邦民主过程中否定和完成的同时结合,摩尔根最青睐的主要的宪法制定者克里斯提尼在公元前509年也看到了这一点。进言之,汤姆森对克里斯提尼所发现的雅典社会的描绘暗示他完全接受摩尔根的观点,即克里斯提尼是作为宗族民主的否定者和保护者;"基于亲属关系的旧部落制度的最后遗留物……被扫除了。另一方面,由于革命因此受到影响,主要是由于普通民众恢复了他们曾经在部落制度下享有的平等权利,在全新的和处处截然不同的环境下,部落社会的某些特色机构,如人民集会、公共节庆也开始大面积地复苏"②。

克里斯提尼的改革进入了雅典与其时代发生对抗的历史时期。从财产正义的角度来看,公元前6世纪梭伦对雅典的第一次重大改革,在摩尔根和汤姆森看来既是衰退也是进步。在介绍克里斯提尼的民主改革时,汤姆森强调了氏族平等的衰落源自宗族本身贵族化和不平等性日趋增加的本性:

原始的阿提卡宗族的主要家族如何将自己确立为统治阶层,对此我们已经进行了描述;但是,尽管这种破坏宗族团结的发展损害了部落体系的结构,但这种结构却一直保持到现在。部落组织军队,而组织则来自从世袭贵族(Eupatridai,疑为Eupatridae——译者注)中选出的四个**部**

---

① George Thomson, *Aeschylus and Athens*, 1.
② 同上, 199。

落酋长（phylobasile）；更重要的是，公民权利的享有取决于某一个胞族的成员资格。由于这些胞族是宗族的结合，这意味着公民机构仍然是一个部落共同体，由属于原始阿提卡宗族的人组成。正是在这一点上，造成了对部落结构的最大抗力，它来自新的中间阶级。①

最后几句话可能听起来好像汤姆森正在对这种由中间阶级反对派发起的所有改革进行恩格斯式的解构。但汤姆森格外关注雅典城邦的统一的民主成就。他仔细阅读了摩尔根，理解了他，并且借助现代考古学的发展，他比摩尔根、马克思或恩格斯所知的更多地了解古希腊社会的青铜时代、黑暗时代和古代。

汤姆森实际上对克里斯提尼从宗族社群民主到雅典共和主义和自由民主的过渡进行了原创性的分析：

> 然而，自从人类社会初步形成以来，人类祖先就一直生活在社会结构中，这留在人们脑海中的印记……是如此之深……以至毫无疑问，它仍被看作是任何社会秩序制度的自然和必要的基础。因此，在阿提卡，和其他地方一样，当原始的部落制度被取代时，旧秩序的外在特征在新的秩序中被忠实地再现；一位现代历史学家评论说，"一个比克里斯提尼的部落和 trittýes（ridings）（古阿提卡的人口划分，在公元前 508 年由克里斯提尼的改革建立。原意为'第三个'，在阿提卡有 30 个小村庄和 10 个部落——译者注）更加人工化的制度，极有可能通过人类的智慧来设计"，我们可能会回应道，无论我们怎么想，对当时的

---

① George Thomson, *Aeschylus and Athens*, 199-200.

希腊人而言这可能是世上最自然的事……

这个新制度的重要单位是 dêmos（在古希腊，该词的意思是雅典的郊区或阿提卡地区的一个分支——译者注）或教区（parish）。作为一个领土单位，dêmos 自史前时代就已存在……

克里斯提尼将每个 dêmos 作为一个团体机构设立出来，这个机构中的男性选举其首领，……几代人之后，这个单位成长为一个真正的血亲团体，拥有自己的主人、自己的团体生活，以及自己的感情纽带。克里斯提尼不可能设计出一种更好的方法来填补原始氏族被破坏以后留给人们心灵的空虚……发生的事情是由贵族氏族控制的旧的血亲制度被一个新的制度所取代，在这个制度中忽略了氏族，但保留了血亲的原则。换句话说，民主主义者所做的就是废除旧的部落制度，这种制度已被贵族变成阶级压迫的工具，他们建立了一个以旧制度为蓝本的新的部落制度，但这个新制度同时又是民主的。人们很容易接受对古代部落权利的重申——不是与过去决裂而是对过去的复兴。①

这些见解表明，在 1941 年，汤姆森能够明确支持和深化摩尔根关于氏族民主和城邦民主之间存在连续性的理论观点。虽然汤姆森从未明示，但这个说法至少与《家庭、私有制和国家的起源》的部分内容是不一致的——但与《古代社会》和马克思那本尚未为人所知的《人类学笔记》是一致的。剩下的"民主"和"雅典与波斯"等章节继续为公元前 5 世纪雅典城邦鼎盛时期的平民主义民主

---

① George Thomson, *Aeschylus and Athens*, 205-208.

的发展提供了激动人心的辩护。大约在1941年，马克思主义者在反对法西斯主义的潮流和统一战线的影响下，强调过去的民主英雄的作用，特别是他们与暴君和贵族的斗争。我们必须在这种背景下看待汤姆森对雅典民主特立独行的英雄精神的辩护。对恩格斯而言，公元前5世纪的城邦摧毁了平等而不是保留了平等，对汤姆森来说，"古代民主是在更高的进化平面上回归部落民主。新宪法的守护词是 isonomia——公民权利的平等"[1]。

汤姆森描绘了埃斯库罗斯将自己代入到氏族部落民主的新城邦版本的人间戏剧，背景是贵族试图在政治和经济两个方面都限制平等，而平等主义的特立独行者则试图实现平等。对于这些人物特性汤姆森没有普罗塔克式的平衡。他对特米斯托克利（Themistocles，公元前525年至公元前460年，古希腊杰出的政治家、军事家，雅典人。公元前493年至公元前492年任执政官，为民主派重要人物——译者注）的处理就十分典型。特米斯托克利领导希腊人在萨拉米斯（Salamis）战胜入侵的波斯人（Persians）取得了海战的巨大胜利，他在公元前490年代早期和公元前471年被放逐的时期主导了雅典的民主政治。公元前493年，他被选为执政官，对汤姆森来说，他是"激进民主主义分子的新领袖……雅典第一个不属于旧贵族家族的政治领袖"[2]。作为一介布衣，特米斯托克利曾为了民主的雅典与斯巴达展开斗争，但同时令人尴尬的是，在他被放逐后却为波斯服务，于是汤姆森的策略是认为他的放逐是和贵族的合谋，甚至把他去波斯当作一种反对斯巴达的民主策略。他的被放逐，甚至他与波斯的联系，都成为他特立独行的和平民主主义的共和

---

[1] George Thomson, *Aeschylus and Athens*, 209.
[2] 同上, 222。

主义的某种象征。①

"人民阵线"是像汤姆森和卢卡奇这样独立思考的马克思主义者在西方政治伦理，特别是共和主义中探索马克思主义根源的大好时机。但是，汤姆森对共和主义和民主平民主义的具体攻击与恩格斯对雅典古典政治民主的攻击采取了截然不同的形式，恩格斯本人在 1882 年至 1884 年间提出了一种强烈的平民主义和社群主义的民主伦理，但在汤姆森的民主伦理而言，恩格斯并非是共和的。对于作者来说，放弃自己的想法总是不好的，汤姆森在 1955 年写作《第一哲学家》时如果坚持自己与恩格斯之间的分歧就会好很多，然而他将自己在《埃斯库罗斯和雅典》中提到的雅典共同体和共和国家民主的"人民阵线"的复兴等同于恩格斯在 60 年前提到的日耳曼共同体的复兴，而不是采纳了恩格斯针对雅典城邦的一些负面看法。②然而，两种共同体民主的复兴都是源于对西方历史和政治——希腊和德国——的深刻沉浸，以及对他们所青睐的共同体民主力量的诗意热情。恩格斯对日耳曼氏族民主活力的描述所具有的诗意力量，特别有力地说明了特雷尔·卡弗（Terrell Carver）所强调的去倾听恩格斯声音的人性的必要性。③恩格斯对日耳曼氏族民主的热爱贯穿于 1884 年《家庭、私有制和国家的起源》和 1882 年《评论》的主题，虽然两本书不止一处差异，但是这种热爱可能远比它们之间的差异更重要。在《评论》和《家庭、私有制和国家的起源》中，恩格斯都将日耳曼部落视为是公元 5 世纪的罗马的主要征服者，它们一直设法维持其氏族民主长达 4 个世纪，直至恩格斯所

---

① George Thomson, *Aeschylus and Athens,* 229-230.

② George Thomson, *First Philosophers,* 208-245.

③ Terrell Carver, "The Engels-Marx Question: Interpretation, Identity/ies, Partnership, Politics,"选自 Manfred B. Steger and Terrell Carver, eds. *Engels after Marx,* (University Park: Pennsylvania State University Press, 1999), 34-35。

界定的日耳曼法兰克王国查理曼大帝出现之后才算告一段落。① 但在《评论》中，恩格斯也宣称在此之后的很长一段时间内，日耳曼共同体仍然以其他形式在日耳曼欧洲的各种政府中持续存在着。相比之下，在《家庭、私有制和国家的起源》中，恩格斯宣称日耳曼共同体民主与任何国家都完全不相容，尤其是在他认为的查理曼大帝统治下的日耳曼—法兰克国家形成之后。因此，尽管恩格斯对日耳曼共同体民主的衰落的描述与他对希腊民主和罗马共和主义的衰落伴随雅典和罗马国家发展的描述相一致，但至少在《评论》中，氏族政治生活的活力似乎持续的时间更长。然而，恩格斯作品中的日耳曼原型尤其揭示了两种著作背后的对于日耳曼氏族民主历史的深深热爱。例如，恩格斯将德国国家的发展描述为一种**成长**（Bildung），其内涵是浪漫的自我发展，而雅典国家的发展则仅仅被认为是因果关系上的一种**形成**（Entstebung）。②

恩格斯关于两个不同版本的日耳曼民主衰落的描述所带来的复杂性使得在汤姆森的《埃斯库罗斯和雅典》和恩格斯的《家庭、私有制和国家的起源》以及《评论》之间作出绝对选择变得更加困难，这正是我的总结性的第六章中所选择的任务之一。在结论的第一部分，马克思主义共和主义的三个阶段：（1）抽象的伦理根源，以及它们在（2）直接的议会民主中的展开，以及（3）共和主义和平民主义，把马克思主义的阶级伦理放在与其他西方自由主义共和主义的同样阶段：一个批判不公正财产阶级的共和主义平民民主是自由主义的。马克思和汤姆森的平民共和主义可以被视为超越不公

---

① Engels, "The Mark," 77-78, 78-79; *OFPPS*, 183-189.

② Engels, "The Mark," 84-85; *OFPPS*, 213-217; *Der Ursprung der Familie, des Privateigentum, und der Staats* (Heidelbert: Verlag Tredition GmbH, n. d.),107, 145.

正财产阶级的自由共产主义民主的逻辑终极。但是，在一个后不公正的财产阶级社会中，经济正义究竟发生了什么？这是第二部分的主题。

# 第二部分 马克思主义者关于经济正义和财产的社群主义和自由主义伦理学

# 第四章
# 社群主义与自由主义马克思主义财产及正义理论的根源

在马克思和其他马克思主义伦理学家处，可以找到关于财产正义和经济正义的自由社群主义立场的理想表达。马克思主义的正义，超越不公正的财产阶级，在消极自由和平等的自由主义价值观中加入了物质团结的社群主义价值，旨在从制度上减少个人道德目标和社会道德目标之间的不和谐，其程度由物质经济条件和需求决定，它的充分发展需要对财产进行说明。马克思和社群主义的马克思主义者通常认为物质团结是对共同体的疏离和竞争伦理学的批判。我们眼中的社群主义马克思主义思想家们——马克思、恩格斯、卢卡奇、罗斯道尔斯基（Rosdolsky）、鲁宾（Rubin）和汤姆森——并没有使用社群主义这个词，但除了汤姆森之外，他们通过拥抱关于伦理（Sittlichkeit）社会实践的黑格尔伦理学证明了他们对社群主义经济伦理学的沉浸。

马克思主义经济正义和财产伦理的关键是将社群主义的物质团结、自由主义的消极自由和平等，以及终结基于不公正财产的阶级社会的目标联系起来。社群主义和自由主义在马克思主义中是相互联系的，因为物质的团结意味着对剥削的批判，批判要求消极的自由和平等，特别是迄今为止平等是基于消极自由的。我将平等称为基于消极自由的"反剥削的平等"。马克思主义的自由正义也在某种程度上致力于我所谓的独立的平等，即与消极自由基本无关的平等。

然而，若要证明马克思主义财产阶级伦理学既能适用于自由主义的经济正义，又能适用于社群主义的经济正义，其障碍在于，集体认同的正义、自由主义正义和社群主义正义等多种模式根本不适用于马克思主义的经济正义。这些现有的集体认同的正义理论，包括许多马克思主义的版本，往往过于支离破碎和解构化，不适合自由社群主义的马克思主义者对一个统一的后阶级时代正义感的追求。大多数标准的自由正义理论都过于狭隘，而当今最流行的社群主义正义观则过于宽泛。当代有关经济正义集体认同的理论家和许多 20 世纪的马克思主义者批评和抛弃了西方政治伦理和正义的统一传统，认为它们太具有排他性了。[1]虽然自由社群主义的马克思主义者承认伦理学不可能具备一个统一的传统，但他们也必须拒绝将马克思主义理解为否认了统一性的正义理论的任何可能。

显然，自由社群主义的马克思主义者也必须拒绝对正义概念在自由主义中所起作用的社群主义批判。当代社群主义者批评自由正义的理由是，它确实遗漏了一系列不能很好适应于现代国家和经济

---

[1] 自由平等主义理论家长期以来主导了正义伦理学领域，首先是由约翰·罗尔斯的《正义论》开始，接着是他的《政治自由主义》和《作为公平的正义：正义新论》(Cambridge: Harvard University Press, 2001)，《万民法》(The Law of Peoples) (Harvard University Press, 2001)和《论文集》(Harvard University Press, 2001). 关于共和主义和社群主义的评论，参见 Michael J. Sandel 的《公正》(Cambridge: Harvard University Press, 2009). 关于自由主义的回应，参见诺齐克的《无政府、国家与乌托邦》和 Jan Narvon 的《你与国》(Lanham, MD: Rowman and Littlefield, 2008). 关于正义的社群主义评论，参见麦金泰尔《谁之正义，何种合理性？》(Notre Dame: Notre Dame University Press, 1988)，以及迈克尔·沃尔泽的《正义诸领域》(New York: Basic, 1983). 关于集体认同理论中出现的某些正义议题的回顾，参见 Anne Phillips, Which Equalities Matter (Methuen, MA: Blackwell, 1999), 20-43。

第四章 社群主义与自由主义马克思主义财产及正义理论的根源 ||

体制的道德生活和活动。①这种批评的问题在于，它未能理解自由主义者希望通过缩小自由主义的范围以将其锚定在正义核心的目标。这些目标仍然可以在一个扩大了的包括社群主义价值的经济正义的概念中实现，只要这种扩大的工作是与明确的自由主义的限制相适应的。共同体理论家们可以继续与自由主义展开对话，从而限制国家和社会以共同体的名义所要求的东西。如果共同体理论家们拒绝基于正义的这种限制，那么他们就与自由主义断绝了关系。自由社群主义的马克思主义由于对阶级的盲目性，对大多数现实的自由主义正义观提出了批判；同时，由于对社群主义物质团结的盲目性，对许多理想的自由主义正义观也提出了批判。然而，自由社群主义的马克思主义融合了自由主义经济正义的精华。它强调社群主义和自由主义的统一理想是相容的，它们的实现需要终结不公正的财产阶级的不团结。

通过财产实现物质上的团结，以及通常通过非财产的手段实现对社会目标的整体团结认同，往往是相反的两个极端。相比于实现整体团结，通过财产规则实现物质团结提出了不同于自由主义的相容性的问题。基于不公正财产的自由社群主义阶级社会的终结对经济生活的渗透可能比现代自由主义者通常承认的更加深刻。然而，自由社群主义必须坚持自由人的首要地位——这是消极自由和以消极自由为基础的平等、物质团结和独立的平等（不以剥削的消除为基础的平等）的开始——只有在可选的第二个层次上才是强制性的，而整体团结根本不是强制性的。②

不幸的是，许多关于马克思主义正义理论的论述，曾经产生的

---

① MacIntyre, *Whose Justice? Which Rationality?*
② 作为一个支持致力于全球团结的社群主义共和主义者，见 Sandel, *Democracy's Discontent*, 160–167。

实际效果是将马克思主义完全置身于西方经济正义的传统之外，以至于难或极少能够在马克思的经济伦理学与正义的传统之间搭建起桥梁。然而，在西方的政治伦理中，正义和经济正义往往占据这样一个中心舞台，即如果正义不能作为某个政治伦理体系中的关键词，那么就可以肯定这个体系被置于西方传统之外。

在马克思和诸如恩格斯、鲁宾和罗斯道尔斯基这样的社群主义马克思主义者的作品中，存在着真正的经济正义概念。第四章通过展示（A）它确实适合经济正义范围的适当扩展的定义，以及（B）它通过其财产理论实现这一地位，将自由主义的社群主义马克思主义伦理纳入正义理论的阵营。马克思主义经济正义于是形成了两个方面，一个是社群主义方面（第五章），强调物质团结，一个是自由主义方面（第六章），批判财产阶级剥削是对消极自由的否定，以及对基于消极自由的平等的否定。自由主义的这一面还包括独立的平等，即不基于消极自由的平等。因此，这个对比令它成为一种中间物，位于与基于消极自由的平等相关的最小正义和超越了财产阶级剥削的第一"阶段"的公平社会（历史上称为社会主义）的最大正义之间，后者与实现独立的平等和物质的团结相关，与第二"阶段"的公平社会（历史上称之为共产主义）相关。"阶段"术语是惯例用法，但最终会产生误导；作为生产资料的公有制，无论是社会主义还是共产主义，在任何一个阶段都不是逻辑必然的。相反，这两个阶段是哲学理想。就理解的顺序方面而言，社群正义最好首先被提出，即第五章，然后自由主义正义成为第六章的核心。

此外，"阶段"论并不排除彼此。自由主义和社群主义方面的理想、后不公正财产阶级的经济正义可以一起出现。更有甚者，第二个物质团结加上自由的独立平等阶段取决于消极自由以及基于消极自由的平等阶段的持续存在。另外，理想的经济正义的自由主义和社群主义方面都依赖于（A）经济正义范围的扩大和（B）财产及正义理论的融合。

## 一、经济正义的范围

自由社群主义的马克思主义经济正义在同过去和现在的其他社群主义正义的版本以及现代自由正义的对话中表现得最为明显。物质团结、平等和消极自由必须在马克思主义正义中共同发挥作用。在某些问题上，自由社群主义的马克思主义正义与自由主义正义的共同之处将超过其他社群主义；然而在其他问题上一样，与自由主义的正义理论相比，它与其他版本的社群主义，甚至与那些和经济正义无关的社群主义的共同之处更多。在其他问题上，与自由主义或社群主义正义相比，马克思主义与其他版本的集体认同，甚至是与那些与经济正义无关的集体之间的共同之处更多。

社群主义与经济正义理论之间的重叠至关重要。然而，人们仍然未能把握经济正义的特殊的社群主义的潜力及其对终结不公正财产阶级社会的马克思主义伦理学的适用性。

正义是西方政治伦理的核心。不是说正义必须涵盖政治伦理中的所有其他概念，而仅仅是正如各种自由主义理论家在批评社群主义时指出的那样，自由主义正义，特别是经济正义，在其他的或许是更加丰富的政治伦理的概念被制定出来之前更有发展的必要性和可能性。没有理由说经济社群主义者和集体认同理论家就不能将这些相同的论点用来论证经济正义至上的理论。包括经济正义在内的正义至上的争论并非根源于现代，而是可以追溯到古希腊政治伦理的起源。①

对马克思主义而言特别重要的是亚里士多德关于分配的经济正义概念。不幸的是,被剥除了正义概念的马克思主义伦理学的支持者已经将分配正义的概念缩小了,因此终结阶级社会的理论家便据此放弃了这种理论。所有的经济正义理论,无论是基于阶级的还是其他集体的,无论是社群主义的、自由主义的还是某种组合形式的,都需要一种分配概念。然而,现代的自由主义分配理论经常因为过于缩窄了分配的概念而使得经济正义的理论过于狭隘。亚里士多德的分配经济正义概念比现代自由主义概念更加广泛,这是因为他的分配概念更为广泛。亚里士多德式的分配就形成了对社群主义经济正义的挑战。

亚里士多德区分三种正义:交换正义、矫正正义和分配正义。交换正义和矫正正义旨在实现所谓的简单平等,即显然基于对象的特定属性或正义概念所适用的行为的平等。分配正义也旨在实现平等,但没有那么简单。在马克思的社群主义诠释者,例如 20 世纪 50 年代美国的卡尔·波兰尼(Karl Polanyi)和 20 世纪 90 年代美国的乔治·麦卡锡(George McCarthy)看来,亚里士多德的分配平等是基于根据共同体的政治目标挑选出一种事物、一个要素或一个特征来进行分配。因此,分配正义描绘了社会意愿在影响分配决策中成为核心的过程。对于亚里士多德来说,对于权利要求,荣誉和物品进行分配的道德反思必然涉及如何实现公正平等的部分考虑。这一观点使亚里士多德不仅要以同样的原则对待物品的经济分配和荣誉的政治分配,而且在许多情况下也可以看出后者是由前者决定

---

① 关于正义的优先性,参见 F. M. Cornford, *From Religion to Philosophy* (New York: Harper and Row, 1957), 8—11. 关于经济正义的优先性,参见 George Thomson, *Studies in Ancient Greek Society*, 333—347. 关于最近女权主义集体认同理论对统一正义理论的争论,见 Anne Phillips, *Which Equalities Matter*, 44—73。

的。①虽然亚里士多德以同样的一般性原则对待物品的经济分配和荣誉的政治分配，然而，他也认识到从这些领域中可以挑选出不同的特征，并在头脑中反思如何判断平等主张的目标。②因此，亚里士多德的分配正义有两个方面：对物质和经济问题的关注以及对政策的非经济功能的关注。乔治·麦卡锡（George McCarthy）的社群主义马克思主义版本接受了将分配正义概念远远超出经济并延伸到政治的非经济功能之外的范围，这对于马克思主义者和亚里士多德伦理学之间的对话特别有价值。③我的观点则有限制。我想使用亚里士多德扩大经济分配的概念，我称之为广泛的分配正义，仅表明自由社群主义马克思主义有一个经济正义的概念，而不是将分配正义扩展到政策的非经济功能方面的正义。亚里士多德的物质和经济分配的概念是一种很好的工具，用于概念化经济伦理的正义论述，例如自由社群主义马克思主义中对标准的自由主义分配的要素解释就很薄弱，就像约翰·斯图亚特·密尔（John Stuart Mill）的观点，马克思批评其过于狭隘，因为其只考虑消费，但他在更广泛的分配概念上更强，与亚里士多德更为一致。④

　　波兰尼的知识根系是20世纪20年代匈牙利和德国的社群主义马克思主义，他发展了一个如此广泛的分配概念，并将其用来联结亚里士多德和马克思。他认为市场分布只是一种分配形式，而不是适用于现代工业社会的唯一形式。他认为，经济学理论可以在以下

---

① Aristotle, *Ethics*, 171-190; *Aristotle, Politics,* 296-298.

② Aristotle, *Ethics*, 171-190; *Aristotle, Politics,* 296-298.

③ George E. McCarthy, *Marx and the Ancients* (Lanham, MD: Rowman and Littlefield, 1990).

④ Marx, *Grundrisse,* translated by Martin Nicholaus, (Harmondsworth, Middlesex: Penguin, 1973), 109; "Critique of the Gotha Program," in David McLellan, ed., *Selected Writings* (Oxford: Oxford University Press, 1990), 569-570.

形式中进行区分,一是经济进行"实质性"定义,强调社会需求的理论,二是给出"正式性"评价,强调个人竞争的理论。对于波兰尼来说,亚里士多德和马克思以及18世纪的法国重农主义的工作,都说明了实质性的方法。[1]他论证说市场机制并不像有些人想象的那样包罗万象:历史上,它与分配物品和劳动力的其他机制处于同一个阶段。伴随着私有财产占主导地位的市场机制,出现了混合了个人和社会考量的交换行为,以及由集中权力分配物品的再分配。然而,市场、交换和再分配系统可以共存,其中某一个占主导地位;于是出现了许多不同类型的市场、交换和再分配机制的可能。[2]波兰尼用亚里士多德来发展了一个本质上广泛的和扩展的概念,反对与马克思主义经济伦理不一致的狭隘的分配类型。

对比而言,亚里士多德的分配被波兰尼作为"实质性"经济学的第一个例子,主要关注社会需要。一个必然结果是,亚里士多德的分配正义也就是"实质性的",关注的是社会需求的分配,而不是利益方面的狭隘分配。由于马克思明确反对密尔的分配概念,对于通过市场竞争进行潜在分配的广泛的社会力量,其并未集中于此加以足够的关注,于是一些马克思学者便认为马克思在历史上是对此加以反对的,因而马克思主义也就在逻辑上反对所有的分配正义概念。但是,对经由波兰尼阐释的亚里士多德的正义观而言,以及波兰尼自身也认识到了这一点,马克思或马克思主义完全不反对一种更广泛的分配正义的概念。[3]

---

[1] Karl Polanyi, *Primitive, Archaic, and Modern Economies* (Boston: Beacon Press, 1968), 136–140.

[2] 同上,148–149。

[3] Marx, *Grundrisse*, trans. Nicholaus, 109; "Critique of the Gotha Program," 569–570. Karl Polanyi, *Primitive, Archaic, and Modern Economies* (Boston: Beacon Press, 1968), 105–115, 152–154.

第四章 社群主义与自由主义马克思主义财产及正义理论的根源 ‖

事实上，在写给路德维希·库格曼（Kugelmann, Ludwig）的一封著名信件中，马克思实际上赞同了一种分配概念，似乎意味着他接受了我称之为广泛的亚里士多德/波兰尼分配。回到这封信的背景，应该强调的是，根据波兰尼的说法，在亚里士多德和马克思之间，法国的重农主义者特别强调了团结主义和波兰尼所称的"实质性"，他们将之称为自然，是社会生产和分配的一面。对于重农主义者来说，人类的团结与自然是相互联系的，它们与自然法之下的市场也是相关联的。①马克思在写给库格曼的信中也利用了这一自然法的概念，其中他给出了他关于经济价值理论的最为明显的一个描述，他认为这种理论基本上是一种广泛分配的理论。马克思指出，他的理论有两个方面，即基于劳动力的经济价值：包括处理自然法的部分和处理自然法特定形式的部分。自然法是每个社会分配劳动力的必要条件，以便再生产一定数量的社会财富。这是社会生产和分配的一般模式，包括在自然环境中共同生产的人；这些行为产生了团结的价值观。自然法的特定形式涉及市场的生产和分配，这是完成社会生产和分配的一种方式，但不是唯一的方式。社会生产和分配的"自然法"不能被废除，但自然法的表现方式及其形式可以改变："自然法通常不能被废除（Aufgehoben）。在历史的不同情况下可以改变的只是这些法自身所依据的形式。"马克思继续论证说这种形式就是在市场的买卖行为中被创造出来的经济价值。②《资本论》本身的结构已经捕捉到了关于一般社会生产和广泛分配的市场理论及重农主义思想之间的关系，它将正在研究的经济社会划分为市场社会以及社会生产，这种区分与波兰尼的"正式的"和

---

① Francois Quesnay, "*Natural Law*," in Ronald Meek, ed. The Economics of Physiocracy (Cambridge: Harvard University Press, 1962), 54–55.

② Marx, in Karl Marx and Friedrich Engels, Werke, Vol. 32 (Berlin: Dietz Verlag, 1959–1968), 553.

"实质性"的区分是一致的。对于马克思来说，社会生产、分配以及与自然的互动构成了所有经济体的永恒内容，而市场只是这种内容的某一种形式。①正是这一概念揭示了马克思主义经济伦理和亚里士多德/波兰尼的广泛分配正义观之间的紧密性。只有分配的定义范围更广，摆脱了对市场和盈利力量的依赖时，广泛的分配正义才有意义。

此外，亚里士多德/波兰尼/马克思主义的广泛分配概念可以用来发展经济正义的定义，实际上这个定义足够普遍化，能够覆盖大多数可称之为经济正义的理论。广泛的分配经济正义可以从亚里士多德正义理论的非经济方面中分离出来，它比亚里士多德本人的理论更加充分，还可以来自更为全面的正义概念，例如阿拉斯戴尔·麦金太尔（Alasdair MacIntyre）提出的基于现代全球团结的社群主义。为了完成这项任务，必须更正式地定义广泛的分配正义，而不是仅仅在亚里士多德、波兰尼和马克思的著作中功能性地使用它，从而创造出一个超越了市场和利益力量作用的关于物品分配的概念，聚焦于社会生产和分配的需要，以满足社会需求。

更正式的说法是，广泛的分配经济正义有两个方面。首先，为了实现经济平等和消极自由，必须将物质产品和工作的分配作为必要条件进行道德反思。其次，它还可以包括对如下变化的道德反思：（1）物质产品的分配；（2）工作分配；（3）工作环境，使（1）（2）和（3）满足人类对物质团结的需要，即通过改变了的财产概念，减少个人和社会目标在物质和经济生活中的对立。扩大物质团结可能需要发展经济实践，这些实践不仅满足个人需求，而且还在过程中改变他们，以使得个人需要实践，从实践中获得。这种转变

---

① 参见我的"The Structure of Marx's Economics: The Abstract and the concrete," in *Economy and Self*。

必须反映在具体的财产伦理中。广泛的分配正义的第一个组成部分表达了广泛的自由主义的关注，第二个组成部分则是广泛的社群主义的关注。这两个问题的强度不同。为了构建正义理论，对广泛分配的自由主义思考不仅必须是可能的，而且必须是实际的。而广泛分配的社群主义思考则只需要是可能的。因此，虽然只有第一个自由主义的组成部分是经济生活核心合作部分的必要元素，但第二个社群主义的组成部分显然是经济正义的一部分，而它在经济生活伦理学中的存在可以帮助建立起一种对经济正义的伦理上的说明。

因此，无论是自由主义还是社群主义，都认可将不同的经济道德理论一起刻画为正义理论。经济正义在其自由主义的意义上必须包括对经济生活的道德反思，只要这种反思涉及满足与消极自由和平等有关的对物品和工作的不同需求和主张。明确地说，在广泛分配的马克思主义的版本中，以及在大多数其他版本中，这些主张将涉及财产阶级的概念。尽管这些主张不必以权利理论作为起点，但它们的稳定有赖于某种权利理论。所有的经济正义理论都必须以自由主义为核心元素，但也有一些理论也会加入社群主义的元素，而这一元素将强化广泛分配正义中包括的理论主张。对于马克思主义正义来说，这意味着对剥削的批判，即与消极自由相关的消极自由和平等的丧失，这正是马克思主义自由正义的核心版本，它同时承诺实现某种独立的平等，这就构成了经济正义的必要核心。但是，对财产中物质团结丧失的批判也是广泛经济正义的一部分，而且确实有助于马克思主义的经济伦理学在广泛分配正义中占据一席之地。[1]

---

[1] 关于剥削的中心性，参见 Cohen, *Self-Ownership, Freedom, and Equality*, 144–164; Reimann, *Justice and Modern Moral Philosophy*, 214–220; G. E. M. de Ste. Croix, *The Class Struggle in the Ancient Greek World* (London: Duckworth, 1984), 31–98。

因此，广泛分配的经济正义是根据具体的实体或过程来定义的：人类需要物质对象和工作，以获得消极的自由、平等和物质团结。正义并不是完全根据需要来定义的，因为如果如此的话，就会产生一种趋势，使得正义的可能核心扩张得很远。显然，需求、态度和愿景进入了分配，但它们是我们对物质产品和工作的需要、态度和愿景。①广泛分配的经济正义的物质限制使其比标准的自由主义正义更加广泛，但比整体团结正义更窄。

如果试图将社群主义、集体/或阶级认同经济正义的作品同化为一个更标准的自由主义理论，可能会将它们都排除在外，而试图将它们同化为整体团结的社群主义的话，则它们的经济社群主义的特殊性可能就不会体现出来了。

坚持像广泛分配模式这样的做法，可以使那些社群主义者对经济竞争性的值得称道的批评得到公正的评价，但是如果当完整地分析例如消极自由和平等中的自由主义的利益，尤其是主要集中于消极自由和/或平等的程序权利的标准自由主义正义模型时，就会丧失它们的某些丰富性。现代基于团结的整体社群主义，如麦金太尔的"过于扩大的正义"。现代自由主义，无论是自由主义模式还是平等主义模式，都过分地缩小了经济正义。相比之下，广泛的分配模式允许在正义内部开展批评，首先，自由主义者批评不平等和消极自由的匮乏；第二，社群主义者批评经济竞争和物质团结的缺失；第三，基于阶级的诉求呼唤一个真正的自由主义和社群主义正义能够蓬勃发展的社会。同时，广泛的分配模式使得纯粹基于整体团结的社群主义正义几乎没有或根本没有经济核心。

当然，如果这事千真万确，那么一些所谓的经济正义的描述将

---

① 因此,我仅部分赞同 Michael Walzer 在《正义诸领域》(第 6—10 页)中的社群主义的展开。

不被包括在正义理论中。但是，当面对涉及第一个组成部分平等和消极自由的描述时，定性的决定就出现了，但同时也涉及第二个组成部分，即改变（1）工作的分配和（2）物品的分配和（3）工作和生产环境，于是达到获得物质团结和减少竞争和分裂是社群主义目标就是可以实现的。那么，这个问题就变成了，什么时候一个所谓的经济正义的描述在本质上决定了它应该失去使用"经济正义"这个词的权利，因为它对平等和消极自由的关注太边缘化吗？或者它对物质团结的关注太中心化？我的观点是，由于对这个问题的回答很狭隘，太多关于经济正义的好版本都没有被纳入正义理论。我想将许多东西囊括进来，例如自由社群主义马克思主义的传统，对那些考虑消极自由或物品平等或要求对这些东西的权利平等的人来说，这已经是经济正义的全部和终点了，马克思主义的这一传统可能是边缘化的，现在，我们将看到：（A）将终结不公正财产阶级的马克思主义伦理引入西方正义伦理，并导向（B）将马克思主义的正义引入财产伦理，即财产正义。

## 二、作为财产伦理的经济正义伦理

存在于社群主义马克思主义者中的终结不公正财产阶级社会的伦理学，只有在以下情况下才能被纳入经济正义理论的经典：（a）经济正义的范围扩大到允许阶级和集体认同理论，并包括物质团结以及消极的自由和平等；（b）特定类别的强的规范财产理论，无论其是否使用"正义"一词，从本质上看，都是对经济正义的描述。我将这些财产概念称为"财产正义"，一般来说，财产正义理论比直接的经济正义理论更明确地涉及阶级和其他集体认同基础。

在亚里士多德的经济正义中，已经出现了财产伦理、正义和对阶级利益的关注之间的联系。然而，即使在亚里士多德的论述中，基本概念也是正义，财产概念是次要的。① 尽管财产和正义的理论在许多方面是重叠的，但财产正义的叙述与非财产正义的叙述和非正义的财产叙述确实有所区别。

我进一步区分了弱形式和强形式的财产正义。弱的财产正义可以通过（1）扩大财产范围和（2）因此认可一种普遍的社会财产观来确立，相比基于消极自由的财产理论而言，这种社会财产观承诺了更多的物质团结和/或平等。对（1）和（2）的承诺建立了一种弱形式的财产正义理论。反之，弱的财产正义也可以通过否定（1）扩大财产范围，同时否定（2）强的财产的社会内容来确立。相反地，强的财产正义理论需要接受或否定（1）或（2）然后继续致力于（3），对物质团结、平等和消极自由的细节以及如何平衡它们的更为详细的说明。

这就清楚地表明，弱的和强的财产正义理论，或者在内容上主要是强调平等和消极自由的自由主义，或者在内容上主要是强调物质团结，或者自由主义和社群主义的某种结合的社群主义。只有当财产正义超越（1）扩大或限制财产范围和（2）普遍的社会内容或其匮乏，并导向（3）平等、消极自由和物质团结的细节，它才会成为强的理论。但无论是通过强调平等和消极自由的细枝末节而达成的主要的自由主义方式，还是通过强调物质团结的主要的社群主义方式，还是通过强调所有这三种价值的自由主义的社群主义方式，它都可以成为强的理论。这里所描绘的马克思主义社群主义是自由主义的，它强调物质团结、平等和消极自由这三大价值观。第五章提出了一个强的马克思主义社群主义的财产正义理论，第六章

---

① Aristotle, *Politics*, 305–317.

提出了一个强的马克思主义自由主义的财产正义理论。强的社群主义马克思主义正义和强的自由主义马克思主义正义共同创造了强的自由主义社群主义正义，这是对阶级财产变形的批判。因此，第四章、第五章和第六章探讨了自由社群主义马克思主义对（1）扩大财产范围和（2）财产的一般社会内容的承诺的细节，以及对（3）财产正义的后续探索，其中出现了平衡物质团结、平等和消极自由的实际细节，既是对阶级财产的批判，也是这些价值在超越不公正阶级的财产制度中的功能。

马克思主义财产理论与其他一些强的规范财产理论一样，通过（1）扩大财产的范围（2）因此接受将个人融入社会义务和财产制度道德的普遍承诺而进入了正义阵营。当（A）扩大正义范围使自由社群主义的马克思主义经济伦理观进入正义阵营时，（B）为了证明马克思主义自由社群主义通过发展财产正义的概念而进入经济正义的范围，财产正义就成为了必需。

（A）正义范围问题和（B）财产问题有许多解释上的相似之处，因为在前一种情况下，唯一的问题是经济正义的范围，而在后一种情况下，首要（但不是唯一的）问题是财产范围。如果马克思主义伦理学被贴上狭隘的正义理论的标签，并且被迫成为标准的自由主义正义，或者是基于整体团结的正义，那么它无法成为其中任何一种。但对（A）经济正义范围的探讨表明，经济正义可以是广泛的分配正义。同样，如果自由社群主义的马克思主义经济伦理学被强迫进入仅仅是正义理论，或者仅仅是财产理论的模式，它将两者都不是。但它可以被看作是（B）一种财产正义理论，前提是它能够解决（1）财产范围，（2）从范围衍生的道德义务，（3）物质团结、消极自由和平等的细节。于是问题的起点就变成财产范围及其与正义范围的关系。

118　　对马克思主义正义的第一种误解由广泛分配的经济正义的概念来进行了回答；第二种误解是由财产正义的概念来回答的。当广泛分配正义和财产正义的概念，包括（1）财产范围，（2）从范围衍生的道德义务，以及（3）物质团结、平等和消极自由的细节结合在一起时，结果就是广泛分配的财产正义。始终存在的一个问题是，一个财产理论，不论它是不是马克思主义的，是否它只要符合广泛分配的经济正义，那么它就是财产正义理论？证明这一点的第一步是，财产的范围在某种程度上与正义的范围相匹配。

广泛分配的经济正义具有相当大的范围。（a）为了实现经济平等和自由的利益，它必须对物质产品和工作的分配进行道德反思。（b）它还可以包括关于改变（1）物品分配、（2）工作分配，以及（3）工作环境的道德思考，以便满足人类对物质团结的需要。要使财产概念作为一个正义概念发挥作用，其范围必须足够广泛到足以能够实现（a）。虽然（b）既不是经济正义描述的必要条件，也不是充分条件，但其在财产伦理中的存在有助于确定一个范围足够广的财产描述，以便其作为经济正义的集中关注者而发挥作用。能做到（a）的财产理论是分配正义理论；能同时做到（a）和（b）的财产理论是广泛分配的经济正义理论。（1）财产范围的扩大直接导致（2）以平等主义和团结主义的理想形式对财产的一系列社会发展作出特定的普遍承诺。此外，（1）和（2）可以引导对（3）财产正义系统中的消极自由、平等和物质团结之间的关系作出相当具体的解释，以及给出适当的经验前提。

财产伦理和正义相互说明或塑造的各种方式有助于直观地解释扩大财产范围意味着什么。经济正义理论可以在没有真正的财产理论说明的前提下完全地发展起来，因此也没有必要对其进行塑造。然而，描述财产伦理学的塑造将以某些必要的方式决定描述的

第四章　社群主义与自由主义马克思主义财产及正义理论的根源 ‖

塑造。

从根本上讲，关于财产范围的争论其实是在讨论为保存现有的所有财产到底需要多少社会投入。虽然所有的财产论述都必须涉及范围，但即使是在财产论述问题中给予的权重也是决定财产理论在范围方面地位的因素之一。事实上，理论家在财产问题上的立场往往早在许多次的实质性论证被提出之前就已经被提出或确定了，在初步阶段，特定的理论家已经阐明了关于范围的争论的中心性立场。

要理解关于财产伦理和财产范围的争论的深层含义，我们必须远远地超越马克思主义，尽管一旦正确理解了这场争论，许多关于财产的马克思主义文本就会以更清晰的形式出现，其中既有财产伦理，也有正义伦理。此外，从1990年到现在，法律和政治理论家再次展开了历史争论，与大众的观点相反，他们最为中立的目的是表明，关于财产就其本质而言到底是社会的还是私人的，还是存在于二者之间的问题一直存在且始终存在争论，而非达成了一致意见。最近的许多理论争论阐明了范围概念，并深化了关于扩大财产范围的论证。①

范围问题是关于财产的社会或私人性质的争论的第一阶段。为了有效地扩大财产的范围，必须证明财产对促进分配的无论是广泛

---

① 参见 Nozick, *Anarchy, State, and Utopia*; Stephen R. Munzer, "*Property as Social Relations,*" in Stephen R. Munzer, ed. *New Essays in the Legal and Political Theory of Property* (Cambridge: Cambridge University Press), 200; Jeremy Waldron, *The Right to Private Property* (Oxford: Oxford University Press, 1990); Duncan Kennedy, "The Stakes of Law: Or Hale and Foucault," in *Sexy Dressing etc.* (Cambridge, MA: Harvard University Press, 1993); Joseph William Singer, *Entitlement* (New Haven: Yale University Press, 2000); John Christman, *The Myth of Property: Toward an Egalitarian Theory of Ownership* (Oxford: Oxford University Press, 1995); Liam Murphy and Thomas Nagel, *The Myth of Ownership* (New York: Oxford University Press, 2002); Jan Narveson, *You and the State*; Eric T. Freyfogle, *On Private Property: Finding Common Ground on Ownership of Land* (Boston: Beacon Press, 2009).

还是狭隘的社会规则的依赖性。如果财产不能避免对这些规则的依赖，那么就扩大了范围，并且所讨论的财产理论就无可避免地说明了一个公正分配的理论。因为，如果（1）扩大财产范围，那么就很难避免（2）支持普遍的社会财产观，即比基于消极自由的财产理论更能承诺社会义务和物质团结或平等的财产观。然而，如果不扩大财产范围，即基于财产伦理中消极自由的中心性的自由主义经济正义的标志，那么财产范围的限制也意味着正义分配的叙述，这是由于以下几点之间的联系：（1）站在财产范围的立场（2）支持或不支持规范的社会财产理论和（3）平衡消极自由、平等和财产中的物质团结。相反，为了引出一个非自由主义的正义描述，一个财产描述必须具备强烈的社会性，在这个意义上，（1）范围扩大到包括它在促进分配中的作用，因此（2）对财产正义的社会义务的普遍承诺接踵而至，有利于对生产资料的私有制进行团结和平等的限制。然后，只要有足够的规范性思考和对所涉及的分配类型的足够了解，（3）就可以进行一个具体的财产正义的描述，平衡消极自由、平等和物质团结的要求。因此，（1）扩大财产范围和（2）为了符合社会义务的利益而限制私人财产的普遍偏好，这一强烈的社会本质可导致（3）平等、物质团结和消极自由的具体混合。（1）扩大财产范围的描述足以实现对或狭隘或广泛的分配经济正义的一般性描述，这是就（2）肯定或拒绝源自财产，或甚至某种特定理论的社会义务的意义上来说的，或者如能（3）足够详细说明财产关系的经验细节，那么财产的消极自由、平等和物质团结的细节也就顺理成章了。扩大范围的财产概念之所以开始创造出对经济正义的描述，是因为个人遵循社会规则的概念，目的是（1）分配经济利益，或（2）分配劳动行为，或（3）改变工作环境，意味着个人行为对规则的依赖性促进了这些分配目标。这种依赖性是扩展财产范围含义的基础,但被主张扩展财产范围的极端自由主义者所否认。

然而,不管是扩大财产范围的否定者还是肯定者,都通过他们的否定或肯定创造了一个财产正义的描述。[1]事实上,扩大财产范围的论证中有一部分是从反对私有财产中消极自由至上的论点发展而来的,马克思主义者将这种私有财产称之为"生产手段",即社会的生产工具,而不是其他类型的财产。由于在(1)扩大范围的财产中,对社会生产最重要的财产交换行为取决于促进分配的规则,这些规则可以要求(2)承诺从财产中产生的社会义务,以及(3)平衡消极自由、平等和物质团结,它们最终可以要求出于正义的利益重新分配财产。[2]

两种关于财产的描述,即扩大范围和非扩大范围,是否达成了某些普遍的共同点呢?它们可以被各自的辩护人用来说服对方吗?有一个共同基础是,每个社会都必须有一种方式来裁决关于经济分配的主张。但从这个事实可以得出非常不同的结论。一个极端是自由主义的观点,即财产的本质独立于这些可分配的主张而存在,并且财产的基本存在不依赖于任何促进分配的规则。因此,财产的范围被缩小了,这种范围的缩小无疑决定了自由主义财产伦理将要做什么,以及它对正义的解释。从(1)未能扩大财产的范围,产生出(2)不允许对消极自由有明显限制的财产正义的一般态度,这

---

[1] 因此,罗尔斯在 Virginia Held 编写的 *Property, Profits and Economic Justice* (Belmont, CA: Wadsworth, 1976)中的"A Kantian Conception of Equality"一文通过否定诺齐克的财产理论(无论他是否称之为财产理论)而创立了正义论,而诺齐克的"*Anarchy, State, and Utopia*"(150-182)则通过坚持自己的财产理论创立了另一种正义论,诺齐克的正义论认为罗尔斯的正义论过度扩张了,当然诺齐克自己或许并不认为自己的理论是正义论。

[2] 请注意,扩大范围的财产理论家们所反对的诺齐克的立场和罗尔斯在"A Kantian Conception of Equality"以及《政治自由主义》中的"The Basic Liberties and their Priority"(289-370)用来反对诺齐克的完全相似性。

种限制从社会义务中产生,并继而从财产的扩大范围中衍生。从(1)财产范围的自由主义,和(2)财产的社会义务,发展出的自由主义是关于(3)作为消极自由的相当具体的解释,它不必明显地去平衡它自身、平等和物质团结之间的关系。当然,从自由主义的另一个极端来看,这种观点表明了财产的根本重要性意味着促进分配的规则,从而得出了三个结论:(1)财产范围需要扩大;(2)根据扩大财产范围的本质所固有的社会义务,生产方式中对私有财产的一系列限制是合理的;根据(3)(1)和(2)以及对实际财产形式及其所嵌入的社会环境的适当的经验理解,可以导向对正义的详细描述,从而平衡物质团结、平等和消极自由。

在分析扩大的财产范围时,重要的是要区分财产在促进分配方面的作用,特别是广泛分配方面的作用,以及国家或社会是否进一步促进财产在分配中的社会作用。了解(1)财产范围是否已经被扩大的关键是,基本上通过财产在促进分配,特别是广泛分配方面的作用来定义财产,而回答这个问题的关键是检视国家或社会在促进财产规则方面的作用。经济自由主义者有时利用社会,特别是国家规则,来支持财产权利。然而,对于他们来说,如果没有这些规则,财产的中心含义仍然是确定的。①那些认为财产必须促进分配的人并不认同这一点。自由主义者使用国家规则来分配财产,其对财产定义非常不同于那些声称财产的持续存在取决于其促进分配,尤其是广泛分配的人。因此,有助于财产分配的社会或国家规则的存在,并不完全只是制造了一种强的扩大财产范围的理论。只有当使财产成为可能的社会规则促进分配,以及财产更依赖于社会规则和分配,特别是广泛的分配本身时,一个强的扩大范围的财产论述才有可能存在。

---

① Nozick, *Anarchy, State and Utopia*, 167–173.

在扩大财产范围的完全自由主义立场和完全社会立场这两个极端之间，中间立场的存在是可能的。例如，著名的自由主义者罗伯特·诺齐克（Robert Nozick）在1974年的文章中表明，约翰·洛克1690年《政府二论》的第二篇中对财产的描述代表了自由主义者的立场。①然而，洛克第二章中某些段落可以被解释为他暗示了财产的范围扩大是由于财产必须取决于自然法所要求的社会规则，或国家的社会规则。②但对于洛克来说，虽然财产所有者可以利用国家法律，但财产可以在没有国家的情况下存在，显然，没有自然法的存在就不会产生国家。③但是，洛克第二章中的一些段落也支持了诺齐克和最近的自由主义者们，他们似乎使得财产不那么依赖于自然法和国家等社会义务的来源。④运用扩大财产范围的概念，关键问题是洛克的自然法是否具有分配功能。如果它具备分配功能的话，那么这些认为财产依赖于自然法的段落就会扩大财产的范围，即使国家颁布的规则并没有改变洛克式的个人财产所有权的含义，而诺齐克，显然不是洛克，专门将之定义为消极自由。

财产的扩大范围的争论与经济正义有关，正如社会科学中的方法论与伦理学有关一样。那些强调扩大财产范围的人更有可能选择关于正义的更为平等和/或更为物质团结的解释，而那些否认或不强调扩大财产范围的人，即相反地，强调财产对个人行为的依赖和占有消极自由的人，则更有可能强调相对的自由主义正义理论。因此，行为中嵌入实际伦理实践（特别是分配实践）的方法论叙述与用于促进财产分配的政治和社会规则是息息相关的。

---

① Nozick, *Anarchy, State, and Utopia*, 174-182; Locke, *Two Treatises of Government*.

② Nozick, *Anarchy, State, and Utopia*, 270-271, 331-333.

③ Nozick, *Anarchy, State, and Utopia*, 288-289, 270-271.

④ Nozick, *Anarchy, State, and Utopia*, 288-289.

为了进一步澄清财产范围争议和分配正义争议之间的联系，还必须区分扩大财产范围的可能性和必要性。一旦作出扩大或不扩大财产范围的选择，也就选择了经济正义的总倾向：扩大范围时，朝着平衡消极自由、平等和物质团结的方向发展；不扩大范围时，仅朝着消极自由的方向发展。如果财产的范围扩大了，那么拒绝财产的平等主义和团结发展的某些理由就变得站不住脚。对财产范围的选择创造了一种正义的解释，而选择扩大的范围则意味着捍卫生产资料作为财产基础的消极自由被排除在外。但这是两个不同的方向。它们之间的联系是，如果（1）扩大财产范围，则更容易证明（2）强调物质团结和平等，以及限制消极自由的社会义务，甚至更容易证明（3）一种特殊的财产和正义理论，其中消极自由、平等和物质团结是平衡的。

事实并非如此，因为财产的范围被扩大了，所以一个团结的或平等的正义理论就应运而生了。相反，一旦有人接受了关于财产范围的争论条款，那么他或她就采取了一种普遍的经济正义的进路，接受或不接受扩大财产范围所产生的强大的社会义务。然而在第二阶段，由于财产的范围而产生的强大的社会内容和社会义务，虽然通常包括对平等或物质团结的一般性承诺，但其实不必如此。在自由主义者、平等主义者和社群主义者之间关于财产的许多传统争论中，这一点被掩盖了，因为他们的争论常常致使他们明确地谈论正义，因此通过财产正义阶段（1）（2）和（3）的逻辑进展就模糊化了。扩大财产范围，如果它不仅涉及对财产的重新描述，而且涉及规范性的规定，那么它本身就足以构成一个广泛的分配经济正义的解释，包括规范性的原则（1）经济产品的分配，（2）工作分配，和（3）工作关系的变化。但是，财产正义理论的第（2）阶段，即不论社会义务是否从扩大的财产范围中衍生出来，在这样一个普遍的层面上运作，它本身就构成了一个极为薄弱的正义解释，大大迥异于财产正义理论的第（3）阶段，即消极自由、平等和物质团结主张之间的更为细节化的平衡。

然而，作出关于（1）财产范围的辩论决定只会承诺一种正义的解释，即（2）对于第一个决定所确定的扩大或不扩大财产范围的社会义务的普遍的关注或漠不关心。然而，只有选择了（1）扩大或不扩大财产范围的立场时，或（2）接受或不接受从财产中衍生出来的强大的社会义务时，才意味着对（3）作出承诺，用一种关于经济财产正义的特定解释或理论，以此来平衡物质团结、消极自由和平等。如果这三个步骤不是独立区分的话，那么财产与正义之间的概念关系就会变得模糊。

正如（1）财产范围必须区别于（2）从关于范围的决定中衍生出的社会义务一样，（2）也必须区别于（3）对消极自由、物质团结和平等在财产正义中的作用的具体描述。因此，例如，从财产和正义理论家 A. M. 奥诺尔（A. M. Honoré）和财产理论家 C. B. 麦克弗森（C. B. MacPherson），以及最近的批判性法律研究的财产理论家，如邓肯·肯尼迪（Duncan Kennedy）和约瑟夫·威廉·辛格（Joseph William Singer），我们可以推断，尽管他们不使用这种语言，即（1）普遍扩大的财产范围意味着（2）关于私有财产的社会限制的一般观点，以及（3）麦克弗森的财产理论中的团结和平等因素，奥诺尔理论中的平等因素，肯尼迪和辛格理论中的平等和团结因素的结合，他们都支持基于社会规则和法规的财产解释，并从中得出规范性的结论。①然而，他们为解释马克思主义正义所得到的教训是：(3) 他们具体的财产正义说明，其目的在某种程度上是为了终结阶级统治，不必依靠（1）他们对财产范围辩论的决定，或（2）他们基于普遍社会义务的正义解释，尽管（1）和（2）使之成为可能。从（1）财产范围的立场和（2）财产所有权隐含的社会义务的立场，（3）细节化地平衡消极自由、平等和物质团结总是有很多可能的。很容易提供一个（3）符合麦克弗森、奥诺尔、肯尼迪、辛格或自由社群主义马克思主义关于（1）和（2）的有关财产正义的详细描述的例子，但和他们关于（3）的描述完全不同。

例如，托马斯·霍布斯（Thomas Hobbes）在 1651 年的《利维坦》（*Leviathan*）一书中清楚地认识到，财产的范围必须扩大，很明显这使他成为一个公认的正义理论家，比洛克为私有财产中的消极自由所作的辩护差不多早了 40 年。此外，他还认识到，从财产的扩大范围中衍生出的正义概念，将重点放在社会义务上，这种社会义务被那些主张财产范围更为有限的人所否认。但是对于霍布斯来说，接受（1）扩大了财产范围，（2）基于财产所隐含的强大社会义务的正义的一般概念，导致了与（3）奥诺尔、麦克弗森、肯尼迪、辛格和马克思主义者等平等主义和团结的理论家发展出来的物质团结、平等和消极自由的详细平衡截然不同的东西。与此同时，霍布斯接受（1）和（2），也就切实地塑造了他的（3）。他对（1）扩大财产范围和（2）源自（1）的社会义务的接受使（3）一种精

---

① A. M. Honoré, "Property, Title and Redistribution," in *Property, Profits and Economic Justice*, 88–92: C. B. MacPherson, *The Rise and Fall of Economic Justice* (Oxford: Oxford University Press, 1985), 76–91; Duncan Kennedy, "The Stakes of Law: Or Hale and Foucault," 83–93; Joseph William Singer, *Entitlement*, 95–139. 关于财产社会关系理论的近期法律思考，特别是批判性法学研究，参见 Munzer, "Property as Social Relations," 38–44。

英主义和国家主义的财产和正义概念有可能兼容他的重商主义。霍布斯的财产理论是不平等的理论，但强调一种物质上的团结，很可能使他不会去赞同洛克的或现代自由主义的财产正义理论。霍布斯（3）详细的财产正义解释是由（1）认可扩大的财产范围和（2）由此衍生而来的社会义务而形成的，但并不是由它们所决定的。①卢梭还提出了一个极为强大的（1）扩大财产范围的理论，与霍布斯不同的是，这一理论借鉴了他的扩大范围的理论和极其强烈的对（2）社会义务的认同，而这一切是从财产权利的事实中衍生出来的，它们最终源于人民的公意。②

马克思的财产正义观，像霍布斯和卢梭的财产正义观一样（1）扩大了财产的范围。卢梭对源于（1）扩大范围的（2）社会义务的接受，清楚地预示了马克思对财产的实质性描述，但我们必须借助马克思对黑格尔的道德伦理学的运用，来开启马克思理解财产的方法论，而这使得他成为一个扩大财产范围的理论家。

对黑格尔和马克思来说，财产是个体之间的社会关系。黑格尔的《法哲学原理》结构逐渐转向以个人沉浸在制度化的社会关系中的方式来界定个人的行为。因此，财产从仅由个人来看待，到由法律、家庭、公民社会和国家来界定。马克思所延续的社会关系理论特别明显地体现在1859年著名的《政治经济学批判导言》和同样著名的长期未出版的1857年至1858年的《政治经济学批判大纲》（以下简称《大纲》）的《导论》中。在这些著作中，马克思提出了他著名的历史唯物主义理论，其中经济基础在某种程度上决定了

---

① Hobbes, *Leviathan*, 188, 202, 212–213, 234, 281, 290, 294–299.

② Rousseau, *Du contrat social*, 73–77.

超结构、国家、法律和确定的意识形式。①我将历史唯物主义理论解释为，马克思主义政治理论的塑造在很大程度上取决于经济和财产，但这并不妨碍国家和法律的相对独立，也不妨碍真正的道德立场。相反，对马克思主义伦理学的不道德解释否定了国家和法律的自主权，还否认了真正的道德立场与历史唯物主义理论是一致的，认为国家和法律形式、哲学和道德立场都是意识形态，这种对世界的思考方式是错误的，代表着错误的意识。但马克思和恩格斯对财产概念作为社会关系的实际运用表明，财产是从伦理道德的角度构成的，是一种道德，是一种个体嵌入其中，并使得他/她得以定义自身的道德实践。这种财产观是一种彻底的伦理和道德观念，但其实它已经随着历史的发展深深地嵌入了实际的社会关系。

作为黑格尔式道德的财产概念，使我们能够把马克思和其他社群主义马克思主义者的财产理论看作一种扩大范围的理论。马克思著名的1857年到1858年《大纲》章节中关于财产的文本，调查了前资本主义的经济形态，是一个将马克思主义经济伦理学继续纳入支持正义辩论的绝佳文本。②马克思在《大纲》中对生产资料私有制的批判意味着接受财产的扩展范围。他认为，"他的财产，即与他生产的自然前提的关系是属于他的，也是由他自己作为一个社会的自然成员来调整的"。这一观点可与霍布斯的名言相一致，即在没有共同权力的地方，也就"没有礼节、没有统治，没有我与你的区分"，这也是扩大范围理论的经典表达之一。③因为在发展这一观

---

① G. W. F. Hegel, *Hegel's Philosophy of Right,* 40-49; Karl Marx, "Vorwort," *Zur Kritik der Politischen Okonomie* (Berlin: Dietz Berlag, 1971), 15-18; "Einleitung" *Grundrisse der Kritik der Politischen Okonomie* (Frankfurt: Europaische Verlagsanstalt, n.d.), 5-19.

② Eric Hobsbawm, "Introduction" to Karl Marx, *Pre-capitalist Economic Formations* (New York: International Publishers), 12-13.

③ Marx, *Grundrisse,* trans. Nicholaus, 490; Hobbes, *Leviathan,* 188.

点的过程中，很明显，马克思不仅（1）接受扩大的财产范围论点，而且（2）对由财产的扩大范围衍生而来的强的社会义务采取规范的承诺，以及（3）早在1857年至1858年开始，粗略地填入物质团结，以消极自由为基础的，平等主义的内容来终结阶级社会的经济伦理和财产正义。

马克思通过（a）东方斯拉夫人、（b）日耳曼人和（c）古希腊人和罗马人的作为公有财产形式的财产的具体描述，发展了（1）扩大财产范围的立场，以及（2）财产的一般性社会义务的解释。他对这三种财产概念的关注是如此具体，以至可能导致误解：（1）扩大了财产范围；（2）由此产生的一般性社会义务只适用于以上三种形式的相对公共和团结的财产。然而，事实上，这些文本中出现了对财产正义的一般性描述，通过它们的立场：（1）财产范围；（2）从财产的扩大范围中推断出的一般性社会义务；以及在（1）和（2）的基础上，（3）在其与消极自由的关联中财产正义中的某些特定的平等主义和团结的方面出现了。马克思关于财产正义的具体论述是第五章的主题。然而，在《大纲》中，马克思确实使用了（1）扩大范围和（2）社会义务来勾画（3）一些有限的财产正义细节。

马克思的这个短语，"他的财产，即与他生产的自然前提的关系是属于他的"是什么意思呢？马克思在用以下方式定义财产时澄清了这一点："财产，即个人与劳动和再生产的自然条件的关系，是属于他的。"[①]马克思继续说："他的财产，即与他生产的自然前提的关系是属于他的，也是由他自己作为一个社会的自然成员来调节的。"[②]马克思进一步阐明，"一个孤立的个体无法言说他所拥有的土地和土壤等财产，他可能像动物一样，以物质的形式生活。土

---

[①] Marx, *Grundrisse*, trans. *Nicholaus*, 473.

[②] Marx, *Grundrisse*, trans. *Nicholaus*, 490.

地作为财产的关系总是处于被调整的状态……被部落、公社，或多或少地被那些自然产生或历史发展的形式所调整"①。这些评论确立了马克思在1857到1858年选择扩大财产范围的解释。有人可能会问，为什么马克思选择了一种看似笨拙的方式来表达扩大的财产范围的观点，即财产是个人与他的条件和生产的关系，这就意味着财产存在于一个公共或社会环境中。答案是，马克思提出了两个生产条件，一个是社会条件，一个是自然条件："因此，财产最初只意味着一个人与属于他的自然生产条件的关系，即他的、与他自己的存在一起预设的……这些自然的生产条件的形式是双重的：（1）他作为一个共同体成员而存在；这个共同体也因此而存在。……（2）由共同体来调整土地土壤的关系，这是共同体自己的公共土地财产。"②这一段只说明了马克思（1）扩大范围的立场，即财产首先取决于共同体的社会规则，其次取决于促进分配的目的，这是一个更大理论的一部分，即财产取决于个人与社会和自然条件的相互作用。不过，最完美的可能是可以将财产的特性本身视为个人与生产条件的那一部分的关系，这是他或她的共同体促进分配的规则，特别是广泛的分配。因为这一特性足以使马克思对财产的范围作出明确的解释。因此，我现在要处理马克思关于财产本身范围的立场，包括关于自然的无限性如何影响财产的问题。

马克思、恩格斯、鲁宾（Rubin）和罗斯道尔斯基（Rosdolsky）的社群主义马克思主义并没有提出一个典型的扩大财产范围的解释。在财产正义理论中，典型性体现为：首先，财产规则的政治的、法律的或抽象伦理的性质更为明确，其次，促进分配。关于扩大范围财产的传统争论涉及到为了财产的完全保存，在何种程度上

---

① Marx, *Grundrisse,* trans. Nicholaus, 485。
② 同上，491-492。

哪些规则需要被有意接受、制定或颁布。例如，亚当·斯密以一种比马克思更传统的方式进入了扩大财产范围的争论。他界定了霍布斯和"神灵"之间的争论，我们已经看到霍布斯把财产放在社会规则的范围内……斯密"努力证明自然状态不是战争状态，努力表明在这个状态下的人有属于他的某些权利，例如对他的身体、劳动成果和履行契约的权利。普芬多夫用这个设计写出了他的宏论。第一部分的唯一意图就是驳斥霍布斯，在现实中没有任何意图来处理自然状态中产生的法律，或通过什么方式继承财产，因为根本就不存在这样的状态"[①]。虽然斯密后来也清晰地意识到规则或缺乏规则在实现分配，特别是广泛分配中的作用，是这场争论中的唯一一个关键问题，然而在这里，他提出了政治、法律和抽象的伦理问题，即如何以确定的方式接受财产规则。

一般的教训是，根据公认的政治、法律和道德规则（事实上，这些规则总是以某种方式与生产资料的分配联系在一起）定义的财产越多，于是（1）扩大范围的财产越多，（2）从强的社会义务中脱离出来的私人财产就越少，尤其是那些具备了伦理正当性的基于消极自由的不受限制的私人财产。然而，从（1）和（2）到（3），对财产正义的具体解释是相当漫长的一步。财产正义理论家在一般社会规则、抽象伦理规则、正式的政治和法律规则以及正在被使用的经济分配概念上所施加的权重不同，例如，概念究竟是广义的还是狭义的等等，可以将他/她推到形形色色的方向上去。例如，正如我们所看到的，洛克在财产正义问题上被推到了许多方向，尽管在《政府论》下篇"论财产"一章的末尾，通过在定义财产时刻意忽略政治规则的必要性，他更倾向于证成不受限制的私人财产。相比之下，霍布斯、卢梭和黑格尔都比洛克（远远超过诺齐克）更加强

---

① Adam Smith, *Lectures on Jurisprudence* (Oxford: Oxford University Press, 1978), 398.

调政治、法律、社会和伦理规则的重要性，而霍布斯最强调的是形式上、法律上的接受；霍布斯和卢梭都不如洛克（也远不如诺齐克）和近来的自由主义者那样倾向于证成不受限制的私人财产权。①马克思在《大纲》中对财产的描述符合这场争论，因为他不是通过强调正式的法律或甚至是政治性的接受来扩大财产范围，而是强调了财产的社会性接受，以及财产的社会性接受与生产资料分配规则之间的联系。

因此，扩大财产范围的理论可以通过直接将财产与经济分配的任务联系起来进行处理，无论是广义的还是狭义的；或者，它也可以通过在实行一个统一的财产制度时必须有广泛的社会、政治、法律和伦理规则来加以实现，以及继续展示这些规则如何帮助分配。相反，如果财产不需要任何或多个社会、政治、法律或伦理规则，或分配规则，那么根据正义规范进行分配可以被视为财产的事后侵害。以这种方式看待财产将是（1）自由主义者对范围的定位。从（1）开始，随之而来的是（2）忽略财产所有权产生的社会义务的一般承诺，以及（3）具体的正义规则，强调平等和物质团结之上的消极自由。一个绝佳的现代例子就是诺齐克，他的（3）正义规则直接来自于他的（1）拒绝扩大财产范围，以及（2）随后拒绝接受财产所有权所产生的强的社会义务。②但如果（1）扩大财产范围是根据促进分配的社会、政治、法律或普遍的伦理规则而被定义，然后（2）对由财产产生的社会义务的一般性解释，以及（3）正义的平等、物质团结和消极自由的具体解释，可以被看成是财产扩大范围的一个方面或是直接由财产的扩大范围所产生的东西。必须区

---

① Locke, *Two Treatises on Government*, 291-296, 299-302; Hobbes, *Leviathan*, 188; Rousseau, *Social Contract*, 120-121; Hegel, *Hegel's Philosophy of Right*, 139; Nozick, *Anarchy, State, and Utopia*, 174-182.

② Nozick, *Anarchy, State and Utopia*, 150-153.

分（3）的两种可能性，第一种可能来自（1）和（2），第二种可能只是（1）和（2）的一个方面。在第二种情况（2）中，财产正义的附带说明更像是（1）和（2）所定义的财产的一种表面现象，因此更容易被认为缺乏使正义说明成为一个完整的伦理理论所需要的道德反思性。在第一种情况下，这种批评是不可行的，因为正义的概念是自足的，即便它产生于财产的概念。

马克思在《大纲》中关于财产伦理学的详细描写暗示了对（1）的接受，这是扩大范围的论点的共同版本，以及（2）源自（1）的规范性社会义务的共同版本。然而，从（1）和（2）所产生的坚持（3）任何非常具体的物质团结的要素（或消极自由和平等原则）至多是粗略的。然而，相比于他以前的著作，马克思更详细地描述了《大纲》的公有财产中一个具体的团结的内容。马克思提出了这样一种观点：从早期的宗族或部落财产中，出现了三种可能的变化，即（1）"东方人"，以及埃里克·霍布斯鲍姆（Eric Hobsbawm）恰当地称之为"某种模糊的斯拉夫形式"，（2）日耳曼形式和（3）一种古老的西方财产形式，主要是希腊和罗马形式。①

我们已经看到，在《大纲》中，马克思致力于（1）扩大财产范围。那么，马克思又在多大程度上致力于：（2）源自财产的社会义务的规范性解释，以避免简单地（1）扩大范围？有些从（1）到（2）的运动是必要的，因为一旦有人采纳了财产包括在其分配规范中的观点，财产的普遍反自由主义社会内容的运动便自然会发生。然而，对于马克思来说，要实质性地证明（2）财产的社会义务和（3）财产正义，就需要对财产本身进行更详细的论述。

不幸的是，在马克思公有财产伦理学的《大纲》阶段，原始宗族的财产存在的概念，相比于后来所有的宗族元素都在现代私有制

---

① Hobsbawm, "Introduction" to Marx, *Precapitalist Economic Formations*, 25,37.

中被分解了，这个概念并未得到很好的处理。这就妨碍了如何从（1）扩大财产范围到（2）财产正义的一般性社会内容的明确表述。①部分问题在于，马克思在《大纲》中对什么构成了最初的"部落"或"宗族"的公有财产的本质并没有给出精确的描述。他谈到共同体，将其描述为"一个宗族制度，一个或多或少修正之后的宗族制度"的自然生产条件之一。②但是，与他后来的著作相比，并未看到他努力去证明，宗族财产的人类学概念是如何显示其如下的逻辑特性：（1）扩大范围，（2）一般性社会内容和义务，（3）具体的财产团结原则。

由于这个缺憾，马克思在《大纲》中对公有财产社会——东方/斯拉夫，日耳曼和古希腊古罗马——三大发展的解释似乎陷入了两端之间。一方面，它们有时似乎只是宗族财产的偶然发展。事实上，它们似乎是公有财产的表达，被简单地定义为从中产生的扩大了的范围和规范性的社会义务。另一方面，它们有时也似乎是来自原始宗族财产的必要的和顺应道德的发展，其自身呈现为（1）扩大的范围和（2）规范性社会内容的关键逻辑特征的人类学表达。我相信，这一振荡的现象解释了马克思在《大纲》中的关于（3）财产中任何具体的物质团结形式的肯认为何比之后1872年的著作要模糊得多。然而，仔细检视马克思的《大纲》，在他关于东方/斯拉夫、日耳曼、古希腊和古罗马的财产形式的评论中，我们确实发现了（3）一些关于他在财产上的伦理立场的具体细节，从而也发现了他对财产正义的论述。

---

① Hobbes 在他的 *Leviathan*（212—213）对财产分配的讨论中也经历了从（1）至（2）的类似困难。

② Marx, *Grundrisse*, trans. Nicholaus, 492.

### 1. 东方/斯拉夫人的财产

在马克思的《大纲》中，东方/斯拉夫、日耳曼和古希腊以及古罗马的财产模式是宗族或部落原始公有财产的三种方式。马克思显然只反对其中的一个，即东方人的，他认为东方人是专制的。然而，即使是专制的公有财产也可以揭示公有财产的一些逻辑特征，特别是其规范性的社会内容和义务，这些都可以发展出对扩大范围的接受。但是，当然，在这个专制的东方公有财产的例子中，我们必须特别小心，不要在没有进一步前提的情况下，从（1）扩大范围和（2）社会义务走到（3）平衡财产正义中物质团结、消极自由的细节描述。①

对于"东方"公有财产，马克思强调，其内部土地的占有不仅仅是由其本质决定的。它是通过一个特定的社会共同体来完成的。"宗族社会，即自然社会，似乎不是土地共同占有（临时）和利用的结果，而是土地共同占有（临时）和利用的前提。"②马克思在这一公有财产中区分了两个因素：第一，共同体调整个人财产的观念，第二，共同体由专制统治者代表的观念。"每个人只把自己作为一个纽带，作为这个共同体的一员，作为所有人或所有者……因为这个联合是所有真实个体和公有财产的真实前提，所以这种联合可以作为一个特定的实体出现。"③

这清楚地表明，财产背后的共同联合可以是民主的，也可以是专制的，马克思不赞成任何东方形式的财产的特定的团结结构，并且他显然更感兴趣的是第三种财产类型，即基于古希腊和古罗马城邦的西方形式。事实上，从马克思对第三种古代西方财产类型的评

---

① Hobsbawn, "Introduction" to Marx, *Precapitalist Economic Formations*, 25, 37.
② Marx, *Grundrisse*, trans. Nicholaus, 472.
③ 同上，472-473。

论来看，它和第一种东方财产类型一样，并未建立在某种财产制度之上，在这种制度下，共同体的实质是"其中的个人仅仅是偶然的发生"，我们可以推断，马克思不会认可任何直接从（1）财产对社会分配规范的逻辑依赖和扩大财产范围到（2）一般性强调财产的社会义务或（3）完全吞没个体的公有财产正义的具体形式。[①]这并不意味着不存在从（1）财产的范围扩大到（2）财产的一般性社会内容或义务的分配，再到（3）团结（以及平等和自由）的具体原则的逻辑路线。这仅仅意味着东方的财产制度不能以这样的方式重建：它的（2）一般性的社会内容和义务，以及（3）财产正义的具体细节源自（1）扩大的范围。相反，（2）和（3），因为它们在东方社会的财产制度中，能在东方社会的专制的残酷事实中得到更好的阐释，也就能更好地将这种解释迁移到财产制度中。公有财产的其他模式是否有其他希望来证明一些更清晰的逻辑路线，即从扩大范围到一般性的社会内容，再到财产正义的具体细节？在考虑日耳曼和古代西方制度之前，应当先看看东方形式中晦暗不明的斯拉夫版本。

　　斯拉夫人的财产形式在《大纲》中确实很模糊。尽管马克思在总结中声称他已经解决了这一问题，但马克思主义历史学家埃里克·霍布斯鲍姆（Eric Hobsbawm）只能找到两处马克思真正讨论这一问题的地方。[②]在第一处，马克思曾将其称为东方形式的简单版本。在另一处，他认为这在一定程度上改变了东方形式的直接公有财产。很明显，我们并没有从斯拉夫人的财产中了解到马克思关于财产正义的理想。这在受摩尔根影响的时代下发生了巨大的变化，当时俄罗斯的财产形式成为财产正义的关键。《大纲》关于日耳曼

---

① Marx, *Grundrisse*, trans. Nicholaus, 474.

② Marx, *Precapitalist Economic Formations*, 88, 97.

形式的描述也没有告诉我们从扩大范围的财产到社会内容再到财产正义中物质团结（或消极的自由和平等）的具体细节的逻辑路线。在《大纲》中对古代西方，特别是希腊和罗马的财产有更好的关于财产正义的细节说明。

2. 日耳曼人的财产

马克思否认凯撒和塔西佗时代的罗马人所观察到的古代日耳曼人部落是公有财产的共同拥有者，他们和东方公有财产的参与者不一样。①他认为古代日耳曼形式是比东方形式更加松散的财产形式，"从已有的外部观察来看，公社的存在只在于公社成员的定期聚会（Vereinigung）中……作为一个由独立主体，土地所有者组成的联盟，而不是一个联合体"②。马克思并不否认有公地的存在，在古代日耳曼部落中被称之为罗马公地（Ager Publicus），但他认为，土地似乎"仅仅是对个人财产的补充"。马克思接着提出了一个重要的概念，即"个人财产似乎不是由公社调整的；相反，公社的存在和公有财产的存在似乎是由独立主体相互之间的关系所调整的"。马克思的结论是，日耳曼式财产的公共本质中体现的主要行为是部落对抗其他部落的财产防御。③从这些论点来看，马克思从（1）其财产范围的扩大中衍生出来的（2）规范性社会内容是如此普遍，几乎没有任何内容，而且似乎也不需要（3）财产正义的细节，无论是团结、平等还是消极自由。虽然东方/斯拉夫和日耳曼的财产形式都符合马克思扩大范围的论点，但前者却相当任意地发展了财产的专制集体主义，后者也同样任意地发展了个体财产所有者之间的更为松散的联系。也许有人会问马克思类似这样的问题，例如财产

---

① Marx, *Grundrisse*, trans. Nicholaus, 477.

② 同上，483。

③ 同上，483—484。

理论家奥诺雷（A. M. Honoré）设想了一个部落，可能不同于诺齐克式的自由主义者采纳的西方财产形式，奥诺雷的"公正"权利是他的新发明，像一个鱼钩钓来了所有的成果。马克思需要对此作出解释，因为大家认为他的进路是任意的。[1]东方集体主义会被这里描述的日耳曼部落视为任意的吗？日耳曼的形式会被东方的财产所有者视为同样任意的形式而遭到拒绝吗？从马克思的简要叙述中很难得到答案。然而，马克思是古代经典的爱好者，他对西方古代财产的描述，确实给了我们一些具体的财产正义伦理的暗示。

### 3. 古代希腊和罗马的财产

马克思对古代西方公有财产形式的描述，有许多独特之处。首先，他提到的对象有时并不清楚。他的例子中，罗马是占优势的，但他也指出，他的叙述对古希腊、罗马和以色列都是适用的。西方古代财产形式的主要特征似乎是它把人们集中在一个城市里，因此，马克思主要致思于罗马和雅典。[2]马克思引用了古代历史学家如李维和普鲁塔克，以及19世纪研究罗马的德国著名历史学家B. G. 尼布尔（B. G. Niebuhr），他们都一致提到公元前5世纪罗马和雅典分头迈向了共和制或民主制的发展道路。在马克思的一篇重要引文中提到尼布尔认为，努玛的重大经济任务（根据普鲁塔克的说法是罗马的第二任勒克斯王）是制定明确的法律，以确立对土地的安全的继承；尼布尔概括说，这种财产立法的特征是"所有的古代法律的制定者"[3]。马克思似乎延续了尼布尔的观点，将这些土地所有者描述为自由和平等的关系，而且他们完全没有义务以东方财产形式的参与者的方式进行共同劳动。[4]马克思在这里似乎奇怪地

[1] Honoré, *Property, Title and Redistribution*, 88-90.
[2] Marx, *Grundrisse*, trans. Nicholaus, 476.
[3] Marx, *Grundrisse*, trans. Nicholaus, 476.
[4] 同上，475。

接受了某种程度上不加批判的玫瑰式愿景，把西方古代财产看作是包括自由和平等的所有者，他没有强调现代马克思主义者如杰弗里·德·斯特·克罗伊克斯（Geoffrey de Ste Croix）或非马克思主义者如 M. I. 芬利（M. I. Finley），甚至普鲁塔克和李维提出的阶级结构，而后者在当时将阶级结构视为一种扰乱。①然而，马克思的叙述还有另一面，也可以从普鲁塔克和李维那里得到证明，也就是说，在公元前 5 世纪罗马和雅典共和国/民主国的经济世界中，财产的公共方面继续以实践和理想的形式影响着私有财产的所有者。一个明显的例子就是战争。马克思再一次重复了普鲁塔克和李维关于罗马战争和雅典与斯巴达战争中精神的论述，"因此，战争是一项综合性的伟大任务，是伟大的共同劳动"②。

马克思接着说："这里的公社，其成员是由从事劳动的土地所有者和有少量财产的小农组成的，因此农民的独立性取决于他们与公社成员的相互关系，他们既是公社的成员，又是为着公共需要和共同荣耀等的罗马公地的保护者。"③我们可以说，古罗马和雅典的

---

① De St. Croix, *Class Struggle in the Ancient Greek World*; M. I. Finley, *Politics in the Ancient World* (Cambridge: Cambridge University Press, 1983), 1–23; Plutarch, "Coriolanus," "Tiberius Grachus," in *Makers of Rome* (Harmondsworth, Middlesex: Penguin, 1965), 18, 19, 20, 24, 25, 30, 33, 161, 172; "Theseus," "Solon," "Cimon," in *Rise and Fall of Athens*, 41, 47, 54–55, 62–63, 157; "The Comparison of Aristides and Marcus Cato," in *The Lives of the Noble Grecians and Romans*, 432; Livy, *Early History of Rome*, 50, 54, 65, 67, 74, 75, 81, 82, 94, 85, 87, 88, 89, 105, 114–115, 161–163, 168, 170–171, 173.

② Marx, *Grundrisse*, trans. Nicholaus, 474. See Livy, *Early History of Rome*, 73, 81, 105; Plutarch, *Rise and Fall of Athens*, 160–206; Coriolanus, *Makers of Rome*, 26; "The Comparison of Tiberius and Gaius Grachus," in *Lives of the Noble Grecians and Romans*, 1019–1021.

③ Marx, Grundrisse, trans. Nicholaus, 475; see Ellen Meiksins Wood, *Peasant-Citizen and Slave* (London: Verso, 1988), 28–35, for a class critique of ancient Greek communities.

公有财产形式一方面实现了消极自由的伦理目标的平衡，另一方面实现了物质团结的平衡，马克思似乎更偏爱这种平衡，他认为这种财产形式在后来的日耳曼形式和东方的专制形式中变得支离破碎了。在古代西方的公有财产形式中，公有财产和私人财产之间保持着平衡："在公社中的成员身份仍然是领地和土地征用的前提，但作为公社的成员，个人是私有财产的所有者。"此外，"个体被置身于这样一种谋生的条件中，即不以获取财富为目的，而是以自我保存为目的，以社会成员的身份进行自我的再生产；以所有者的身份进行自我的再生产"。① 马克思也回到了同样的问题上，他问道："我们是否从未从古代中发现过关于哪种形式的土地财产等最具有生产力，能创造出最大财富呢？财富似乎并不是生产的目的。……问题始终是到底是哪种财产模式造就了最优秀的公民。"②

在这些评论中值得注意的是，马克思乐意于沿着例如普鲁塔克和李维这样的古希腊和罗马的共和主义作者的进路继续前行，他们着力强调经济行为中的公共精神如何不能兼容贸易与公民身份的共存。此外，马克思并没有简单地从阶级的角度，即从利益的角度，提出这一点，例如，在这里他并未强调罗马贵族阶级是平民阶级的对立面。事实上，在他看来，公民价值高于财富的劝诫似乎至少部分地来自罗马的平民。③ 马克思的描述的另一个重要特征是，早在他阅读摩尔根之前，他就已经意识到了宗族概念对古罗马以及希腊社会的适用性。马克思几乎完全遵循尼布尔的观点，断言道："在古代世界，没有比亲属集团更为普遍的制度了。"通过在后来使用摩尔根的相同证据，马克思使得这一观点更加聚焦，他在宗族的基

---

① Marx, *Grundrisse*, trans. Nicholaus, 475–476.
② 同上，487。
③ 同上，477。

础上区分了血族和地方性。公元前509年雅典领导人克利斯滕斯的改革被认为是使后者高于前者的关键。[①]

综上所述，可以清楚地看到，古代西方的财产形式是三种公有财产形式中最具活力和最受欢迎的一种。显然，和其他财产制度一样，马克思也按照（1）扩大范围的财产理论来对其进行分析。与其他公有财产形式一样，它也与（2）由扩大范围的财产产生的普遍的规范性社会内容和义务相关。但是（3）财产正义中的物质团结、平等或消极自由的细节并未清楚而合乎逻辑地从（1）和（2）显示出来，但这些细节已经远远多过了东方/斯拉夫或日耳曼财产形式中的情况。然而，马克思也明确地表明了对古希腊和罗马模式的偏好，以及对所有公共模式（东方模式除外）的某些方面的偏好，而非对现代私有财产的偏好。重点似乎是，尽管（2）规范的社会内容和（3）物质团结、消极自由和平等的具体细节在任何这些财产模式中都可能是错误的，但是，所有的社群主义模式都应与现代私有财产模式进行对比，后者虽然扩大了范围，但却很少激发人们对大量的、大多数或所有扩大范围的财产的否认，包括（2）社会义务和（3）财产的细节。

这种对私有财产在社会生产经济产品的方式中运作的批判，似乎是马克思的结束语中的要点，在结束语，他设想了一个孤立的个体开始以利用动物的同样方式来将人当作奴隶的可能性，这种方式即生产的自然条件。为了反对这种可能性，马克思指出：

> 这种观念是愚蠢的，可能从某些特定的宗族或公社的角度来看是正确的——因为它是从孤立的个体发展出发的。但人类只有通过历史进程才能成为个体。他最初是作

---

[①] Marx, *Grundrisse*, trans. Nicholaus, 478.

为物种（Gattungswesen）而存在，然后是宗族动物、畜群动物……交换本身就是这种个体化（Vereinzelung）的主要手段。它使得畜群体般的存在变得多余然后消解了它。很快，事情发生了这样一种转变：作为一个个体，他只把自己与自己联系起来；而他把自己定位为个体的手段，则成为他的普遍性和共性的体现。在这个共同体中，作为所有者，例如土地所有者的个人目标是预先设定的……在资产阶级社会中，以工人为例，在主观上完全没有客观性地站在自己的立场，然而，他的对立面现在变成了真正的共同体（Gemeinwesen），工人试图在此谋生，而这里则给予他谋生的可能。①

因此，对于马克思来说，现代私有财产中社会性的方面被错误地否定了。但是哪一个社会性的方面呢？它没有任何明确的意义指向（2）一般性的社会规范义务和内容，或（3）被否定的财产正义中物质团结和平等的具体细节。在现代私有财产中似乎被否认的是（1）扩大范围本身。但是，拒绝扩大范围需要一个自由主义者的立场（2）和（3）。

在《大纲》中，马克思远远超越了霍布斯、卢梭、黑格尔和现代批判性法学研究的这类扩大财产范围的理论家，马克思描述了在前资本主义经济形态中，财产的扩大范围的方面是如何比现在的资本主义更清楚地支配财产，即通过将更多的财产置于某种形式的公共控制之下，共同体在创造财产制度方面的作用得到奖赏。马克思把财产视为以社会分配规则为基础的方法论，并将它与一种道德哲学联系起来，认为财产应该是更加物质团结的，也就是说，它应该

---

① Marx, *Grundrisse*, trans. Nicholaus, 496.

更好地限制经济生产和生产资料分配中个人目的和社会目标之间的对立。但是，它应该做多少，以及如何增加财产的物质团结，以及如何在消极自由和平等中达到三者的平衡？在第五章中，随着马克思主义社群主义财产正义的展开将会浮现更多的细节。

# 第五章
# 社群主义的马克思主义财产和正义理论的历史性展开

马克思的社群主义财产伦理学的第二阶段，展现在关于不同社会财产形式研究的一系列社群主义的马克思主义著作中，时间上从法语版《资本论》的问世一直延伸到马克思运用摩尔根（Morgan）《古代社会》部落财产理论而完成的相关作品。1872 年至 1883 年这段时期反映了社群主义的马克思主义对各种非资本主义财产制度的研究。确实，社群主义的马克思主义财产伦理理论变得越来越复杂，而财产的人类学多样性也越来越显露出来。新观点首先在 1867 年出版的《资本论》所发生的变化中得到了清晰的表达，体现在 1872 年至 1875 年法语版《资本论》的翻译过程中，马克思越来越同情人类的公有财产遗产。对这一遗产的探索集中体现在（1）马克思自己对俄国财产理论的持续深入研究，（2）恩格斯对日耳曼—欧洲财产理论的研究。[1]其中比较重要的作品有马克思 1881—1882 年《人类学笔记》（以下简称《笔记》）中关于摩尔根的笔记；

---

[1] 关于马克思 1867—1883 年思想的发展变化，见 Haruki Wada, "Marx and Revolutionary Russia," in Teodor Shanin, ed., *Late Marx and the Russian Road: Marx and the Peripheries of Capitalism* (New York: Monthly Review, 1983), 44–48. 关于马克思的晚期作品见 Kevin Anderson, *Marx at the Margins* (Chicago: University of Chicago Press, 2010)。

马克思对俄国政治的具体介入,包括他给流亡的俄国民粹主义者维拉·查苏利奇(Vera Zasulich)的《复信》和四封《复信草稿》;给俄国《祖国纪事》杂志编辑部的信;马克思恩格斯1882年俄文版《共产党宣言》序言;恩格斯1882年的《马尔克》(Mark)和1884年《家庭、私有制和国家的起源》(以下简称《起源》),以及为1888年英文版和1890年德文版《共产党宣言》写的序言和笔记。[1]

这些著作背后体现了三方面的政治和理智发展。一、马克思试图回应俄国社会主义者的辩论,特别是想了解俄国农村公社的作用,以及与俄国民粹主义(Narodnik)政治的关系。二、通过运用摩尔根关于人类部落起源的理论,马克思重新评估传统和当时的公有财产制度。在给查苏利奇的一封复信草稿中,马克思明确将这两个方面的发展联系起来。但有待探索的是,这种联系对于旨在消灭阶级社会的财产正义伦理学的重要性。[2] 三、马克思和恩格斯利用传统公有财产制度,以便更好地了解当时(1881—1884年)西欧和美国的无产阶级面对日益增长的工业化时的政治任务。

从社群主义的角度来看,马克思晚期思想无疑是对他早期开启

---

[1] Marx, *Ethnological Notebooks*. 马克思对俄国政治的具体介入,包括给俄国流亡民粹主义者查苏利奇的复信及其草稿,给俄国《祖国纪事》的信,以及马克思恩格斯1882年为俄文版《共产党宣言》写的序言,所有这些参见 *Late Marx and the Russian Road*;恩格斯的《马尔克》《起源》以及两篇序言见 Dirk J. Struik, ed., *The Birth of the Communist Manifesto*, (New York: International Publishers, 1980). 关于马克思的原始草稿和书信,见"Lettre à Vera Zasulich" (Première Projet, Deuxième Projet, Troisième Projet, Quatrième Projet et Lettre à Vera Zasulich), in Marx/Engels, *Gesamtausgabe,* Erste Abteilung, Band 25 (East Berlin: Dietz Verlag,1985), 219-242. 这些草稿最早在1924年以俄文出版,1925年以德文出版。沙宁(Shanin)遵循这些手稿的原始页码,但本人并不同意这种编排。

[2] Marx, "Drafts of a Reply: The First Draft," in *Late Marx and the Russian Road*, 107.

理智生涯的伦理思想的进一步深化。在对社群主义伦理的深化中，一个完整的公有财产正义理论开始出现：（1）马克思后期关于俄国或斯拉夫公有财产的观点；（2）恩格斯关于日耳曼公有财产的论述。然而首先什么是宗族（clan）、氏族（gens）、部落（tribal）财产，以及它们如何与社群主义伦理有关？

在《政治经济学批判大纲》中，马克思谈到了（美洲印第安人式的——译者加）宗族或部落财产；在第二阶段，他谈到了（古希腊罗马时期的——译者加）氏族财产。氏族财产作为对部落或宗族财产的具体解释，这一想法标志着摩尔根、马克思和恩格斯共同关于宗族或氏族财产论述的开始。在马克思《大纲》关于公有财产论述中，我们已经看到宗族或宗族财产的概念是含混的。他的论述主要依赖于他关于古希腊和古罗马认识中的人类学证据。在马克思（包括后来的恩格斯）阅读完摩尔根《古代社会》后，这种情况发生了变化。对于摩尔根来说，财产随着"蒙昧""野蛮""文明"时代的技术演进而发生变化，即和人类与食物供应和生计之间关系有关。但是，虽然财产形式之间的差异开始于提供食物的不同技术，这些差异只有通过社会的财产继承概念才能得到充分阐释。虽然摩尔根没有这么说，但显然在根据成员的传承定义氏族和根据继承（物品的传承）定义财产之间存在着结构上的相似性。在氏族成员或氏族财产任何一种情况下，我们通过理解每一种善（群体中的有形财产或成员）是如何传承给子女的，才能达到对人们社会境况的正确理解。[1]因此，继承法定义财产，就像定义氏族成员怎样传承的法律定义氏族本身一样。摩尔根认为有三种继承（财产）法，这

---

[1] Morgan, *Ancient Society,* 528. 中译文见摩尔根：《古代社会》上册，杨东莼、马雍、马巨译，北京：商务印书馆，1981年版，第535页。

三种前后相继，最后一种标志着氏族开始解体：财产作为遗产传承给（1）氏族成员，（2）同宗亲属的单一男性或女性，（3）自己的子女。

即便是第一种氏族财产法，摩尔根也做出重要的限定，"实际上，它们（死者的所有物——作者注）为其近亲所占有；但是，财产应留给死者的氏族，并分配给其成员，这条原则是普遍的"①。此外，关于第一种继承法也有两个变化，提供了通向第二种财产法的桥梁。第一个变化是，当第一种继承法发展到高级野蛮社会，土地仍然是公共的，但耕地的"所有"（possessory，摩尔根语）权已被视为个人或集体的可继承的东西。②然而，这似乎只是第一种继承法的微小变化，或许表明认识到一个实际情况，即近亲可以使用原本属于整个氏族的遗产。一个根据性别的更重要变化是，即使当摩尔根称之为更古老的母系社会发展到父系社会，财产和继承可能仍然遵循母系血统。③

摩尔根自己视第一种财产法的这些变化为第二种继承法的萌芽，后者他称之为"宗亲"（agnatic）。"宗亲"这个词指的是男性亲属，但摩尔根却很奇怪地在男性或女性的直系后裔意义上使用，不过男性的例子仍占主导地位。那么宗亲继承和氏族继承之间的区别就在于，在后者中继承的财产属于整个氏族，而在宗亲形式中继承的财产只属于子女后代，无论是单身男性还是单身女性。④

第二种宗亲继承法也有两种变化。这两种变化作为过渡通向了第三种财产继承法，其中财产传承给自己的子女。宗亲继承发生的

---

① Morgan, *Ancient Society*, 528. 中译文见摩尔根：《古代社会》上册，杨东莼、马雍、马巨译，北京：商务印书馆，1981年版，第535页。

② Morgan, *Ancient Society*, 530.

③ 同上，531。

④ 同上。

第一个变化就是,在"野蛮阶段"中期,新的个人和集体使用物品的实践组合已经出现,这些从根本上并没有推翻宗亲继承的原则。从物质上看,这些变化似乎集中在摩尔根所谓的"共同住宅"(joint tenement houses)上,即几个独立家庭单元共同占有房子,这是一种新的财产状况,似乎将更多刺激个人使用土地和其他物品。但是,这还不是完全意义上的私有财产,甚至也不是第三种财产法。

> 当时还未出现个人对土地或房屋拥有主权、可以任意出卖或出让给他所愿意的任何人的情况,这样的情况在当时也不可能出现。他们的氏族和团体共有土地的方式,都不容许个人占有土地和房屋。有权把这样的土地或这样的房屋的某一份出卖或出让给一个不相干的人,势必会破坏他们的生活方式。①

关于宗亲继承的第二个变化,即向男性世系的转变,摩尔根几乎没有提到,而是由恩格斯提出的。虽然摩尔根已经确定男性世系逻辑上可以与女性世系的财产继承共存,然而,他显然认识到氏族世系和氏族财产继承之间的结构相似性,在大多数情况下确保父系世系通过父系继承。但摩尔根并没有像恩格斯那样强烈地将这两者联系起来。②

关于第三种财产继承法,摩尔根最多只提供一种草图:个人家庭对自身财产的所有权以及通过子女来继承财产。③第三种继承法

---

① Morgan, *Ancient Society,* 535-536. 中译文见摩尔根:《古代社会》上册,杨东莼、马雍、马巨译,北京:商务印书馆,1981年版,第541—542页。
② 同上,538。
③ 同上,543。

## 第五章 社群主义的马克思主义财产和正义理论的历史性展开

开始于"野蛮社会"的高级阶段，但只有文明和技术才能使其充分发挥作用，特别是食物采集以及相关方面。摩尔根并不认为易洛魁人已经达到了第三种财产阶段，尽管他们正在朝着这一方向发展，虽然摩尔根跟他们同住和观察他们，并写出关于他们的经典人类学著作。①

然而，摩尔根对技术决定论的拥护从未结束，他确实提供了第三种财产法开始在 19 世纪美国原住民中生效的证据，即使他们尚未获得与之相关的技术："现在，在先进的印第安部落中，对于氏族继承法的反感已经开始表现出来。在某些部落，已将它推翻，而代之以由子女继承财产。"②事实上，从早期财产法发展出第三种财产法中，摩尔根的大部分证据并非来自易洛魁人，而是来自古希腊和古罗马。③

摩尔根似乎认为第三种财产法是一个必要的发展阶段，但它不必完全推翻旧的公有财产形式和与之相关的文化**精神**（ethos）。事实上，摩尔根对于第三种财产法和一般私有财产的发展产生的相关道德问题深有感触。他在《古代社会》的结尾对人类财产事业的著名非难，激发了恩格斯和马克思。

> 自从进入文明社会以来，财富的增长是如此巨大，它的形式是如此繁多，它的用途是如此广泛，为了所有者的利益而对它进行的管理又是如此巧妙，以至这种财富对人民说来变成了一种无法控制的力量……但是，总有一天，人类的理智一定会强健到能够支配财富，一定会规定国家

---

① Morgan, *Ancient Society*, 540.
② Morgan, *Ancient Society*, 531. 中译文见摩尔根：《古代社会》上册，杨东莼、马雍、马巨译，北京：商务印书馆，1981 年版，第 538 页。
③ Morgan, *Ancient Society*, 541–544.

· 203 ·

对它所保护的财产的关系，以及所有者的权利的范围。社会的利益高于个人的利益，必须使这两者处于一种公正而和谐的关系之中。单纯追求财富就不是人类的最终的命运了……政治上的民主、社会中的博爱、权利的平等和普及的教育，将揭开社会的下一个更高的阶段……这将是古代氏族的自由、平等和博爱的复活，但却是在更高级形式上的复活。[1]

这种对财产伦理的训词和总结表明，摩尔根将会非常同情（1）范围扩大的财产概念。这里从（1）中，他甚至似乎得出（2）社会规范性强的内容。然而，摩尔根关于（3）团结、消极自由和平等的细节仍然非常模糊，包括通过（1）和（2）私有财产是如何被消灭，共同财产如何实现的。简而言之，在摩尔根那里我们没有发现详细的财产正义伦理学，后者只能在马克思和恩格斯那里找到，当他们分别将财产正义应用于（1）俄国和（2）日耳曼—欧洲。但在讨论这些论述之前，我们必须先行研究马克思和恩格斯对摩尔根的氏族公有财产一般伦理学的补充发展。

在《起源》中，恩格斯通过他所说的"共产制家庭"（communist household）各个阶段的论述，为氏族公有财产一般伦理学作出了贡献。我们已经看到，摩尔根提出虽然第一种继承法中财产传承给整个氏族，但实践中财产经常只留给宗亲。在描述野蛮社会的家庭时，恩格斯明显提到了这种情况，同时也提及氏族制度的"共产主义"传统。[2]恩格斯推测在这种"共产主义"传统中，每个家庭

---

[1] Morgan, *Ancient Society,* 552. 中译文见摩尔根：《古代社会》上册，杨东莼、马雍、马巨译，北京：商务印书馆，1981年版，第556页。

[2] Engels, *OFPPS,* 141.

的男人和女人都拥有自己的工具："家庭经济是共产制的，包括几个、往往是许多个家庭。凡是共同制作和使用的东西，都是共同财产：如房屋、园圃、小船。"①

恩格斯认为，在纯粹氏族财产下的家庭与现代西方私有制下的家庭之间存在很多中间形式。他认为纯粹氏族财产下的家庭生活是杂交（promiscuity，或译群婚）。第一个与共产制财产兼容的中间家庭形式，是"普那路亚"（punaluam）婚姻和家庭类型，其中在氏族内部家庭禁止父母与子女以及兄弟姐妹之间通婚。第二种兼容的中间婚姻形式称之为"对偶制"（pairing）家庭，实行专偶婚制（一夫一妻制——译者注），但不是很严格。这两种家庭类型显然都与共产制家庭财产完全兼容："这种对偶制家庭，本身还很脆弱，还很不稳定，不能使人需要有或者只是希望有自己的家庭经济，因此它根本没有使早期传下来的共产制家庭经济解体。而共产制家庭意味着妇女在家内的统治。"②因此，显然在共产制家庭的两个中间形式中，第一种氏族公有财产继承法继续占上风。

那么问题出现了，恩格斯如何对待第二种财产继承法？如果从氏族群婚家庭过渡到普那路亚和对偶制家庭并没有产生第二种宗亲继承法，那么怎样才能产生呢？恩格斯没有回答这个问题，主要是因为他并没有真正考虑过第二种继承法。摩尔根曾模糊提到，关于兄弟姐妹之间的第二种宗亲继承法，成为从纯粹氏族公共继承向纯粹现代家庭继承的过渡。不同于摩尔根，恩格斯描述了一个半共产、半私人的基于财产的家庭，称之为"家长制家庭"（patriarchal household），并将其视为氏族公有财产和现代私有财产之间的真正

---

① Engels, *OFPPS*, 196. 中译文见《马克思恩格斯文集》第 4 卷，第 178 页。
② Engels, *OFPPS*, 78. 中译文见《马克思恩格斯文集》第 4 卷，第 59—60 页。

过渡。①恩格斯强调了家长制家庭作为经济和财产形式而存在。它的本质特征已经被摩尔根提出，恩格斯也引用过，作为"若干数目的自由人和非自由人在家长的父权之下组成一个家庭，整个组织的目的在于在一定的地域范围以内照管畜群"②。

在某些方面，恩格斯专注于与摩尔根第二种宗亲继承法相关的新的家庭形式，这并不是革命性改变摩尔根的理论。我们可以说，这只是通过赋予一个家庭形式即家长制家庭，使得第二种宗亲财产继承法更加感性具体。然而在财产正义方面，这种转变却更加激进。一方面，恩格斯由此形成了《起源》的中心论点：(1) 将遗产带离氏族并走向更加限定范围的欲望和 (2) 男性靠自身能力获得更多的权力，之间的因果关系。对于这两个运动，家长制家庭是完美的工具。恩格斯对因果关系的解释很简单：氏族世系最适合氏族公有财产继承的发展。当氏族公共继承开始崩溃，那么它也有可能在战略上削弱氏族世系。家长制家庭的首领对母系氏族的攻击，不应理解为试图以父系氏族取代，这样将会与新的更加私人的财产形式不一致，母系氏族也一样。相反，家长制家庭的首领旨在创造一个私人家庭，导致氏族公有财产的灭亡。③正是从谴责公有财产灭亡的社群主义经济伦理学中，恩格斯发展了一种日耳曼财产模式，这种模式将财产中的公有元素保持活力。但在我们研究恩格斯对日耳曼财产伦理学的辩护之前，我们必须先谈一下马克思自己关于氏族公有财产及其发展命运的一般论述。

正如恩格斯的《起源》，在《笔记》中我们发现马克思对公有财产重要性的强调。马克思关于摩尔根和财产笔记的结尾这样写道：

---

① Engels, *OFPPS*, 87–88.
② Engels, *OFPPS*, 87–88. 中译文见《马克思恩格斯文集》第4卷，第69页。
③ Engels, *OFPPS*, 85–88.

"现在，财富的增长是如此巨大，它的形式是这样繁多，以至这种财富对人民说来已经变成一种无法控制的力量。"他接着引用《古代社会》中著名的结束语，摩尔根这样说道："单纯追求财富不是人类的最终的命运"，以及一个更高级的社会制度"将是古代氏族的自由、平等和博爱的复活，但却是在更高级形式上的复活"。这些话在马克思捍卫俄国农村公有财产的过程中再次重要地出现。[1] 确实，贯穿整个《笔记》，而不仅仅是在摩尔根部分，马克思对特定的财产形式进行了大量分析，这使得一种更为公共的财产伦理观成为可能。

然而，虽然马克思有时似乎在很强意义上想废除私有财产，仔细阅读表明马克思自己可能也指出第三条道路，在彻底的社群主义（解释为希望废除生产资料中的私有财产）和一个更为理想和自由的真正马克思主义正义观（生产资料中的一些私有财产是可能的）之间。[2]

要理解第三条道路，我们必须要问："在什么预设下马克思可以接受摩尔根对氏族财产的论述？"答案是，马克思本人只有扩大财产概念的范围，才能接受摩尔根的观点。如果马克思只根据个人占有自然的规则来定义财产，也就是说，如果他没有接受扩大化的财产概念论证，他不可能接受摩尔根的相关论述。马克思看起来接受了摩尔根财产理论的宽泛框架，毕竟这与在《大纲》中提出的财产概念很容易一致。对于马克思来说，"当财产开始大量产生和传财产于子女的愿望把世系由女系改变为男系时，便第一次奠定了父

---

[1] Marx, *Ethnological Notebooks,* 139; Morgan, *Ancient Society,* 552. 中译文见《马克思恩格斯全集》第一版，第45卷，第397—398页。

[2] Stanley Moore, *Marx against Markets* (University Park: The Pennsylvania State University Press, 1992), 82–83; Marx, *Ethnological Notebooks,* 120, 126–130, 133–136, 138–139, 143, 146–147, 163, 178, 180, 187, 197, 201–202, 211–213, 221, 223, 226, 234, 249, 253, 256, 258, 295–297, 300, 302,304, 307.

权的真正基础"①。

只有内涵扩大化的财产概念才能解释如此广泛的社会发展，如"父权"力量的增长。财产在其最有限的范围内，即个人和对象的简单联系，永远无法解释这样的发展。这种情况更加明显，当马克思补充说："导致专偶婚制的动力是财产的增加和想把财产传给子女——合法的继承人。"②马克思甚至概括道：

> 无论怎样高度估计财产对人类文明的影响，都不为过。财产曾经是把雅利安人和闪米特人从野蛮时代带进文明时代的力量。管理机关和法律建立起来，主要就是为了创造、保护和享有财产。财产产生了人类的奴隶制作为生产财产的工具……随着财产所有者的子女继承财产这一制度的建立，严格的专偶制家庭才第一次有可能出现……随着财产所有者的子女继承财产这一制度的建立，用动产和不动产的个人所有权代替了共同所有权，以子女的绝对继承权代替了宗亲的继承权。③

当马克思指出财产通过发明以及社会法规的发展而增长，这种宽泛的关于财产的社会论述也得到了支持。"关于占有和继承财产的这些法规所依据的习俗，是由社会组织的发展状况和水平决定的。"④一个这样的组织例子就是氏族。因此，马克思还谈到了"占有欲"（passion of possession），即"依靠纯粹归个人使用的物品而哺

---

① Marx, *Ethnological Notebooks*, 120. 中译文见《马克思恩格斯全集》第一版，第 45 卷，第 366—367 页。
② 同上，121。中译文第 368 页。
③ 同上，126, 277。中译文第 377 页。
④ 同上，127-128。中译文第 380 页。

育着它那初生的力量，这类物品是随着发明的缓慢发展而增多的"。当马克思提出一个似乎与此观点相矛盾的例子时，即陪葬品制度，显然他对财产的规则治理方面感到震惊。他注意到了第一个伟大的继承规则来自易洛魁人之间建立的氏族，土地归部落公有，而住房则为居住者共有。①马克思也认为，在耕种土地上可能会有占有权和继承权，无论属于个人还是集体。但是，当马克思了解孩子和妻子不能继承财产，死者的财产被分给其氏族成员，他再次被财产的社会属性感到震惊。②同样，马克思也敏锐发现，没有接受这种规则的社会可能会出现私有财产，然而这个社会中"没有人对土地或房屋拥有个人所有权，任何人都无权把它们当作自由财产任意出卖和出让"③。

连篇累牍的《笔记》暗示了：(1) 扩大范围的财产概念，并且可能已经意味着从 (1) 到 (2) "规范性社会内容"的逻辑发展，以及 (3) 财产规则中体现的物质团结、消极自由或平等的具体细节。但是，在《人类学笔记》分配 (3) 的具体细节时我们必须非常谨慎。例如，我们怎么来理解马克思提到的美洲原住民的故事？美国西南部的美洲原住民嫁到了不同的部落，并没有得到他妻子的遗产，遗产属于整个部落。马克思认为，目睹该事件的来自西班牙的观察者并没有真正了解情况，并概括说，西班牙人"把属于共同体的不可转让（德文 unverrausserliches）的公有土地看成是封建领地……他们看到了土地是共有的，不是土地所有者的共同体"④。马克思补充说，在美国印第安人社会中，不让子女继承财产的做法

---

① Marx, *Ethnological Notebooks*, 127-128. 中译文见《马克思恩格斯全集》第一版，第 45 卷，第 380 页。
② 同上，129。中译文第 380 页。
③ 同上，132。中译文第 387 页。
④ 同上，133。中译文第 388 页。

有时会引起对过于公有的财产的反抗，以反对氏族继承为形式。马克思观察到，这种反抗只有氏族制度被"政治"制度取代时才发生。[1]

同样，尽管强调共同体在财产中的作用，马克思似乎并不完全反对社会生产中的所有个人财产。通常，他对财产公共价值的主张是非常有背景性的。因此，在他关于印度村庄财产的观察中，他抱怨兄弟可以把继承来的土地细分成荒谬的小地块。[2]这是一个简单的关于经济效率的判断，还是一个道德判断？看起来马克思《笔记》中的一般立场是，共同体可以合法地创造种类广泛的财产权，这些权利并不是奥诺雷（Honoré）所说的是"永久的"和"不可转让的"。[3]随后马克思提出，在这些印度村庄拥有土地权的人如何精确处理他们的财产，就是一个很好的例子。马克思论述的一些细节表明环境和地理因素如何防止了私人财产意识的产生。因此，为了对抗野兽将村庄用篱笆围起来，这不是任何个体所有者能做到的。同样的观点适用于擅自修筑堤坝。[4]因而，尽管每个村民在获得财产方面都有继承权（德文，erbliches Recht），但每一步他都与周围邻居有联系。马克思也讽刺道，印度村民直到英国入侵印度才在私有财产上获得绝对权利。[5]确实，"在摩奴（Manu）制度中，土地并没有成为现代英国意义上的财产主体。虽然提及对耕地的私人所有权，但这只是归耕种者所有……土地本身属于村庄"[6]。

评估财产关系的这些细微差别仍在继续。例如，继马克思的唯

---

[1] Marx, *Ethnological Notebooks,* 178. 中译文见《马克思恩格斯全集》第一版，第45卷，第462页。

[2] Marx, *Ethnological Notebooks,* 258.

[3] Honoré, *Property, Title and Redistribution,* 86-87.

[4] Marx, *Ethnological Notebooks,* 263-265, 274.

[5] 同上，275。

[6] 同上，282。

物主义分析之后，即人类财产发展历程部分依赖于变成财产的对象，马克思强调了家畜所有权，因为家畜"是比先前各种财产的总和更有价值的财产"。从家畜所有权中发展出耕种土地，促使家庭与土地结成一体，并把家庭变为"创造财产的组织"。[1]这里马克思似乎认为财产有各种可能性，不仅由社会属性所规定，也受自然环境的影响。在《笔记》中，马克思不仅强调作为财产价值的物质团结和平等，而且似乎也认识到洛克意义上消极自由的价值。例如，他认为父亲和子女的劳动越来越同土地结合为一体，这就导致"家庭个体化，使子女产生出优先继承他们参加创造的财产的要求"。只有当"田野耕作"的发展已证明整个地球表面都能成为单个人的财产对象，"人类财产发展的新历程"便于此发端。[2]

马克思从财产的物质方面进入到精神层面，注意到新的财产历程对人类产生了巨大的影响，并唤醒了新的元素。然而，尽管马克思谴责私有财产的精神和道德支配，以在田野劳作的家庭而不是简单的氏族部分为形式，马克思记录下的消极自由的简单扩展，在他看来并不是财产消极作用的唯一甚至是主要原因。[3]

当然，必须记住马克思在《笔记》中的所有评论都是关于社会的，他认为仍然与原始部落起源非常接近。然而，为了找出马克思和恩格斯如何从（1）扩大的范围和（2）衍生的一般社会义务，转向（3）关于财产正义的详细说明，我们必须看看俄国和日耳曼的公有财产模式，作为从宗族、氏族公有财产中分出的复杂而具体的变种。在《笔记》中马克思不愿意从氏族财产的扩大范围和一般性社会内容的显而易见性得出详细的社群主义结论。只有在他对俄国

---

[1] Marx, *Ethnological Notebooks,* 135. 中译文见《马克思恩格斯全集》第一版，第45卷，第392页。

[2] 同上，135。

[3] 同上，275。

农村财产模式的描述中,马克思接受摩尔根财产理论的意义才完全彰显。但是,(1)俄国农村只是一个具体的社群主义财产正义模式,这必须与(2)恩格斯的日耳曼财产正义一起讨论。我们将会特别看到,恩格斯比摩尔根更加着重强调公有财产,与马克思的研究路径也不一样。这两人对公有财产历史的探索提供了大量的细节,从而一起为马克思主义公有财产正义理论提供了实质性内容。

## 一、马克思晚期关于俄国公有财产形式的观点

1983年,英国马克思主义俄国史学家沙宁(T. Shanin)编辑了一本《晚年马克思和俄国道路》,他自己称之为"呈现的个案"(case presented)。沙宁的"个案"是把马克思关于"外围资本主义",特别是俄国农村公社及其财产形式论述放到马克思晚期政治经济思想的中心,而不是外围。个案的一个关键部分是和田春树(H. Wada)的论点:马克思晚年更加接受俄国农村公社道路,这可以追溯到一个生前未出版但可能已传播的著作,即大约1877—1878年给俄国《祖国纪事》杂志编辑部的信;同时也有两份已出版或传播开的短篇文件,即著名的1881年给俄国民粹派维拉·查苏利奇的法语信,这封信明显已寄出,以及三封长信草稿和一封短信草稿;马克思恩格斯1882年为俄文版《共产党宣言》出版所写的序言。①所有这些文件,特别是前两个,依赖于马克思1872—1875年帮助翻译法文版《资本论》时发展的思想,这些新思想在1867年德语第一版和1872年第二版时还未出现。在过去30年里数位马克

---

① 关于各种手稿和书信的实际写作日期的争论见 Wada, "Marx and Revolutionary Russia", 64-65。

思学者开始强调，马克思在 1872—1875 年以分册形式陆续出版的法文版《资本论》第一卷时所做的重要变化。因为马克思协助翻译，并且对 1872 年德文第二版做出重要改变，所以马克思自己建议任何想要完整理解《资本论》的人，即使可以阅读德文，也应该阅读法文版。①特别是，法文版关于财产理论有两个重要变化：第一个变化为美国马克思学者摩尔（S. Moore）和安德森（K. Anderson）所强调。一般来说，法文版相对前两个德文版更倾向于支持公有财产。沙宁、和田春树则强调了法文版的第二个变化，即德文版认为现代社会的私有财产一般会毁灭公有财产，而法文版则指出这种毁灭仅仅适用于现代西方社会。接下来，我把从德文版到法文版发生的第一个变化称为"公有财产学说"，第二种变化称为"东西方社会公有财产的不同可能性学说"。

关于第一种学说，马克思在 1867 年第一版和 1872 年第二版德语《资本论》中，阐释了自由社会"确立了个人财产，然而却是基于资本主义时代的成就"②。在法语版中，马克思写道："新社会没

---

① 见 Kevin Anderson, "The MEGA and the French Edition of Capital, Vol 1: An Appreciation and a Critique," Beitrage zur Marx-Engels-Forschung NeueFolge (1997), 131-136; "The Unknown Marx's *Capital*, Volume 1: The French Edition of 1872-1875, 100 Years Later," *Review of Radical Political Economics* XV.4 (1983): 71-80.

② Stanley Moore, *Marx on the Choice between Socialism and Communism* (Cambridge, MA: Harvard University Press, 1980), 53; *Lenin, State and Revolution*, 95-96. 见 Marx, *Das Kapital: Kritik der Politischen Okonomie* (Hamburg: Meisner, 1867), in Marx / Engels *Gesamtausgabee*, Zweite Abteilung,Band Sechs, Volume 1 (1987); *Das Kapital Kritik der Politischen Okonimie Hamburg 1883 in Gesamtausgabe* Zweite Abteilung, Band Acht, Vol 1 (1989); *Das Kapital Kritik der Politischen Okonimie Hamburg* 1890 in *Gesamtausgabe,* Zweite Abteilung, Band Zehn, Vol. 1, 1991). 关于四种德文版和法文版之间的区别见"Verzeichnis von Textstellemder Franzosischen die niche die 3. Und 4. Deutsche Ausgabe aufgenommentwurden?" in *Gesamtausgabe,* Zweite Abteilung, Band Zehn, Vol. 2, 732-783. 也可参考 Anderson "The MEGA and the French Edition of Capital, Vol. 1"。

有重新确立私有财产，但它确实基于资本主义时代的成就确立了个人财产。"①此外，安德森也指出，在法文版中马克思强调私有财产并不是前两个德文版所说的是小规模工业的基础，而是其必然结果。②马克思还增加了一部分，嘲笑蒲鲁东对私有财产的辩护。马克思指出，财产法导致资本主义财产的产生。这就是为什么要坚持共产主义立场废除生产资料私有财产，因为这种财产不是基础性的，而是作为一种社会财产形式，其中的重要方面只是通往资本主义财产的道路。③

社群主义马克思主义伦理学并不要求任何具体形式的反对私有财产的公共财产。还必须引入另外一面。毕竟，马克思在法文版《资本论》中确实捍卫了个人财产。马克思文本学家摩尔猜测，马克思想把个人财产解释为私有财产的对立面。正是在马克思对个人财产的辩护中，摩尔看到了一个更高和更为集体的公共阶段，而不是简单的非资本主义伦理学。对于摩尔来说，这种社群主义是绝对的、吞噬一切和非理性的："在《宣言》之后，更大程度是在《资本论》之后，共产主义对于马克思而言变成一个他不愿意放弃但无法捍卫的目标。"④虽然我同意摩尔所说的，马克思持续为公有财产的辩护是他思想的一个关键因素，但我不同意这对马克思而言只是

---

① Marx, *Le Capital,* (Paris: Garnier-Flammarion, 1969), 567. 出现的变化见 *Capital I, Volume 1,* trans. Ben Fowkes (New York: Random House, 1976), 929. 正如安德森在 *The Unknown Marx's Capital Volume1*《未知的马克思〈资本论〉第一卷》(71—74)提到的，该译文和所有英文版一样，都是以恩格斯1890年第四个德文版为基础的，其中恩格斯试图完成对法文版变化的补充，这项工作在1883年第三个德文版就已经开始。安德森坚信这些后来出版的德文版和所有现存的英文版都没有真正吸收法文版的所有重要变化。法文版《资本论》于1875年1月出版。见 Wada, "Marx and Revolutionary Russia," 48. Moore, *Marx on the Choice,* 53.

② Marx, *Le Capital,* 565. 见"The Unknown Marx's Capital Volume1", 75.

③ Marx, *Capital* I, 734,

④ Moore, *Marx on the Choice between Socialism and Communism,* 89.

一种乌托邦。它也不是一种简单地基于团结对公有财产的辩护，忽略了消极自由和私有财产的积极方面，事实上马克思在辩护个人财产时也辩护了后两者。的确，法文版《资本论》中关于财产理论的第二个主要发展，即东西方社会关于公有财产和非公有财产的区别，允许马克思以传统俄国农村为形式对东方社会公有财产进行细致入微的辩护，在此过程中也捍卫了"个人"财产。法文版《资本论》再次提供了理解的"钥匙"。

法文版《资本论》的第二个变化更加强调财产的公有性质，也把西欧过去对传统公有财产的破坏和非西方社会对传统的保存进行了对比。"资本主义制度的核心是完全的……生产者同生产资料的分离……全部过程的基础是**对农民的剥夺**。这种剥夺只是在英国才彻底完成了……**但是，西欧的其他一切国家**都正在经历着同样的运动。"这段引自法文版，与1867年、1872年前两个德文版有很大不同，后两者并不强调西欧在破坏公有财产方面的特殊性，反而是强调对传统进行摧毁的普遍趋势。在谈到发展资本主义所必需的原始积累时，德文版《资本论》这样写道，"对农业生产者即农民的土地的剥夺，形成全部过程的基础。这种剥夺的历史在不同的国家带有不同的色彩……只有在英国，它才具有典型的意义，因此我们拿英国做例子"①。

只有当马克思开始对俄国一般性政治争论感兴趣时，他才讲清楚俄国的结局可能是在西方之外保护公有财产。在给《祖国纪事》

---

① Marx, "The Reply to Zasulich," in *Late Marx and the Russian Road*, 124; *Le Capital*, 529; *Capital, Vol. 1*, translated by Ben Fowkes (New York: Random House, 1976), 876. 这点可参考 Anderson, "The Unknown Marx's Capital Volume 1", 77, Marx, "The Reply to Zasulich", 124. 见 *Das Kapital*, 1867, 1872. 正如安德森在"马恩全集和法文版的《资本论》第一卷"(132)指出的，1883年德文版《资本论》并没有吸收法文版的变化。中译文见《马克思恩格斯文集》第5卷，第823页。

和维拉·查苏利奇的信中,马克思几乎完全倾向于法文版《资本论》的一段话,它比德文版更加明显强调公有财产的可能性。"资本主义制度的核心是完全的……生产者同生产资料的分离……全部过程的基础是**对农民的剥夺**。这种剥夺只是在英国才彻底完成了……**但是,西欧的其他一切国家**都正在经历着同样的运动。"法文版的这段话与前两个德文版的差别很大,后者并不强调摧毁公有财产的西欧社会的特殊性。①在给《祖国纪事》的信中,在引用法文版这段话之后,马克思补充说道:

> 假如俄国想要遵照西欧各国的先例成为一个资本主义国家……它不先把很大一部分农民变成无产者就达不到这个目的;而它一旦倒进资本主义制度的怀抱,它就会和尘世间的其他民族一样地受那些铁面无情的规律的支配。但是这对我的批评家来说是太少了。他一定要把我关于西欧资本主义起源的历史概述彻底变成一般发展道路的历史哲学理论,一切民族,不管它们所处的历史环境如何,都注定要走这条道路。②

请注意马克思在介入俄国政治时的谨慎语气。马克思只想确立,他在法文版《资本论》表达的观点并没有使得西欧私有财产的增长经验普遍化。然而,他也没有必然断言私有化过程**能够**在东方被中止,而是他的观点**没有**表明私有化无法中止。

---

① Marx, "The Reply to Zasulich," 124. 见 *Das Kapital,* 1867, 1872. 正如安德森在"马恩全集和法文版的《资本论》第一卷"(132)指出的,1883 年德文版《资本论》并没有吸收法文版的变化。中译文见《马克思恩格斯文集》第 3 卷,第 465 页。

② Marx, "A Letter to the Editorial Board of Otechestvennye Zapiski," in *Late Marx and the Russian Road,* 136. 中译文见《马克思恩格斯文集》第 3 卷,第 466 页。

马克思在给查苏利奇的法文简信中进一步指出,在引用法文版相同段落之后,"在《资本论》中所作的分析,既没有提供肯定俄国农村公社有生命力的论据,也没有提供否定农村公社有生命力的论据"。沙宁、和田春树据此认为,德文版《资本论》的经济分析,由于主要讨论的是西方社会,并没有提及俄国公社的生命力问题。①

最后,第三个关于俄国的短篇作品,即马克思恩格斯1882年为俄文版《共产党宣言》出版所写的序言,需要马克思更清楚地说明俄国公社和共产主义或社会主义的关系,同时这不可避免会取悦审查者。

> 俄国公社(obshchina),这一固然已经大遭破坏的原始土地公共占有形式,是能够直接过渡到高级的共产主义的公共占有形式呢?或者相反,它还必须先经历西方的历史发展所经历的那个瓦解过程呢?
> 
> 对于这个问题,目前唯一可能的答复是:假如俄国革命将成为西方无产阶级革命的信号而双方互相补充的话,那么现今的俄国土地公有制便能成为共产主义发展的起点。②

因此,完全基于不同历史,他对俄国和西方公有财产的未来分别做出了预测。俄国公社可能成为未来社会主义发展的起源,因为

---

① Marx, "The Reply to Zasulich," 124; Wada, "Marx and Revolutionary Russia," 64-69; Teodor Shanin, "Gods and Craftsmen," all in *Late Marx and the Russian Road*, 12-19. 中译文见《马克思恩格斯文集》第3卷,第465页。

② Marx and Engels, "Preface" to the second Russian edition of the *Manifesto of the Communist Party in Late Marx and the Russian Road*, 139. 中译文见《马克思恩格斯文集》第2卷,第8页。

它代表了一个尚未被摧毁的传统的公有财产。马克思始终站在最前沿，对比西欧对传统公有财产的破坏和俄国对传统的保存以及保存的可能性。

于是这三篇简短的作品告诉我们，马克思几乎是完全依靠自己对公有财产可能性发生的态度变化，来论证一个重新焕发活力的俄国公社。但是，这些对俄国的介入只是暗示了马克思主义的财产正义理论的三个方面：（1）扩大的范围，（2）一般规范性社会内容，以及（3）物质团结、平等和消极自由的细节，是怎样适用于俄国公社的。

马克思在这三个简短作品中关于财产正义给出的最好线索，就是把他关于俄国公社的分析同法文版《资本论》的两个主要变化联系起来：社会主义或共产主义社会只有个人财产，没有私有财产；公有财产在东西方有着显著的不同命运。①在给《祖国纪事》的信中，马克思描述了"一般公有财产学说"的特征：

> 资本主义生产的历史趋势被归结成这样：资本主义生产本身由于自然变化的必然性，造成了对自身的否定；它本身已经创造出了新的经济制度的要素，它同时给社会劳动生产力和一切生产者个人的全面发展以极大的推动；实际上已经以一种集体生产方式为基础的资本主义所有制只

---

① 法文版《资本论》中发生变化的句子在第 26 章"原始积累的秘密"。然而，马克思在第 32 章"资本主义积累的历史趋势"重提了这个问题，包含一个主要变化。虽然马克思把给《祖国纪事》信中的章节联系起来，他无法掩盖他对这两章的联系，即在将第 32 章的结论部分描述为这个章节的结束时，"这个"在语法上指的就是关于原始积累的第 26 章。然而，无论是他给出的描述还是给查苏利奇复信草稿中的叙述都清楚地表明，在法文版《资本论》修改后的两章中马克思正在发展一种新的财产理论。

能转变为社会所有制。①

比较一下这一段与法文版《资本论》中马克思相关的论述：

同资本主义生产方式相适应的资本主义占有，是这种仅仅作为独立的个体劳动的必然结果的私有制的第一个否定。但是，资本主义生产本身由于自然变化的必然性，造成了对自身的否定。这是否定的否定。这种否定不是重新建立劳动者的私有制，而是在资本主义时代的成就的基础上，在协作和共同占有包括土地在内的一切生产资料的基础上，重新建立劳动者的个人所有制。

当然，作为个人劳动的目的的分散的私有制转化为资本主义私有制，同事实上已经以集体生产方式为基础的资本主义所有制转化为公有制比较起来，必要要有更长的时间、更多的努力和痛苦。②

马克思在法文版《资本论》的原文和在信中的总结，强调新的社会财产形式已经存在于资本主义财产中。此外，马克思在法文版中对该段落的最后总结，提到了财产从私人向资本主义以及从资本主义向社会主义的双重转变，这比德文版更明显强调了财产的个体属性具有积极因素，这不是简单的缺乏社会属性，而是全面发展的一部分。摩尔宣称当马克思从德文版《资本论》的"私有"财产转向法文版的"个人"财产时，马克思实际目的是想消除与西方私有

---

① Marx, "Letter to the Editorial Board of Otechestvenye Zapiski," 135. 中译文见《马克思恩格斯文集》第3卷，第465页。

② Marx, *Capital* I, Chapter 32, 929—930. 中译文见马克思：《资本论》（根据作者修订的法文版第一卷翻译），中国社会科学出版社，1983年版，第826—827页。

财产相关的大部分或全部观念。然而以上表明摩尔错了。

马克思在法文版《资本论》关于"个人"财产论述的段落及其总结中，提出从模糊的资本主义社会财产产生出社会主义财产的社会本质，这种想法在西欧和俄国农村的应用是不同的。如果在俄国的私有财产没有取得统治地位，甚至以一种模糊的资本主义私有财产的社会形式，那么我们就不会有情形 x——集体财产，也不会有对它的否定情形 y——资本主义私有财产，最后也不会有情形 z——否定之否定，从 x 和 y 产生的社会主义财产 z。相反，俄国首先存在的是公有财产 x1，其次在俄国国情下产生的变体，即资本主义财产没有取得胜利，公有财产尚未消失，称之为 y1；最后，两者的扬弃即 z1，社会主义财产并不是从西方私有财产产生，而是发源于俄国农村公社。按照此论述，相对于产自西方的社会主义财产 z，从俄国产生的社会主义财产 z1 更加体现社群主义的特征，更多地基于物质团结。以西方形式存在的私有财产在俄国永远不会扮演它们在西方的相同角色。不过，这并不意味着财产的个人因素从未在俄国公有财产中发挥作用。更不用说马克思曾经认为它会在社会主义版本的俄国公社中发挥作用。

因此，我们必须首先运用马克思在法文版《资本论》中关于一般集体财产的重视，来理解寄给查苏利奇的较短的正式复信；其次，我们还必须考虑在何种程度上马克思认为西方的私有财产与东方有显著差异，这是法文版的第二个主要变化。如果它差别很大，那将意味着东西方朝向一个超越阶级的社会的道路分裂，前者强调公有财产作为社会主义的基础，后者强调私有财产不仅作为资本主义的基础，也是社会主义的基础。相比之下，如果西方的私有财产主要是虚幻的，那么东西方通向社会主义道路之间的区别实际上没那么大。不过，即使是一个幻觉，对意识的影响也可能是真实的。①

当我们从给查苏利奇的较短的复信转向马克思一堆法文复信草稿时，我们发现马克思的思想，可以运用法文版《资本论》的第一个主要变化（一般公有财产理论）来实现第二个重要变化，即东西方公有财产的特异性理论。马克思这些草稿中的思想实验完美地说明了财产正义的逻辑发展，从（1）关于范围采取立场到（2）规范性社会内容，再到（3）物质团结、平等和自由的具体细节。这些草稿中关于公有财产的论述不仅使用俄国材料，还使用摩尔根的材料，以及恩格斯将进一步探讨的日耳曼"马尔克"（mark）财产制度材料。马克思对日耳曼马尔克公有财产的兴趣最早可追溯到1868年，这一年马克思在给恩格斯的一封信中，谈到了他对毛勒（G. L. Maurer）关于德意志和日耳曼欧洲公有财产的论述感兴趣。②

在1881年2月至3月期间撰写的这些草稿中，马克思整合了毛勒对日耳曼马尔克公有财产的论述与摩尔根关于氏族的论述，比恩格斯1884年《起源》早了3年，也比恩格斯1882年利用毛勒关

---

① Raya Dunaevskaya, *Rosa Luxembourg, Women's Liberation and Marx's Philosophy of Revolution* (Atlantic Highlands: Humanities, 1982), 175–179. 她认为对于公有财产，马克思比恩格斯更加批判，也更加赞成，并且马克思直接勾勒出一条非西方的公有财产路线。但她显然并没有考虑到，被马克思恩格斯视为是公有的日耳曼财产也是西方的。

② Karl Marx, March 14, 1868 letter to Engels, in *der Briefwechsel zwiischen K. Mars and F Engels* (Stuttgart, 1913). 马克思具体提到了毛勒1856年专著（*Geschichte der Marken Verfaassung in Deutschland*, Erlangen: Enke, 1856）。沙宁继续将此归类为"初稿"，我也是这么想的，因为历史的学术研究是这样归类的，但实际上沙宁认为这是"二稿"。

于日耳曼马尔克财产论述写成的《论马尔克》早了一年多。在草稿中，马克思把从毛勒和摩尔根所学到的与自己对俄国农村财产的研究结合起来。马克思并没有提及摩尔根的名字，但提到他为"一个美国作家"，曾写了公共生活的"现代形式的复兴"，这是摩尔根在《古代社会》结尾时提出的确切概念。这些话紧挨着关于日耳曼公社的讨论，关于后者马克思恩格斯都是从毛勒那里了解到的。① 结果是进一步将社会/私有/个人财产问题概念化。

因此，在"初稿"中马克思首先反问道，德文版《资本论》的观点，即资本主义私有财产取代个人私有财产，如何能够应用到俄国？因为法文版《资本论》在涉及东西方公有财产时，否认了个人私有财产在俄国取得胜利。② 然而，当马克思继续论述时，他开始逐渐将一个更大的公有财产概念融入到他的分析中，这种想法远远超出东方的、俄国的农村公社财产概念：一个基于摩尔根的氏族财产概念。在"二稿"中，马克思谈到了现代社会回到"古代"（archaic）类型的公有财产的可能性。像一位美国作家所说的……现代社会所趋向的（更高阶段）"新制度"将是"古代类型社会在一种更完善的形式下的复活"。马克思然后引用日耳曼财产作为另一个例子，和俄国农业公社一并作为这种古代类型。③ 马克思将古代类型的发现归于毛勒。马克思认为俄国农村公社是古代类型的现代形式。而古代类型的传统形式与俄国的现代形式的根本区别在于，前

---

① Marx, "Drafts of a Reply, February/March 1881: The 'First' Draft," in *Late Marx and the Russian Road*, 107. 见 Shanin, note 1 to *Late Marx and the Russian Road*, 125.

② Marx, "Drafts of a Reply, February/March 1881: The 'Second' Draft," in *Marx and the Russian Road*, 102, 125. 马克思将第 26 章和第 32 章进行比较。而沙宁（125）认为这是"初稿"内容。

③ Marx, "Drafts of a Reply: The 'First' Draft," 107.

第五章 社群主义的马克思主义财产和正义理论的历史性展开 Ⅱ

者依赖血缘关系，后者则依赖地区。①最后，在复信"三稿"中，马克思引入了一些解释术语，将农村公社划分为一个独特的公有财产类型，现代俄国和古代日耳曼公有财产被视为主要的例子。"并不是所有的原始公社都是按着同一形式建立起来的。相反，它们有好多种社会结构，这些结构的类型、存在时间的长短彼此都不相同，标志着依次进化的各个阶段。**俄国的公社**就是通常称做**农业公社**的一种类型。在西方相当于这种公社的是存在时期很短的**日耳曼公社**。"②

正如我们所看到的，复信"初稿"始于马克思在法文版《资本论》的分析，后者的最终论断是，如果社会主义在西方社会出现，财产将会是个人的，但也基于资本主义时代的集体成就。确实，马克思在生前出版的所有的《资本论》版本中，始终将资本主义财产的社会属性定义为需要一种远远超出简单集中化的物质团结：工人阶级通过资本主义社会化财产而不是个人私有财产的经验，得到教育、组织并实现"通过联合统一"。工人实现了更加普遍的社会化，产生自由社会的个人财产是建立在合作和对土地共同拥有基础之上。③教育、统一和组织的特征都不能简化为马克思曾引用的集中化；的确，了解这些特征的最自然方式是通过物质团结这一概念，因为它们都描述了调整集体和个人之间的劳动和所有权的平衡，并朝向集体模式，以及减少个人与社会目标之间的对立。查苏利奇草稿延续了这种趋势，但其中有一种新的方式来表征东西方财产中物质团结获得性之间的差异。东方被认为更接近原始氏族集体财产模式，而西方则相差甚远。然而，尽管比俄国氏族财产模式破坏得更

---

① Marx, "Drafts of a Reply: The 'First' Draft," 107–111. 中译文见《马克思恩格斯全集》第19卷，第445页。
② Marx, "Third Draft," 118. 中译文见《马克思恩格斯全集》第19卷，第448页。
③ Marx, *Das Kapital, in Werke,* Volume 23 (East Berlin: Dietz Verlag, 1974), 791.

严重，西方日耳曼氏族财产模式，相比西方非日耳曼模式，仍然有更多的机会走向"公正"（post unjust）的阶级团结。

这种区别为西方日耳曼财产模式提供了可能性，对此恩格斯研究得比马克思更为深入。对马克思来说，"欧洲和美洲的一些资本主义生产最发达的民族，正力求打碎它的枷锁，以合作生产来代替资本主义生产，以古代类型财产的高级形式即（集体的）共产主义财产来代替资本主义财产"①。与西方社会的共同体和社会主义的这些一般性形成对比，在查苏利奇"初稿"结尾，马克思具体讨论了在一个超越财产阶级的社会，保持俄国古老公社模式生命力的可能性。俄国公社的"现代"方面赋予了自身二元性。一方面，存在公有制，但另一方面，农民在自己的土地上劳动。马克思反对公有制与小块耕种共存。为什么公有制与小块耕种的结合是危险的？马克思只给出一个理由：产生不平等。②为了更有希望地预测，马克思很高兴自己观察到俄国农村中农民对合作社关系的熟悉，也就是集体耕作的普遍实践，而不是集体所有制，这就允许农民回归到一个更加集体的所有制形式。③

"二稿"和"三稿"对俄国公有财产可能性有着更为详细的分析。"不难了解，'农业公社'所固有的二重性能够成为它的强大的生命力的源泉，因为，一方面，公有财产以及公有财产所造成的各种社会关系，使公社基础稳固，同时，房屋的私有、耕地的小块耕种和产品的私有占有又使个人获得发展，而这种个人发展和较古的公社的条件是不相容的。"④在阐释私有财产的发展带来了部分积极

---

① Marx, "'Second' Draft," 102. 中译文见《马克思恩格斯全集》第19卷，第443-444页，译文有改动。
② Marx, "First Draft," 120-121. 中译文见《马克思恩格斯全集》第19卷，第435页。
③ 同上，121-122。中译文同上。
④ 同上，109。中译文434页，译文有改动。

第五章 社群主义的马克思主义财产和正义理论的历史性展开

因素之后，即马克思在法文版《资本论》所倡导的"个体性"的来源，马克思又再次警告，就像在"初稿"中那样，私有财产某种程度上会导致剥削和不平等现象的发生，而这是马克思所反对的。

那么，危险的私有财产和马克思所辩护的"个体"私有财产有什么区别呢？马克思接着说私有财产会"造成私人占有森林、牧场、荒地等等这样一些已经变成私有财产的共同体附属物"①。当然，这某种程度上有点循环论证。将它与法文版《资本论》中关于个人、私有、集体财产论述，以及在《大纲》中关于古代西方财产的描述进行比较，会有些帮助。也许，当公有财产伦理仅变成附属物时，与个体财产相对的私有财产开始出现。这就留下了一种可能性：根据平衡物质团结、平等和消极自由的总体目标，而不是为了集中化通过对所有生产中的私有财产施加任何具体限制，来平衡公共劳动、私人劳动和生产资料中的财产。不过，必须承认，在"二稿"的其余部分，马克思更多强调了集中化大规模农业的重要性，作为公社自然演变的结果。

"三稿"继续表达了马克思关于俄国公社现代性的二元态度。就私有财产首先产生剥削，其次导致集体劳动的消亡而言，马克思持反对态度。但他似乎并不反对这样的事实，在俄国公社中，人民有自己的房子，甚至个人占有私有产品："它摆脱了牢固然而狭窄的血统亲属关系的束缚，并以土地公有制以及由此而产生的各种社会关系为自己的坚实基础；同时，各个家庭单独占有房屋和园地、小土地经济和私人占有产品，促进了个人的发展，而这种发展同较古的共同体是不相容的。"②因此，马克思举出一些导致更多个体化

---

① Marx, "First Draft," 109. 中译文见《马克思恩格斯全集》第19卷，第435页，译文有改动。

② 同上，120。中译文见《马克思恩格斯全集》第19卷，第450页。

特征的现代性所产生的后果,这些后果马克思并不反对。不是个体化,而是小土地劳动,成为"私人占有的源泉",产生了马克思所反对的不平等和剥削,当然也伴随着集体劳动的逐渐消亡。①

总之,这些草稿中没有证据表明马克思赞成完全回归到过去的俄国公社的集体劳动或集体财产。当然,马克思想要更多的财产上的物质团结,并希望公社继续作为得到它的手段,但他希望团结能与个体所有制相结合。但是,很难将这些草稿中私有财产创造更多个体化的积极因素,与创造剥削、不平等以及排斥物质团结这些消极因素区分开。对于马克思而言,生产资料中的大部分私有财产必须变成资本主义或是社会主义的社会化财产。但并非所有的私人财产,会以一种集体或社会化财产形式作为终极目的(telos),甚至是生产中的财产。马克思在生产资料之外和之内为某种个体化财产进行了辩护。毕竟,马克思以及任何人都不希望失去俄国现代公社中发现的个体化特征和消极自由,甚至也包括日耳曼欧洲财产或在1882年俄文《共产党宣言》序言中提到的一个不同的直到19世纪中期还存在的美国财产形式。正是在西方财产的社群主义和个体化问题上,恩格斯在日耳曼社群主义财产伦理学上做出了重要贡献。但不太清楚马克思是否完全同意恩格斯的所有结论。此外,日耳曼和欧洲的马尔克财产制度看起来似乎能与美国模糊的西方财产形式共存。

## 二、恩格斯论西欧的日耳曼"马尔克"公有财产和马克思恩格斯论美国

恩格斯对日耳曼"马尔克"公有财产伦理的观点,必须放在马

---

① 同上,120。中译文见《马克思恩格斯全集》第19卷,第450页。

克思对俄国的预测和马克思恩格斯对西方工人阶级的两个主要组成部分（欧洲和美国）的预测相互作用的背景下来看待。欧洲问题体现在恩格斯《马尔克》、马克思在查苏利奇草稿中对毛勒的论述以及恩格斯《起源》中日耳曼财产部分。这些作品表明，基于社群主义和自由主义价值的不同组合以及与传统的不同联系，马克思恩格斯对待美国、欧洲和俄国财产有着不同的灵感。

在1882年《共产党宣言》"序言"中谈及跟1848年比发生的变化时，马克思和恩格斯发出"今天，情况完全不同了"的感慨。在描述完美国经济发展之后，他们注意到"作为整个政治制度基础的农场主的中小土地所有制，正逐渐被大农场的竞争所征服，同时，在各工业区，人数众多的无产阶级和神话般的资本积聚第一次发展起来了"①。美国在1882年正在发展成为一个成熟的资本主义国家，这个自明之理为何如此引人注目？答案是，在谈到美国农场主的中小土地所有制一直是整个政治制度基础时，马克思恩格斯似乎是在承诺某种杰斐逊共和主义版本的观点，即在美国曾有一段时间，小规模的私有财产还没有被大资产吞并，这种旧的财产制度是美国民主的基础，这期间一种接近于非剥削性的私有财产在美国更为普遍。回顾过去，美国工人可以将此作为理想，但这种理想最好从自由主义的平等和消极自由概念来理解，而不是物质团结。②就像传统的俄国公社一样，美国的传统也需要复活。然而，真正可能与美国形成对比的是西欧的传统，以及恩格斯在欧洲日耳曼"马尔克"传统中发现的深刻的社群主义经济财产伦理学，后者对欧洲工人来说是一种可重新实现的理想。

---

① Marx and Engels, "Preface" to Second Russian edition of the *Manifesto of the Communist Party*, 138. 中译文见《马克思恩格斯文集》第2卷，第7—8页。

② 关于杰斐逊的观点以及他试图在19世纪恢复这种理想，可参考 Sandel, *Democracy's Discontent*, 133–142, 168–200。

恩格斯在1882年9月至12月期间写下了《马尔克》，并在那一年作为《社会主义从空想到科学的发展》的附录出版。他在1882年12月15日给马克思的信中，谈到了在即将出版的《马尔克》中对毛勒的引用。[1]对"马尔克"公有财产的论述必须同之后《起源》中的相关论述区分开，后者发表于马克思去世一年后的1884年。恩格斯记录德意志和日耳曼欧洲财产形式的历史的准确性，在逻辑上可以与马克思所共有的伦理观点区分开，该观点是对马尔克共同体的纪念及其有限的现实遗存，能够允许19世纪80年代早期的欧洲无产阶级将其一些政治价值观付之于这个传统。由于恩格斯对财产分析的灵活性和影响力，以及其伦理立场的中心地位，"马尔克"可被视为提出了一种财产正义的概念。因此在我们看来，恩格斯对日耳曼财产史的研究提供了探讨财产正义的第三条道路：日耳曼财产模式的复兴。第三条道路相比俄国道路，提供了一种较少的基于传统的社群主义，但比美国相比更偏向于传统。

在《马尔克》中，恩格斯描述了一种主要属于德意志的集体土地所有权和土地劳作的模式，但这种模式不单单适用于德意志，也往回延伸到凯撒和塔西佗时期古老的日耳曼部落。恩格斯认为，马尔克共同体在中世纪处于鼎盛期，遍布整个北欧、斯堪的纳维亚、英格兰、苏格兰和法兰西北部。在恩格斯看来，凯撒对马尔克共同体的观察和描述是正确的，即日耳曼各部落在新地区定居下来，是以部落成员的亲属关系为依据的。[2]恩格斯指出，这种描述体现了日耳曼部落的两个基本特征：按照亲属关系划分为不同的群体和他们财产的公有制。恩格斯明确指出，在凯撒时代，日耳曼公社中的

---

[1] Engels to Marx, December 15, 1882, in *Marx and Engels Correspondence* (New York: International Publishers, 1968).

[2] Engels, "The Mark," 77–78. 中译文见《马克思恩格斯全集》第19卷，第353页。

劳动是由具有亲属关系的氏族集体完成，但到了塔西佗时代，劳动则是由单个家庭来完成的。然而，即使在后一种情况下，分配给这些家庭的耕地，期限也只有一年；每隔一年，又要重新进行分配和更换。①

恩格斯清楚地表明，日耳曼部落的公有财产特征几乎从一开始就与真正的地理和经济单元联系起来，每个单元为公有财产的产生创造了条件。具体来说，一个特定的部落在村庄定居下来，然后数个村庄构成一个**百户**（hundred），而数个**百户**构成一个**区**（shire）。其中每个单元都有公有地，而马尔克就是这个村庄的公有地。恩格斯使用与摩尔根关于氏族分析相兼容的分析工具，但他更专注于部落社会组织产生的经济和地理结构，以及像马克思一样专注于公有地，这些公有地不论是否与亲属关系有关都是公共的。当恩格斯追踪马尔克共同体，从中世纪一直到现代，他关注的只是地理环境上的公有地。因此，他的第一个半现代（semi-modern）的例子就是德意志为了家庭使用而对公有地定期重新分配。②

尽管举了这个例子，然而事实上恩格斯认为土地的定期重新分配在进入中世纪不久大部分都被废弃了。不过，土地的一些公共用途仍然得到了保留。

> 马尔克共同体虽然放弃了在各个社员中间定期重新分配耕地和草地的权利，但对于它在这些土地上的其他权利，却一条也没有放弃。这些权利都是很重要的。共同体把它的田地转交给个人，只是为了把它用作耕地和草

---

① 同上，79—82。中译文见《马克思恩格斯全集》第19卷，第353—355页。
② Engels, "The Mark," 79-82. 中译文见《马克思恩格斯全集》第19卷，第353—355页。

地……除此以外，单个的占有者是没有任何权利的。所以，地下发现的财宝，如果埋藏的地方深到犁头所不及，那就不属于他，而首先属于共同体。关于采矿等权利，情形也是一样……但是耕地和草地的利用，还是要受到共同体的监督和调整。①

恩格斯然后描述了村庄将其耕种区域划分为秋播地、春播地、休耕地三部分的过程："在分配土地的时候，就要注意到使每一个社员在这三块土地上都能得到同样大小的一份……其他一切土地，即除去家宅和园地或已经分配的村有地以外的一切土地，和古代一样，仍然是公共所有、共同利用。这里有森林、牧场、荒地、沼泽、河流、池塘、湖泊、道路、猎场和渔场。"②

《马尔克》的相当篇幅都是恩格斯对整个中世纪对欧洲马尔克共同体的攻击及其防御的描述。正是在这种背景下，恩格斯描述了对马尔克财产制度的特别残酷的攻击，以及随着而来的拥有大量土地财产的地主的增长，这些土地都是从马尔克劫掠而来，特别是在法国大革命之前的一段时间对马尔克财产制度的攻击。恩格斯强调，作为法国大革命以及甚至在德国最终充实法国大革命理想的结果，农民赢回了部分他们之前在马尔克共同体所享有的权利。但是，对恩格斯而言，获得的权利相对辉煌岁月时的马尔克财产制度已大幅缩水。不过，向某种马尔克财产制度的回归，将会激励德国的农民和无产阶级。③ "由于三次法国革命和一次德国革命，我们终于又有了自由的农民。但是，我们今天的自由农民，和古代的自

---

① 同上，82。中译文见《马克思恩格斯全集》第 19 卷，第 358 页。

② Engels, "The Mark," 82–83. 中译文见《马克思恩格斯全集》第 19 卷，第 358—359 页。

③ 同上，89–93。中译文见《马克思恩格斯全集》第 19 卷，第 364—369 页。

由马尔克社员相比，差得多远啊！"①恩格斯希望能够恢复马尔克财产制度，但不是陈旧的过时的形式，而是一种新的形式：通过更新公有制而实现。

恩格斯《马尔克》中关于公有财产的论述，比较容易与摩尔根氏族研究、马克思在《笔记》中对摩尔根的注释以及给查苏利奇的复信及其草稿的一般框架结合起来。这种综合体现在后来的《起源》中。马克思于1883年去世后，恩格斯发现了最终于1972年才出版的马克思《笔记》手稿，并开始四处寻找并最终找到一本《古代社会》的副本。虽然恩格斯已从马克思那里了解主要观点，但他之前并没有读过。正如我们已经看到的，恩格斯在《起源》中将"家庭"概念加入到摩尔根和马克思氏族财产理论，这个概念既可以与摩尔根第一个氏族财产阶段相结合，其中财产完全是公有或属于部落的；也可以与摩尔根第二个宗亲阶段结合，其中财产基本上被近亲所继承；亦可以与私有财产占主导地位的第三个阶段结合。恩格斯的贡献在于，表明了第二个宗亲阶段可能产生一个子阶段变种，即父权制家庭。

恩格斯将财产伦理与家庭结构联系在一起，代表了一种远远超出日耳曼部落的更为普遍的理论。不过，这种普遍性与恩格斯具体发展了一种财产公正制度有关，日耳曼马尔克制度显著体现了这一制度。因为在《起源》中，除了古日耳曼部落对土地的公共占有的描述，恩格斯增加了与马尔克财产制度相联系的对家庭财产的描述。②恩格斯之前在《马尔克》认为农村共同体主要以宗亲为基础，在《起源》中恩格斯决定共同体以家庭为基础，然而这种决定并没有让他不再强调公有财产的重要性，特别是其日耳曼马尔克形式。

---

① 同上,92。中译文见《马克思恩格斯全集》第19卷,第368页。

② Engels, *OFPPS*, 175–177.

160 恩格斯继续相信，马尔克财产制度预示着一种社会主义的社群主义财产，这是因为它倾向于与之结合的家庭，与宗亲关联较小，当然没那么父权主义，而且最重要的较少程度的资本主义。只剩下家庭仍然与氏族精神紧密相连。

> 如果说，他们至少在三个最重要的国度——德国、法国北部和英国——以马尔克共同体的形式保存下来一部分真正的氏族制度，并把它带到封建国家里去，从而使被压迫阶级即农民甚至在中世纪农奴制的最严酷条件下，也能有地方性的团结和抵抗的手段，而这一手段无论在古典古代的奴隶那里或者在近代的无产阶级那里都没有这样现成的，那么，造成这种情况的，如果不是他们的野蛮状态，如果不是他们的纯粹野蛮人的按血族定居的方式，又是什么呢？[1]

无论在马克思或是恩格斯那里，我们都没有得到他们完整的对日耳曼公有财产正义的联合研究的比较分析。在这里我们面临着一个困难，首先被研究马克思和恩格斯的学者卡弗（T. Carver）提出，他在许多作品中对两位作者之间的关系进行了辩护，提供了一种相比以往更加复杂和细致的论述。确实，他的解释规则之一是"复杂性的假设"（presumption of complexity）。在理解两位思想家之间的理智关系上，卡弗对其中涉及的广泛的人类学和哲学问题进行了论述，对这些论述卡弗非常自信。[2] 马克思恩格斯晚期关于人类传统

---

[1] Engels, *OFPPS*, 193. 中译文见《马克思恩格斯文集》第 4 卷, 第 175—176 页。

[2] Terrell Carver, "The Engels-Marx Question: Interpretation, Identity/ies, Partnershp, Politics", 34–35.

公有财产的著作极其复杂，因为虽然两位作者的很多材料都是生前写的，《起源》却是在马克思去世后出版的。不过似乎很清楚，两位对公有财产主题的看法，和对毛勒、摩尔根的共同使用上之间的概念相似性，令人信服地表明，这里面的合作几乎和他们一起写过的作品同样伟大，即使卡弗再次警告我们这些作品也展示了自身的复杂性。①

马克思和恩格斯的思考关于（1）扩大范围的财产（2）从扩大的范围中得出的社会义务和（3）一种现实的理想：将平等、物质团结和消极自由融合在伦理财产制度中，而不是融合在非伦理的阶级制度中，这些思考将帮助恢复马克思主义的财产正义理论，并特别强调财产正义中的物质团结的社群主义价值。在第六章，我们将更清楚地看到社群主义的马克思主义财产正义建立在自由主义的马克思主义财产正义基础之上。

---

① Terrell Carver, "The Engels-Marx Question: Interpretation, Identity/ies, Partnershp, Politics", 20-26.

# 第六章
# 结论：西方自由主义伦理学视域下的共和主义马克思主义

## 一、自由主义的马克思主义财产正义观

社群主义的马克思主义正义观需要一种自由主义的正义观，包括消极自由和平等。尽管在自由社会，消极自由必须包含私有财产权，即把物质产品作为个人财产的权利，但对于"平等主义的自由主义者"来说，自由社会并不要求对生产资料的广泛的财产权。相反，极端自由主义基于财产的伦理学主要以私有财产权为基础，包括个人的和生产资料的部分。另外，平等主义的自由主义正义观通常发展出一种扩大的平等概念。①而极端自由主义那种基于财产的自由主义不会承认任何扩大的平等。

马克思主义的自由主义正义观首先建立在消极自由和"反剥削的平等"基础上。这意味着它建立在一种道德必然性基础上，需要消除任何剥夺消极自由和基于消极自由的平等的力量。马克思主义

---

① 前一种观点更为常见，但德沃金好像支持后者，见 Dworkin, *Taking Rights Seriously*, 266-278。

的自由主义正义观主要关注在否定消极自由过程中同样被否定的平等,这点上与一些平等主义的自由主义者以及绝大多数以财产为基础的极端自由主义者有共同之处。这种平等我称之为"反剥削的平等",它必须与另一种我称之为"独立的平等"(freestanding equality)区别开来,后者也为马克思主义者和平等主义的自由主义者所强调,但通常被基于财产的极端自由主义者所轻视。"独立的平等",正如它听起来的那样,摆脱了任何剥削力量的问题,因此在概念上并不像"反剥削的平等"那样与消极自由联系在一起。当这些区别还没有明确被提出时,可操作的概念就是"平等本身"(equality per se)与"消极自由本身"(negative liberty per se)或是"社群主义价值本身"(communitarian values per se)形成对抗。

在明确指向自由主义伦理学的马克思主义正义理论内部的大部分争论,很自然地集中在消极自由和平等,没有太多关注社群主义价值。当然,马克思和马克思主义体现了强烈的平等主义,但体现更多的是一种"反剥削的平等"而不是"独立的平等"。[①]马克思主义的自由主义正义观依赖于这个真理性论断:基于阶级社会中的财产关系,阶级之间绝大多数财产上的不平等是剥削性的,通过强迫否定消极自由而实现。

我的观点表面上看似乎是矛盾的:只有通过社群主义的财产理论,我们才能发现马克思主义显然植根于西方的自由主义正义理论,首先关心的是自由主义正义观意义辩论中的基于消极自由的平等,其次才是"独立的平等"。

鲜有评论者探讨马克思主义正义观的社群主义一面。然而把马

---

① 关于这些问题的完整讨论参考 G. A. Cohen, *Self-Ownership, Freedom, and Equality*, 144-164; *If You're an Egalitarian How Come You're so Rich?*, 134-147; *Rescuing Justice and Equality*。

克思主义剥削理论同化为自由主义也遭到了抵制。[1]而且，马克思主义正义和自由主义正义没有关联的另一个原因是，马克思主义者所寻求的"反剥削平等"，其目标首先是改变被剥削阶级而不是个人的地位，尽管在任何一种合理解释下这种改变将意味着这些被剥削阶级中的个人的平等将大大提高。通过终结剥削阶级占有生产资料从而大幅扩大平等的重大意义应该是显而易见的。遵循马克思主义的剥削理论，当今资本主义社会的大量不平等是不公正的暴力、统治和否定消极自由的结果，取消这种统治将极大地促进"反剥削的平等"。当然，要使这种平等继续下去，必须关注一系列建立经济"独立的平等"的计划，特别是公共卫生、教育和福利项目，马克思主义者的这些倡导与今天许多平等主义的自由主义者是一致的。但这仍然真的：在其"反剥削的平等"的中心思想中，马克思主义与极端自由主义的方法论一致性和平等主义的自由主义一样多，尽管从一致的方法论中它得出了与经济极端自由主义完全不同的结论。作为背景，我们需谨记，典型的极端自由主义者并不否认这种不平等的存在，但在这种不平等是不公正的时候仅给出一种狭隘的解释。[2]一切剥削理论，包括马克思主义者、极端自由主义者等，旨在重新收回被暴力夺走的东西，因此并不仅仅从一个独立原则得到平等，而是试图恢复这种通过否认消极自由被暴力剥夺的平等。而且，社群主义的正义模式的合理发展需要自由主义的正义模式。如果没有自由主义的马克思主义正义，社群主义的马克思主义正义也是不可能的。

---

[1] 与社群主义马克思主义相近的正义理论在批判法学派内部产生,但这种理论通常背离了自由主义。见 Unger, *Critical Legal Studies,* 109–117。与此相对,批判法学派财产理论学家肯尼迪和辛格却较少地背离。见 Duncan Kennedy, "The Stakes of Law: Or Hale and Foucault," 83–93,和 Joseph William Singer, *Entitlement,* 95–139。

[2] 见 Nozick, *Anarchy, State, and Utopia,* 150–163。

尽管社群主义和自由主义的马克思主义财产正义之间存在着许多重要的概念重叠，但同时重要的差异也将这两个概念区分开。作为剥削的终结，自由主义正义更直接关注马克思主义经济正义的起点，即不公正财产阶级的终结。社群主义正义也建立在对不公正财产阶级的终结之上，但也带来了远远超出这一目标的伦理规范，就像自由主义的"独立的平等"超越了终结剥削和不公正财产阶级的最低目标那样。从这一根本区别出发，马克思主义的自由主义和社群主义财产正义理论继续遵循不同但重叠的路径。例如，社群主义和自由主义的马克思主义正义都是从（1）扩大范围的财产和（2）由此产生的社会义务出发的，但后来在源自（1）和（2）的（3）物质团结、平等和消极自由的细节上出现分歧。这两种模式结合起来构成了一种强有力的自由主义的社群主义正义观，以结束不公正财产的阶级社会。

不幸的是，在反西方自由主义的社会主义和共产主义衰落和解体的前20年和后25年里，对马克思主义伦理学解释的一个最突出的趋势，就是否认存在马克思和（或）马克思主义的正义理论。一些分析人士，因为他们没有认识到马克思和马克思主义经济伦理学中独特的社群主义元素，并且因为他们在寻找一种标准形式的自由主义正义，所以他们得出结论：马克思或马克思主义根本没有正义的概念。[1]关于马克思本人的许多争论集中在他的1875年《哥达纲领批判》（以下简称《纲领》）中，其中在批判当时德国社会民主

---

[1] 关于对马克思主义和正义辩论的综述，一直到苏联解体和东欧剧变，可参考 Rodney Peffer, *Marxism, Morality, and Social Justice*。佩弗坚持认为马克思和马克思主义有一种西方标准形式的正义理论。从1970年到1990年对这种观点的两位主要批评者是 Fisk, *State and Justice*, and Wood, "Justice and Class Interests."过去10年的辩论见 Callinicos, *Equality*, 26-40; Cohen, *Self-Ownership, Freedom, and Equality*, 144-164; *If You're an Egalitarian How Come You're so Rich?* 134-147。

党在哥达宣布的一个具体纲领的过程中，马克思从经济学的角度分析了资本主义财产阶级社会结束后的社会愿景。他用"共产主义"这个词来描述资本主义之后出现的社会，但区分了共产主义的两个阶段。后来，列宁通过称第一阶段为社会主义、第二阶段为共产主义，让这一区分闻名于世。①虽然从哲学的角度来看，这两个阶段的最佳术语是"后（post）财产阶级经济正义的第一阶段和第二阶段"，但为了更清楚地进入历史辩论，我也将第一阶段简称为"社会主义"，第二阶段简称为"共产主义"，同时强调这些哲学上的正义诸阶段在逻辑上并不需要（马克思认为会那样）作为生产资料公有制形式的社会主义或共产主义。

《纲领》尤其受到那些认为马克思没有真正的正义理论的学者的支持，因为马克思指出，后资本主义社会的第一阶段（列宁称之为社会主义阶段）的部分不足来自一个简单的事实：它完全使用了权利（Recht，德语，即权利、权利体系或法律）概念：

> 这里通行的是商品等价物的交换中通行的同一原则，即一种形式的一定量劳动同另一种形式的同量劳动相交换。
> 所以，在这里平等的权利（Recht）按照原则仍然是资产阶级权利（Recht），虽然原则和实践在这里已不再互相矛盾。②

然而，坚持"马克思有一个真正的正义理论"的学派，同样对马克思的主张感到欣慰：第二阶段比第一阶段更好的部分原因在于，它使用了看起来是一种新标准的经济正义，尽管这种标准超越

---

① Marx, "CGP," 568-569; Lenin, *State and Revolution*, 95-96.
② Marx, "CGP," 568. 中译文见《马克思恩格斯文集》第3卷，第434页。

了资产阶级的权利（Recht）：

> 在共产主义社会高级阶段，在迫使个人奴隶般地服从分工的情形已经消失，从而脑力劳动和体力劳动的对立也随之消失之后，在劳动已经不仅仅是谋生的手段，而且本身成了生活的第一需要之后，在随着个人的全面发展，他们的生产力也增长起来，而集体财富的一切源泉都充分涌流之后，——只有在那个时候，才能完全超出资产阶级权利的狭隘眼界，社会才能在自己的旗帜上写上：各尽所能，按需分配！[①]

马克思主义正义观的批评者喜欢第一段话，因为马克思似乎声称在后资本主义社会的第一阶段，给予人们应得的东西的正义不是真正的正义。而马克思主义正义观的辩护者喜欢第二段话，因为在更高的第二阶段，当人们不只是从他们的应得中得到回报时，我们就得到了一种正义原则。然而，对于《纲领》体现了对"正义价值本身"的否定这一观点，其支持者和反对者都错在没有考虑经济正义可能具有的全部意义。马克思并不是简单地断言或否认后财产阶级社会中经济正义本身的重要性。相反，这样一个社会的第一阶段代表着一个最小的自由主义正义阶段，集中于通过剥削对消极自由和平等的否定；第二阶段代表着社群主义的正义阶段，集中于物质团结，以及自由主义的"独立的平等"的巨大扩展。这两个阶段都是广泛的分配财产正义阶段，但第一阶段也是一种更为限定的正义，其中正义的目的主要是阐明消极自由的自由主义经济价值与"反剥削的平等"之间的关系。第二阶段强调物质团结和"独立的

---

① Marx, "CGP," 5569. 中译文第 435、436 页。

平等"，建立在平等主义和消极自由的基础上。随着剥削的结束和这些价值在第一阶段的实现，第二阶段就产生了。在第一阶段获得的强大的消极自由和"反剥削的平等"必须坚持，即使在第二个社群主义阶段获得了更多的社群主义物质团结和扩大的自由主义的"独立的平等"。然而，《纲领》似乎确实表明，在后财产阶级社会的第一阶段虽然有必要享有消极自由和平等的程序权利，但在第二阶段可能不再有必要。不过，即使马克思认为权利将会或应该在第二阶段消失，它们的消失肯定不是自由主义的社群主义正义所需要的，甚至也是不相容的。

自由社群主义的马克思主义正义的拥护者，同大多数纯粹的自由主义马克思主义者一样，必须把第一阶段的自由主义表述为缺乏剥削的正义理论。自由主义的马克思主义财产正义与社群主义的马克思主义财产正义一样，（1）扩大了财产的范围，和（2）接受关于财产正义的普遍社会化观点。然而，不同于社群主义的财产正义专注于从（1）和（2）中获得（3a）物质团结的具体细节，自由主义的马克思主义财产正义继续专注于从（1）和（2）中获得（3b）消极自由、反剥削和独立的平等这些自由主义价值的具体细节。

第一阶段的马克思主义正义必须解释剥削。在第二阶段财产中的物质团结和自由的"独立的平等"，必须与第一阶段实现的财产中的消极自由和"反剥削的平等"相平衡。然而，自由社群主义的马克思主义剥削理论在两个方面不同于非社群主义的自由主义马克思主义和非马克思主义的剥削理论。首先，消极自由和平等这些自由主义价值被视为与物质团结的社群主义价值一起运行。后不公正财产阶级社会的第一阶段和第二阶段是相容的，第二阶段逻辑上需要第一阶段。第二，自由社群主义的马克思主义剥削理论，像纯粹的社群主义正义一样，用一种特别的社群主义语言来表述，这一因素实际上可能妨碍了对其自由主义亲缘关系的解释。

尽管非标准的自由主义的马克思主义正义比社群主义的马克思主义正义，更接近于20世纪70年代开始主导英语世界的哲学模式，但它仍然与那些模式有区别。尽管由于其社群主义特征而对第二阶段的最高正义提出批评，斯坦利·摩尔（S. Moore），马克思主义正义最敏锐的解释者之一，还是假定最低或第一阶段的反剥削的后阶级正义可以得到相当简单的辩护。①然而事实上，那些认为马克思和马克思主义者没有真正的正义理论的学者，常常对马克思主义关于最低或第一阶段以消极自由和平等为特征的后财产阶级正义的基础持怀疑态度，就像他们对马克思主义关于最高或第二阶段正义的基础持怀疑态度一样。他们的批评可以这样来回应：作为对剥削的批判，自由主义的马克思主义正义也依赖于一种独特的社群主义方法论。

剥削理论分享了典型的平等主义的自由主义正义理论的许多特点。它们的目标在许多方面是相同的：平等本身是一个自在目的，而不是从消极自由中衍生而来。②然而，与大多数自由主义的平等主义体系相比，消极自由在马克思主义的最低正义中扮演着更重要的角色。特别是在将社群主义剥削理论同化为自由主义的平等主义正义过程中，出现了两个问题：一是内容的相容性问题，二是方法的相容性问题。

自由主义的平等主义正义理论的内容在什么条件下与马克思主义剥削理论相兼容？自由主义正义妨碍自身平等主义发展的任何一方面，也妨碍与马克思主义理论的相容性。最有可能阻止自由主

---

① 见 Stanley Moore, *Marx on the Choice between Socialism and Communism*, 30–51。

② 关于自由主义的平等，见 Dworkin, *Sovereign Virtue*, 1–10; *Taking Rights Seriously*, 226–227; and Rawls, *A Theory of Justice*, Revised Edition, 228–276.

的平等主义和马克思主义剥削理论相联系的因素，是经济生活中消极自由与平等之间本质上不相容。在强调这种不相容性的范围内，极端自由主义财产理论在许多重要方面与自由社群主义的马克思主义剥削理论不相容，正如它们在许多重要方面与强调平等作为独立价值的自由主义正义不相容一样。然而，马克思主义剥削理论比许多（如果不是大多数的话）自由主义的平等主义理论更依赖于消极自由。扩大范围的财产正义使马克思主义剥削理论与平等主义的自由主义，以及基于消极自由的极端自由主义的关键方面，保持着稳定的共同基础。把马克思主义剥削理论看作是一种固定平等主义的方法（在自由主义中也被发现），其重要障碍是逐渐放弃从自由主义和马克思主义得出平等主义结论，转而赞成狭隘的以消极自由为基础的极端自由主义财产理论解释。把马克思主义看作与极端自由主义对消极自由的捍卫是一致的，其主要障碍是把自由主义的马克思主义正义仅仅建立在"独立的平等"基础上，而不是建立在基于消极自由的平等之上。只要避免了这两个问题，对于反对自由主义的正义与马克思主义剥削理论相容的批评，我们就可以从内容的角度来进行回应。这就产生了一个问题：马克思主义剥削理论是否比平等主义的自由主义更能真正回答极端自由主义哲学上对平等主义的反对。在许多方面，马克思主义剥削理论和自由主义的平等主义在这一问题上是一脉相承的。**二者都主张贬低生产资料财产所有权的消极自由，提升生产资料财产所有权的平等**。然而，自相矛盾的是，从极端自由主义自身的立场马克思主义可能更能回应极端自由主义者，这是因为相比典型的极端自由主义者或典型的自由主义的平等主义者，马克思主义发现统治和缺乏财产上的消极自由在资本主义更普遍。因此，马克思主义正义要求恢复消极自由，而且可以说，比起许多自由主义的平等主义正义，它更关心消极自由。自由社群主义的马克思主义使用社群主义的**方法论**,与大多数自由主义的方法论截然不同,但与平等和消极自由的自由主义**价值**是相容的。

因此,马克思主义剥削理论必须最低限度地说明剥削是如何阻碍实现消极自由和平等的。为了表明消极自由是如何被否定的,需要一个关于暴力、统治或胁迫的概念。为了表明平等是如何被否定的,还需要一个"互惠的获得或缺乏"(taking advantage or lack of reciprocity)概念。①马克思通过对劳动和资本之间的工资交易的叙述,介绍了剥削的概念,同时描述了不平等和消极自由的丧失。②在《资本论》第1卷的关键段落,从简单交换或小商品生产(预设人们一般不为他人工作)的描述转向资本主义(人们一般为他人工作),马克思非常著名而又具有讽刺意味宣告,"告别"(farewell)平等与自由之地,去一个"原来的货币占有者作为资本家,昂首前行"的地方;马克思将这种具有讽刺意味的告别与财产(property)概念联系起来。他讽刺说,出售自己的劳动能力,使这种能力成为一种财产,它"确实是天赋人权的真正伊甸园。那里占统治地位的只是自由、平等、所有权和边沁。自由!因为买者和卖者……只取决于自己的自由意志……平等!因为他们……用等价物交换等价物。财产!因为每一个人都只支配自己的东西"。③尽管这一控诉被认为是对自由主义伦理和正义理论的批判甚至嘲笑,但实际上这里它只是对自由主义的内在批判:在资本主义社会中发挥作用的生产资料私有财产,否定了工人享有自由主义理论家所宣称的消极自由

---

① 见 Reimann, *Justice and Modern Moral Philosophy*, 214–220。
② Marx, *Capital,* Vol. 1, 268–280.
③ 同上,280。中译文《马克思恩格斯文集》第5卷,第204页,译文有改动。

· 243 ·

和平等。[1]

尤其是，马克思的社群主义方法论的两个方面阻碍了人们对他如何证明资本家在工人面前昂首前行的形象，与所有人的消极自由以及基于消极自由的平等不相容的理解。第一，马克思精心构思《资本论》第一卷及其各种草稿的结构，使它们不断地提到资本主义社会这种消极自由和基于消极自由的平等的虚幻性本质的形象，但这种结构因为其背后的社群主义伦理方法论，本身很少能被理解。第二，马克思把这种否定消极自由和平等的描述纳入到他对扩大范围的财产和资本主义社会关系的描述中。这种社群主义方法论强调了对"集体主体"（collective subject），即工人阶级的剥削。正如黑格尔主义的社群主义者罗斯道尔斯基（R. Rosdolsky）所提到的，这种想法很自然地从《资本论》第一卷及其手稿《大纲》的结构中产生。

罗斯道尔斯基根据黑格尔的"**伦理**"（德语 Sittlichkeit）学，分析了马克思通过资本主义社会关系所得出的被剥削的集体主体概念，揭示了资本主义对消极自由和基于消极自由的平等的深层否定。集体剥削依赖于剥离具体商品的使用价值，包括作为商品时的劳动能力本身。资本主义财产制度是对人类行为的自然和公共属性的抽象。马克思和罗斯道尔斯基发展了一种剥削的概念，根据作为一种一般力量的资本（即"资本一般"，capital in general）定义和决定了行动，从而阻止了消极自由和基于消极自由的平等。定义和决定财产关系的一般力量构成了黑格尔所谓的**伦理**，即嵌入在社会和社会规则中的具体伦理实践，在马克思和罗斯道尔斯基这里则是资

---

[1] 对于一种接近标准的解释，见 Robert Paul Wolff, *Moneybags Must Be so Lucky: On the Literary Structure of Capital* (Amherst: University of Massachusetts Press, 1988), 39–60. 对于平等被一些自由形式所破坏的一般情况，参考 John Roemer, *Free to Lose* (London: Century Hutchinson, 1988), 14–27.

本主义经济伦理的剥削**伦理**。正如我们所看到的，黑格尔发展了一种基于历史的以具体社会实践为基础的道德——**伦理**（Sittlichkeit），由实践者使用的作为伦理原则的社会实践所组成。我们也看到，对于黑格尔和马克思来说，财产是个人之间的社会关系，从道德的角度来看是一种**伦理**。产生剥削的资产阶级财产也是人类与**伦理**之间的社会关系。自由主义者希望改善资本主义**伦理**缺乏消极自由和基于消极自由的平等的状况，但不是革命性改变。对此，自由社群主义的马克思主义者可以批评这些自由主义者为"无能的自由主义者"（liberals manqué）。这是对某些形式的自由主义正义的批判，但它也维护了自由主义的基本价值。

罗斯道尔斯基在对马克思《大纲》中"资本一般"的论述中，展示了**伦理**社会关系是如何加强剥削的。但他的解释可以通过与俄国马克思主义学者、黑格尔门徒鲁宾（I. I. Rubin）联系起来完成，鲁宾在 20 世纪 20 年代对《资本论》第一卷进行了黑格尔式的解释，这种解释称为"一般的市场价值"（market value in general）。①

鲁宾关注的是产生私有财产市场的抽象劳动，因为这种劳动通过经济生产中的人与人之间的关系来定义，而这种关系必须置于其他社会关系的语境中。②从黑格尔主义的立场出发，鲁宾将马克思论拜物教一章的德文文本作为《资本论》第一卷的中心章节。马克思的拜物教哲学表明，资本主义社会的市场和私有财产形式是如何

---

① 更多关于剥削、马克思经济学中的黑格尔方法论以及鲁宾和罗斯道尔斯基的论述，见作者：*Economy and Self: Philosophy and Economics from the Mercantilists to Marx* (Westport and London: Greenwood Press, 1979); "Ethics, Economics, and the Transition to Socialism," in Norman Fischer, N. Georgopoulos, L. Patris eds, *Continuity and Change in Marxism* (Atlantic Highlands and Sussex, England: Humanities and Harvester, 1982); "The Ontology of Abstract Labor," *Review of Radical Political Economics,* 14:2 (1982):27-32; "A Response to Diquattro," *Review of Radical Political Economics,* 14:2 (1984): 205-211。

② I. I. Rubin, *Dialektik der Kategorien,* (Berlin: VSA, 1975), 48-49。

支配意识的，而不是支配社会生产和广泛分配。①因此，马克思的拜物教理论是马克思主义广泛分配正义的组成部分。对于鲁宾来说，拜物教的概念不仅是马克思经济学的一部分，而且是他整个理论体系概念化的最佳方式。鲁宾对生产资料私有财产的批判实际上只是他对拜物教分析的一部分；两者都使伦理社会关系的概念成为中心。②

对于鲁宾来说，这种对社会关系的强调与黑格尔的形式概念有关：

> 我们不应忘记，在内容与形式的关系问题上，马克思采取的是黑格尔而不是康德的立场。康德把形式看作是与内容相关的外部事物，并且是从外部依附于内容。从黑格尔哲学的观点来看，内容本身并不是形式从外部依附的东西。相反，内容通过自身的发展，产生了在内容中已经隐含的形式。③

鲁宾的观点是，对于黑格尔和马克思来说，形式，例如市场价值的形式，是对内容的明确修改。对于马克思和鲁宾来说，以私有财产为基础的市场只是经济的**伦理**社会关系采用的一种形式。这意味着人类之间的**伦理**社会关系可以采取另一种形式。鲁宾的观点让我们更清楚地看到，通过市场分配和使用商品和劳动力的具体形式或模式是如何更改内容的，以及人类通过共同的活动，与社会生产和对使用价值、人类劳动的分配相联系的天然的必要性。这两套道

---

① Marx, *Capital,* Vol. 1, 163-177.
② 同上, 174-175。
③ I. I. Rubin, *Essays on Marx's Theory of Value* (Detroit: Black and Red, 1972), 117.

德实践就是**伦理**，即嵌入社会和历史中的具体伦理实践。这种自由主义正义**理论**必须将剥削的伦理与消极自由和基于消极自由的平等的**伦理**进行区分。

对于鲁宾来说，社会内容领域即自然物和人类的自然活动，与市场和私有财产领域在逻辑上是可以分开的。马克思本人也强调形式的重要性：

> 经济学家完全在对内容感兴趣的影响下，忽略了价值相对表达的形式方面，这并不令人惊讶……在黑格尔之前，即使是专业的逻辑学家也忽视了他们的判断和结论模式的形式方面。①

通过这种方式强调形式，马克思和鲁宾都接受了黑格尔的伦理社群主义的基本原理。这些原理强调在遵循抽象的一般法则意义上，不仅仅是人类所做的事情定义他们是道德的，也包括人类行为的方式，例如他们是否按照原子化的市场、私有财产或其他方式来生产和分配。鲁宾对马克思经济学的黑格尔式社群主义的解释，有助于帮助我们理解罗斯道尔斯基对资本主义财产的解释：通过对消极自由和基于消极自由的平等的支配性否定的**伦理**，深层次上集体工人被剥削成为现实，这是由资本主义市场和财产造成的，同时表面上资本主义市场和财产制度似乎保留了消极自由和基于消极自由的平等。因此，跟鲁宾一样，罗斯道尔斯基从黑格尔主义和马克思主义的社群主义立场对阶级社会进行了批判。他对马克思《大纲》

---

① Karl Marx, *Das Kapital*. Reprint of first 1867 edition (Tokyo: Auki-Shoten, 1959), 21.

的开创性研究对于财产正义具有重大意义。①罗斯道尔斯基指出，马克思经济学的一个关键性发现是，对资本主义的分析不仅要根据不同资本家和工人之间的个人买卖行为，也要根据工人和资本家之间的总体交换，而只着眼于资本家之间竞争的经济学家是看不到这种交换的。这种交换是一般的工人阶级和一般的资产阶级之间发生的。个人行为在这里由社会关系来定义。②对于马克思以及黑格尔来说，这种对**伦理**社会关系的定义和规定，要么引导个人走向美好的道德生活，要么相反。

资本主义的运作方式不同于简单市场、简单的私有财产、简单交换或小商品生产，后者是一种没有工人为资本家工作的市场或私有财产制度。马克思的大部分自由主义正义理论，通过简单或真正的极端自由主义市场或私人财产制度与真正的资本主义的对比得到发展和阐明。因为"一般资本主义"的普遍性只能通过劳资双方整体的对立才能阐明；用简单交换中孤立的个体之间的关系来定义和规定道德行为，永远不会像资本主义内部的一般社会关系那么显著。

《资本论》草稿即《大纲》，以及长期未发表的被后人称为"第六章"或"即时生产过程的结果"（在《资本论》第一卷所有已知版本都漏掉了），表明了当一般的资本主义财产和市场展示了工人在市场中的不平等以及生产资料的缺乏是如何成为资本主义制度的一部分时，自身才能表现为通过统治和否定消极自由来创造不平等。被极端自由主义所假定的资本主义社会消极自由的盛行被《大纲》和"第六章"否定了，二者描绘了在资本主义社会关系内部特

---

① Roman Rosdolsky, *The Making of Marx's Capital*, Vol. 1 (London: Pluto Press, 1997).

② Marx, "Preface" to *A Contribution to the Critique of Political Economy*, in *Selected Writings*, 388–392; *Grundrisse*, trans. Nicholaus, 83–87. 德文原版是 *Grundrisse der Kritik der Politischen Ökonomie* (Frankfurt: Europaische Verlaganstalt, n. d.)。

第六章　结论：西方自由主义伦理学视域下的共和主义马克思主义

有的**统治**及其定义和决定行为的**伦理**能力。①那些认为诺齐克对极端自由主义的资本主义的辩护在20世纪70年代是前无古人的，不妨考虑一下罗斯道尔斯基的评论："直到今天，当资本主义的辩护者想要消除资本主义经济秩序的矛盾时，他们宁愿退回到简单的商品交换水平，而这一点也不奇怪。"②通过关注马克思主义经济学的结构，罗斯道尔斯基表示，比如这个具有讽刺意味的东西（类似于马克思在《资本论》第一卷中提到的在天赋人权真正的伊甸园中，资本家在工人面前昂首挺胸）构成了《大纲》中马克思关于从非资本主义到资本主义市场过渡的基础。在被称为《大纲》初稿的"原始文本"（Urtext）中：

> 由于生产过程，"因为它**出现**在社会的**表面**"，只是通过劳动对劳动产品的占有，通过个人的自身劳动对异化劳动产品的占有，那么基于生产者的平等、自由和互惠，随之而来就是，在商品生产的发展过程中出现的矛盾是**从交换价值本身的发展**产生出来的，就像劳动的原始占有规律产生那样。

简单的商品流通似乎只允许通过放弃个人自己的劳动而获得异化劳动财产。③罗斯道尔斯基的分析是一个很好的例子，用来说明黑格尔的社群主义**伦理**概念（定义和规定行为的嵌入式的道德实践）如何被用于证明和批评资本主义对消极自由和基于消极自由的

---

① 在这点上对极端自由主义的批判，见 Reiman, *Justice and Modern Moral Philosophy*, 214-222。

② Nozick, *Anarchy, State, and Utopia*; Rosdolsky, *The Making of Marx's Capital*, 179.

③ Marx "Urtext" in *Grundrisse der Kritik der Politischen Ökonomie*, 904; 见 Marx, *Grundrisse*, trans. Nicholaus, 238; Rosdolsky, *The Making of Marx's Capital*, 183。

平等的否定。这里，自由主义的内容只有其社群主义方法论被理解时才能彰显。罗斯道尔斯基清楚地看到，马克思的分析显示了资本主义虽然似乎与非资本主义市场遵循相同的规律，然而实际根本上改变了那些规律，以创造一种所有者可以占有工人财产的情形。但是，问题是这种反转是如何发生的，借此统治、对消极自由和基于消极自由的平等的否定产生了。这个问题在《大纲》和"第六章"的结合中得到了解决。

《大纲》包含两章，一章关于货币，一章关于资本。最重要的是这两章之间的过渡，以及"原始文本"（Urtext）的两个对应部分向《大纲》的过渡，这些过渡最能体现马克思对极端自由主义的市场和财产正义的反驳。①就像《资本论》第一卷的前几部分一样，《大纲》的第一章专注于简单或小商品生产社会中的财产和市场，并没有出现工资契约中的劳动力买卖，后者属于阶级概念仅适用于资本主义，但不适用于小商品生产。在小商品生产中，市场和私有财产制度在劳动力成为商品之前就开始发挥作用。在资本主义市场和私有财产制度中，劳动力在市场上买卖并因此具有商品特征。

《大纲》提供了一种财产剥削理论，提出了三种关于财产的法律。马克思对在小商品生产中发现的前两个财产法的描述，表明与极端自由主义的市场领域相关，这里存在一个财产领域，人们允许在这样的市场中交易货物，从而体现了大致上的平等、消极自由和免于统治。相比之下，第三个财产法颠覆了简单市场以及与之相关的极端自由主义财产理论。马克思写道，一开始好像只有前两个财产法，后来表明第三个实际上也是存在的，并推翻了前两个。前两个财产法将财产与消极自由和基于消极自由的平等联系起来，而第

---

① 我所称的"原始文本"，可看作是《大纲》的"大纲"。见 Marx, *Grundrisse der Kritik der Politischen Ökonomie*, 871–967。

第六章　结论：西方自由主义伦理学视域下的共和主义马克思主义

三个财产法将财产与对这两个价值的否定联系起来。伴随着非资本主义社会的"正义"财产制度的产生，一种虚幻正义的**伦理**削弱了自身，并表明自己按照自由主义标准是不正义的。

第一个财产法规定了个人占有自身劳动成果的权利；第二个规定了在市场上出售占有产品的权利："第一个财产法，通过个人劳动占有产品。第二个财产法，产品异化（Verausserung）或转变为社会形式。"①对于马克思来说，这两个财产法的存在是不真实的。需要另外一种财产法来概括资本主义，这种财产法需要否认消极自由，并随之而来造成了不平等，这就是剥削：

> 我们已经看到，在简单流通本身中（即处于运动状态的交换价值中），个人相互间的行为，按其内容来说，只是彼此关心满足自身的需要，按其形式来说，只是交换，设定为等同物（等价物），所以在这里，财产也只是表现为通过劳动占有劳动产品，以及通过自己的劳动占有他人劳动的产品，只要自己劳动的产品被他人的劳动购买便是如此。②

通过简单的小商品生产市场，前两个财产法与消极自由和基于消极自由的平等联系起来。个人自己劳动，每个人都拥有自己的财产。然而，资本主义意味着存在一个不同的财产法。一群人拥有财产，另一群没有：第三个财产法。有了这个财产法，消极自由和基于消极自由的平等被否定。当然马克思并不否认，比如即使第三个

---

① Marx, "Urtext," in *Grundrisse der Kritik der Politischen Ökonomie*, 951.
② Marx, *Grundrisse*, trans. Nicholaus, 238. 中译文见《马克思恩格斯全集》第46卷（上），人民出版社，1979年版，第189页，译文有改动。

财产法普遍存在，大多数人仍会继续拥有自己的个人财产。他指的是，出卖劳动力的人除了劳动力之外根本上没有什么可卖，然而劳动力的购买者拥有生产资料，使得他能够使用劳动力：

> 等价物的交换好像是以个人劳动产品的所有权为前提的，因此好像把**通过劳动占有**，即占有的现实经济过程，同**对客体化**的劳动的**所有权**等同起来了；……这样的等价物的交换转向自己的反面，由于必然的辩证法而表现为劳动和财产之间的绝对分离，表现为不通过交换不付给等价物而占有他人的劳动。①

《大纲》确实支持了罗斯道尔斯基的看法：在简单的生产资料私有制社会和在资本主义生产资料私有制中，我们发现了两个不同的逻辑结构。这些段落表明了极端自由主义伦理对资本主义的辩护是矛盾的，它假设简单的市场和私人财产制度遵循与资本主义相同的逻辑。②然而，为了进一步回应极端自由主义者，必须更加详细地说明为什么极端自由主义财产制度与资本主义财产制度有着不同的结构。我们已经看到，通过对工人财产（即劳动力）的占有，资本主义财产律是如何产生统治和基于统治的不平等。因此，与简单交换形成对比，正是在资本主义制度的财产结构下，人类伦理行为才在伦理领域或者系统否定消极自由和基于消极自由的平等的一系列伦理实践中，得到完整的定义和规定。"第六章"集中提出了这

---

① Marx, *Grundrisse,* trans. Nicholaus, 514. 中译文见《马克思恩格斯全集》第 46 卷（上），人民出版社，1979 年版，第 518—519 页，译文有改动。

② 极端自由主义对资本主义和其他市场社会的分析，见 Jan Narveson, "Deserving Profits," in Robin Cowan and Mario J. Rizzo, eds, *Profits and Morality* (Chicago: University of Chicago Press, 1995)。

些观点，表明统治和对消极自由和基于消极自由的平等的否定，源于把人类行为完全吸收到整个制度中。

在"第六章"中，马克思强调了与"资本一般"相对应，"劳动一般"是如何产生的：

> 在莎士比亚所描写的"骄傲的英国自耕农"和英国农业短工之间存在着多么大的差别呀！……但是这种活动在行会制度和种姓制度中却认为是合乎天职的活动，而对于奴隶来说，就像对于役畜一样，却只是某种特定的、强加给他的、传统的活动方式，即他的劳动能力的实现方式。①

马克思的观点是，随着劳动变得更加一般，对某些特别任务更加不关注，它失去了对活动及其产生的事物的具体性质的适应。马克思明确表示这种劳动和使用的一般性是资本主义一般性的结果。为什么资本允许它破坏使用和劳动的具体性质？马克思的答案很清楚。最重要的是资本的一般性和结构：

> 师傅和帮工的关系消失了。师傅过去是作为手工业的师傅来对待帮工的。现在，师傅只是作为资本的占有者与帮工相对立，同样帮工只是作为劳动的出卖者与师傅相对立。②

---

① Marx, "Results of Immediate Processes of Production," in *Capital*, Vol. 1, 1033. 这个标题也是《资本论》第一卷的编辑和译者福克斯（B. Fowkes）喜欢给长篇未出版的"第六章"起的标题。见 *Resultate der unmittelbar Produksionprozesses: Das Kapital 1, Buch der Produkionsprozess des Kapital, VI Kapitels* (Frankfurt: Neue Kritik, 1969). 中译文见《马克思恩格斯文集》第 8 卷，第 378 页。

② Marx, "Results of Immediate Processes of Production," in *Capital*, Vol. 1, 1020. 中译文见《马克思恩格斯文集》第 8 卷，人民出版社，1979 年版，第 500 页。

最后，马克思清晰指出，正是"资本一般"和"劳动一般"的具体形式，解释了从尊重消极自由和基于消极自由的平等的极端自由主义财产和市场到不尊重这些价值的资本主义财产和市场的翻转："我们如果一方面考察总资本，就是说，考察劳动能力的买者的总体，另一方面考察劳动能力的卖者的总体，工人的总体，那么，工人所以不是出卖商品，而是不得不把自己本身的劳动能力作为商品出卖。"①

在这里，罗斯道尔斯基的观点与马克思一致，都在批判极端自由主义理想化消极自由和基于消极自由的平等在资本主义的盛行。与极端自由主义相反，马克思根据统治、对消极自由和基于消极自由的平等的否定分析资本主义，资本主义市场和财产的一般社会关系能力导致不再强调劳动的具体使用。在"第六章"中，马克思认为资本主义的伦理既没有提供良好的共同体意识，也没有关于个体性、消极自由或基于消极自由的平等的良好意识。当资本主义取代相对不复杂的市场关系以及其他经济形式时，为了实现剥削就越来越多地剥离使用价值。当这样做是为了劳动力本身被视为作为一种商品时，这种剥离也是剥削性的，也就是说，否定了消极自由和基于消极自由的平等。

自由主义的社群主义剥削理论是用一种讽刺的语言表达的，在简单非资本主义财产与市场和复杂资本主义财产与市场之间来回徘徊。这种讽刺倾向于将马克思主义脱离自由主义正义话语体系。有用的是，这里已经有一个对资本主义正义的内部和外部批判的区分。虽然内部批判以消极自由和基于消极自由的平等这些价值为基础，利用交换的内部标准来批评资本主义，而外部批判则远远超出

---

① Marx, "Results of Immediate Processes of Production," in *Capital*, Vol. 1, 1003. 中译文见《马克思恩格斯文集》第8卷，人民出版社，1979年版，第482页。

前者，例如将会利用物质团结和"独立的平等"标准。①如果辩论放在马克思《纲领》的讨论框架中，内部批判基本上来自第一阶段的立场，即后不公正财产阶级社会以及剥削的消灭，外部批判基本上是来自第二阶段的立场，即后不公正财产阶级社会以及物质团结和扩大的独立平等的实现。然而，极力反对马克思主义经济伦理学与自由主义正义有任何联系的人，则否认这种区分，并声称马克思只是为了吸引眼球。②马克思关于一般的资本主义市场、生产、剥削之间的逻辑联系的清晰解释回应了上面的反对。它与罗斯道尔斯基的分析一起有助于表明，对资本主义缺乏社群主义价值和自由的独立平等的外部批判，对资本主义缺乏消极自由和基于消极自由的平等的内部批判，这两种批判之间的区分在马克思的资本主义理论中占据中心地位。

那么，在证明马克思和罗斯道尔斯基的社群主义方法论的自由主义正义过程中，问题是资本主义财产关系内部的剥削是如何否认消极自由和平等的。对于马克思和罗斯道尔斯基而言，当工人为了工资而为资本家工作时，消极自由和基于消极自由的平等就被否认了。但为了表明如此，工资的概念必须放在资本主义社会关系背景下考虑，首先通过对资本主义财产的扩大范围的分析来体现，其次通过马克思和罗斯道尔斯基对资本主义市场的论述体现。

资本主义中的工资关系是否与使财产和市场适合一种公正可行的伦理生活方式相兼容？马克思和罗斯道尔斯基的自由社群主义的马克思主义的回答就是，当工人在财产社会关系内为资本家工作

---

① 见 Gary Young, "Doing Marx Justice," in Kai Nielsen and Steven C. Patten, eds, *Marx and Morality* (Guelph, Ontario: Canadian Association for Publishing Philosophy, 1981), 251–268.

② 对马克思自由主义正义最好的研究仍然是 Stanley Moore, *Marx on the Choice between Socialism and Communism*, 30–51。

时,他是被统治的,也就是说,他的消极自由被否定了,他被利用了,因此缺乏消极自由和基于消极自由的平等。对于马克思和罗斯道尔斯基,在生产资料所有权上工人被排除在外,并为了工资出卖劳动力以便能获得生产资料,这个事实揭示了资本主义财产的基本社会关系,它使得统治、否认消极自由和基于消极自由的平等成为可能。自由主义正义理论家可能会反对这个理论,但不能有效地证明它不是一个自由主义理论,尽管该理论是非标准的。

虽然从社群主义的角度来看,在第一个自由主义的"哥达纲领批判"阶段,可能只会确保必要的正义以便为了一个最低的后公正财产阶级社会,以及为了经济极端自由主义者甚至为了许多平等主义的自由主义者,而不是为了真正的扩大范例来应用平等主义的人,但是第一阶段的最低正义相比社群主义通常愿意容忍的,要求以正义之名更多地再分配经济产品。然而现代伦理和平等主义的自由主义的惊人之处,在于它至少从理论上看,多久能够实现比现代资本主义社会现存平等更大的承诺。[①]因此,马克思主义正义与自由主义正义有很多相似之处。不过马克思主义伦理与政治自由主义也相似吗?

## 二、马克思主义的政治自由主义伦理学

共和主义的马克思主义可以与政治自由主义结合。为了表明不公正的财产阶级社会的终结理论整体上可以与消极自由和平等的自由主义政治价值联系起来,哲学上的关键一步是表明,它可以对一

---

① 关于自由主义和其他正义形式的比较,参考 James Sterba, *Justice for Here and Now* (Cambridge: Cambridge University Press, 1998)。

个良好的政体对公民的授权和要求提出明确的概念限制,从而对政体影响消极自由的程度提出限制。

今日的自由主义、社群主义、群体认同理论的辩护者在政治理论上存在一个重大争论,不仅仅是政治形式,也体现在哲学基础上。共和主义的马克思主义可以与自由主义哲学进行对话,这将超越媒体单纯的口号,并试图确定消极自由和平等的应有作用以及它们与共同体和群体认同价值之间的关系。在马克思主义发展过程中,思想家如汤姆森(E. P. Thompson)、弗洛姆(E. Fromm)、哈贝马斯(J. Habermas)和雷曼(J. Reiman),谈论了自由主义伦理与马克思主义伦理之间的联系。同样,历史学家如福布斯(I. Forbes)和塔克(D. F. B. Tucker)探讨了个人主义在马克思主义整体中的重要性。[1]然而,无论是总体上的马克思主义还是社群主义的马克思主义,很少与强调个人消极自由的西方伟大哲学家有联系。马克思对孟德斯鸠的引用和了解是个例外,虽然他没有称孟德斯鸠为消极自由的捍卫者,正如赫尔墨斯(S. Holmes)在最近关于反自由主义的作品中所做的那样。当然,马克思一生都在为言论自由辩护,他和恩格斯都在尝试为那些被专制国家所虐待的人伸张正义,都在为正当程序辩护。[2]但是,在这点上明显缺乏政治对话,并且太多政治左派成员(包括那些同情马克思主义政治理论的人)把对消极自

---

[1] E. P. Thompson, *Whigs and Hunters* (New York: Penguin, 1977), 245−269; Erich Fromm, *Marx's Concept of Man* (New York: Continuum, 1966), 69−79; Jurgen Habermas, "Überlegungungen zum evolutionären Stellenwert desmodernen Rechts," in *Zur Rekonstruktion des Historischen Materialismus*, 260−270; Reiman, Justice and Modern Moral Philosophy, 213−228.

[2] Holmes, *Anatomy of Antiliberalism and Passions and Constraint: The Theory of Liberal Democracy* (Chicago: University of Chicago Press, 1995); Karl Marx, *On Freedom of the Press and Censorship*, translated with an introduction by Saul K. Padover (New York: McGraw Hill, 1974).

由的辩护归于右翼极端自由主义阵营,这种普遍倾向对我们正确理解没有帮助。哲学上讲,真正的右翼极端自由主义与马克思主义内部或外部的左翼极端自由主义有且必须有重叠。前者在财产和公民自由两方面为消极自由辩护,后者则首先在公民自由方面辩护消极自由,并把生产资料私有财产方面的消极自由置于次要地位。

维罗利(M. Viroli)在其开创性作品中将密尔(J. S. Mill)与共和主义联系起来,以及邓肯(G. Duncan)将密尔与马克思联系起来,就是一个很好的例子,哲学对话应该从共和主义的马克思主义和消极自由之间的关系入手。[1]当然,无论维罗利还是邓肯都没有提到共和主义的马克思主义与对消极自由辩护的密尔之间的概念兼容性。但结合他们对共和主义的马克思主义的研究,至少可以为部分人提供一种答案,这些人提出一种与自由主义不是特别相关的共和主义或马克思主义。[2]

当然,对话和辩论远远超出了马克思主义,一方面是自由主义者,另一方面是社群主义者和共和主义者,经常与群体认同理论家发生激烈争论。群体认同强调种族、民族和性别,经常与各种形式的自由主义和社群主义进行斗争,并对共和主义表现出特别冷漠,

---

[1] Maurizio Viroli, *Republicanism,* 108; Duncan, *Marx and Mill: Two Views of Social Conflict and Social Harmony* (Cambridge: Cambridge University Press, 1977).

[2] 关于共和主义一面,参考 Sandel, *Democracy's Discontent*; 关于马克思主义一面,参考 Fisk, *The State and Justice*。

如果不是蔑视的话。①理解这个辩论的关键点是，尽管自由主义者和社群主义者可能经常反对彼此，但它们经常被捆绑在一起。这是因为不管公民共和主义和社群主义的统一愿景与自由主义有多么不同，这两种愿景经常站在一起反对群体认同或分裂的伦理学。②

显然，这场辩论的一个关键部分集中在一个良好政体多大程度和范围内可以而且应该授权。鉴于非西方马克思主义的反自由主义传统，自由主义授权理论当然与到目前为止的大部分马克思主义有相关性，同时共和主义的马克思主义作为切实可行的西方政治伦理学，必须回答这个问题。为什么马克思主义在授权方面是反自由主义的，这是没有原因的，因为它只是一种阶级理论。尽管许多马克思主义者和非马克思主义者都曾宣称过，然而马克思主义在逻辑上并不致力于其他群体认同理论家所认可的某种分裂，同样它也不认同将阶级或群体认同作为终极价值。相反，自由主义的共和主义马克思主义者展望一个没有不公正财产阶级的未来社会，在那个社会

---

① 对自由主义的最重要研究，见 Rawls, *Political Liberalism*, 294-299; Dworkin, "The Moral Reading and in Majoritarian Premise," in *Freedom's Law*, 1-38。对共和主义的最重要研究，见 Dagger, *Civic Virtues*, 25-40; Pettit, *Republicanism*; 80-109; Sandel, *Democracy's Discontent*, 11-26。关于群体认同理论的辩论见 Okin, *Justice, Gender and the Family*, 41-73; Stanley Fish, "There's No Such Thing as Free Speech, and It's a Good Thing Too," in *There's No Such Thing as Free Speech and It's a Good Thing Too* (New York: Oxford, 1994), 102-119。对群体认同理论的反自由倾向批判，见 Nat Hentoff, *Free Speech for Me but Not for Thee* (New York: Harper Collins, 1993), 55-98。

② 关于共和主义统一性见 Sandel, *Democracy's Discontent*, 123-142; M. N. S. Sellers, *American Republicanism: Roman Ideology in the United States Constitution* (New York: New York University Press, 1994), 77-82。关于德沃金对限制自由主义的辩护，见 *Freedom's Law*, 7-12, 17, 22, 25。关于群体认同的分裂，见 Okin, *Justice, Gender and the Family*。对于反自由主义的一般性批判见 Stephen Holmes, *Anatomy of Antiliberalism*, 101, 132, 164; Judith Shklar, "The Liberalism of Fear," in *Political Thought and Political Thinkers*, 3-20。

关键性的统一和普遍主义价值被最终赋予实存性。[①]当然，自由主义哲学可能会这样回应：马克思主义的阶级伦理学或任何其他群体认同伦理学，无法通过强调它最终需要一套统一的社群主义价值，使自身摆脱反自由主义标签。因为在许多自由主义哲学家看来，社群主义和共和主义，与群体或阶级认同伦理学一样，是反自由主义的重要来源。有观点认为，社群主义由于缺乏对社会的限制从根本上是反对自由主义的，然而与此观点**相对**，共和主义的马克思主义通过强调作为定义其主要授权的消极自由、反剥削的平等和基本物质安全，可以适当地限制授权。但是，由于马克思主义正义可以包括让极端自由主义者感到吃惊的授权的独立平等，也可以包括让极端自由主义者和平等主义的自由主义者感到吃惊的物质团结，马克思主义政治理论需要采用一种极端自由主义的公民自由理论，特别是关于正当程序和言论自由以便适当限制授权。极端自由主义者拒绝了否定消极自由的国家或政体授权，其原因与社群主义者、平等主义的自由主义者和群体认同理论家一样。极端自由主义者坚持（共和主义的马克思主义者应该坚持）这种否定消极自由的行为不

---

[①] 见 Marx, "A Contribution to the Critique of Hegel's Philosophy of Right: Introduction," in *Early Writings*。马克思主义关于普遍主义和统一性与阶级观点兼容性的辩论，见 E. P. Thompson, *Whigs and Hunters*, 258—269 和 Christopher Hill, *Liberty Against the Law* (Allen Lane: The Penguin Press, 1996), 325—341。马克思主义之外关于群体认同和普遍价值的兼容性的辩论，见 Charles Taylor, "The Politics of Recognition;"和 Michael Walzer,"Comment"。

能成为任何现在或将来的公正社会的一部分。①共和主义经济上的授权可以是自由主义的,因为授权只影响物质财产,而不影响正当程序和言论自由等基本公民自由,这些是极端自由主义者所强调的自由。在授权物质安全上,共和主义的马克思主义者逻辑上应该遵循近15年来右翼和左翼的极端自由主义者,后者一直为恢复宪法的消极自由界限而辩护,并努力获得物质安全。

跟其他形式的自由主义一样,共和主义的马克思主义可以授权对财产的限制,这基于(1)消极自由和反剥削的平等和(2)物质团结和独立的平等,但前提是只有(1)是主要的,并且只有当(1)和(2)只影响生产资料财产而不影响公民自由,即极端自由主义对消极自由的解释。最重要的是,共和主义的马克思主义正义是通过消灭不公正财产阶级这个消极目标来实现的——我们要始终记住,财产阶级是否公正必须主要根据最低的反剥削正义来做论证。马克思主义正义也有积极目标——融合消极自由、平等(消灭剥削财产阶级所产生)和独立平等、物质团结(这两个价值并不是消灭不公正财产阶级所严格必需的)。但是尽管如此,为了实现最大程度的正义,一个超越最小正义的社会也可能想要授权。

这种共和主义的马克思主义可以获得自由主义的授权,原因有两个:(A)经济正义和财产的优先权,以及经济正义内的最小正义相对最大正义的优先权限制了它的目标。(B)以公共精神和全球团

---

① 为言论自由的一种极端自由主义解释做辩护,可参考我的一系列文章:"Democratic Morality Needs First Amendment Morality," in *Freedom of Expression: 30th anniversary May 4 Memorial Volume*, ed. Thomas Hensley(Kent, Ohio: Kent State University Press, 2001), 170–174; "First Amendment Morality versus Civility Morality," in Christine Sistarte, ed., *Civility and its Discontents* (Lawrence, Kansas: University Press of Kansas, 2004), 155–168; "How the Shadow University Attack on First Amendment Defenses of Private Speech Paved the Way for the War Party's Attack on Public Speech," *Social Philosophy Today*, 26 (2011): 39–51。

结为基础的民主参与不能被授权，因此，还需要对政治和公民的消极自由的权利的强烈的极端自由主义承诺。不过这个答案会让许多自由主义者感到不安。他们会问，共和主义马克思主义是如何被阻止朝着共同体和阶级的方向，以至对于共同体的授权无法达到一套合理的限制？[1]自由主义哲学对社群主义和阶级认同理论的反自由主义形式展开批判，那么在不同意反自由主义是社群主义、阶级认同理论或共和主义马克思主义的中心特征情况下，这种批判是否能够站得住脚？[2]考虑一下平民主义的共和主义者马基雅维利、卢梭、摩尔根、马克思和汤姆森的社群主义民主思想。这些思想家从未表明，扩大的民主参与逻辑上要求限制消极自由，后者体现在允许公民参与的正当程序和言论自由。最新的建构共和主义具体的自由主义版本尝试，都遵循这种共和主义与自由主义必然联系的模式。[3]

的确，无论是社群主义民主还是共和主义的马克思主义都面临这样一个悖论：扩大的全球团结允许一个共同体积极创造产生消极自由的条件，但同时它可能会削弱个人从国家和社会而来的自由。虽然这个悖论可以以一种反自由主义方式得到解决，但我们并不需要这样。社群主义的共和主义民主人士将某种程度的全球团结视为民主的必要条件，但仍然可以严格限制他们所接受的授权。相反，对任意和永久不稳定的"部落主义"（tribalism）的反自由主义诉求，例如卡尔·施密特（C. Schmitt），这种诉求产生于他的反民主主张，并不必然源于他的社群主义。然而，在马克思主义内部，列

---

[1] Benjamin R. Barber, *Strong Democracy* (Berkeley: University of California Press, 1980), 139-162, and Sandel, *Democracy's Discontent,* 133. 两人把这两个动力分开。

[2] Holmes, *Anatomy of Antiliberalism*, 157, 176.

[3] Skinner, *Liberty before Liberalism*, 59-99; Pettit, *Republicanism*, 80-109;Dagger, *Civic Virtues*, 25-40; Habermas, *Between Facts and Norms* (Cambridge: M. I. T. 1998), 463-516.

第六章 结论：西方自由主义伦理学视域下的共和主义马克思主义

宁和帕舒卡尼斯（Pashukanis）都深思熟虑地构建了一种反自由主义的社群主义民主，对他们来说民主参与和关于授权的反自由主义可以交叉共存。当然，在列宁和帕舒卡尼斯这种情况下，大部分的反自由主义不仅来自社群主义，也来自对马克思主义群体或阶级认同理论的还原主义解释。①然而，在扩大全球团结的民主承诺（可能倾向于产生反自由主义，甚至连列宁都屈从于这样做），与反民主人士如施密特的强烈反民主的反自由主义之间，存在着根本区别。②

社群主义存在着民主的倾向，这当然与反自由主义倾向一样强烈。同时，相对于反民主的社群主义，我们更加难以证明社群主义民主，无论是否是共和主义的马克思主义，本质上是反自由主义的。卢梭的平民主义共和主义仍然是学术史和辩论中的最好例子，这些辩论集中于将一些甚至是最强的社群主义政治形式（当它们也是民主政治形式时）直接归于反自由主义阵营的困难。③

然而，假设社群主义，包括共和主义的社群主义，在限制授权能力方面无法与非社群主义的自由主义竞争，这毫无疑问是有原因的。④主要原因是，一些社群主义和共和主义者通过强调社群主义愿景如何重塑整个人类，把全球团结的授权以及个人对社会一些目

---

① Holmes, *Anatomy of Antiliberalism*, 49, 强调了施密特式的反民主的反自由主义可以采取人们对领袖毫无理由的甚至是默契的同意这种形式，就像在法西斯主义中那样。

② Holmes, *Anatomy of Antiliberalism*.

③ 史珂拉（Judith Shklar）关于共和主义和卢梭的论述见 *Political Thought and Political Thinkers*, 262–293。

④ Holmes, *Anatomy of Antiliberalism*, 176–186; Shklar, "Liberalism of Fear," 3–10; Rawls, *Political Liberalism*, 204–211; Dworkin, *Freedom's Law*, 214–226, "Liberal Community," 205–224.

标的认同，看作是社群主义所必需的。①全球团结并不涉及具体的物质变化，而是影响整个精神表达领域。对这种全球团结的授权的拒斥，被许多自由主义者认为是自由主义的一个必要特征。②许多自由主义者认为授权全球团结对于社群主义和社群主义的共和主义是必需的，然而我却认为对于自由社群主义的共和主义（包括其马克思主义变体）**不是**必需的。③

通常情况下，自由主义作家已经看到授权态度如全球团结，是对他们赋予消极自由的价值的侵犯。共和主义的社群主义民主不需要也不能要求全球团结的授权，因为它不是对某种物质的授权，而是一种态度授权，并且影响整个精神表达领域。④对于共和主义的马克思主义而言，不可能有对这种授权的证明，即使当人们宣称它是必需的，以便来获得共同体和公共精神身份的表达，这种身份被社群主义的共和主义视为对民主是必要的。在这个问题上，所有的共和主义者特别是共和主义的马克思主义者，应该遵循极端自由主义通往公民自由的路径，尽管这里有一个悖论。作为社群主义的一种形式，共和主义的马克思主义需要全球团结，但必须避免对它授权。

然而应该指出的是，这样来进行假设是不公平的：如果社群主义的必要特征是它授权全球团结，因此总的来说相比非社群主义的自由主义，它对可授权的事物没有那么严格限制。社群主义可能会

---

① 见 MacIntyre, *Whose Justice? Which Rationality?*, 334—337。

② Holmes, *Anatomy of Antiliberalism*, 200.

③ Sandel, *Democracy's Discontent*, 3—19.

④ 在对善与权利或正义的关系的绝大部分论述中，全球团结的概念当然被视为善的一部分。对中立和善的完整讨论见 William Galston, *Liberal Purposes: Goods, Virtues and Diversity in the Liberal State* (Cambridge: Cambridge University Press, 1991), 79—97; Rawls, *Political Liberalism*, 173—211; Joseph Raz, *The Morality of Freedom* (Oxford: Oxford University Press, 1986), 110—162。

授权全球团结,对此我们可以这样解释,社会对言论和表达开始越来越多的警惕和监督,以确保它不违反共同体的文化规范,同时削减改善公民经济条件的计划,而这些计划至少是平等主义的自由主义所支持的。实际上从理论上讲,全球团结的共和主义者可以为了确保法律面前人人平等而削减所有计划,从而在这个领域甚至比一些极端自由主义者还要更少地授权。因此,一个全球团结的社群主义者实际上可能比平等主义的自由主义者整体上较少地授权,甚至可能比一些极端自由主义者更少。不过这是因为授权的新全球团结的总量可能达不到经济平等或只是法律面前的简单平等的总量,其中这些平等不再被授权。

当然,这种论证的一个问题是权衡物质商品和全球团结达成一致的困难性。不过暂时搁置这个问题,人们会同意社群主义者比自由主义者更少地授权,但同时坚持非社群主义的自由主义者的评估是正确的——社群主义者不太能够确定对社会授权范围的限制。因为即使是极端自由主义者也可以说,无论经济平等的范围以一种平等主义的自由主义者不可接受的方式怎么扩大,或者无论强极端自由主义者怎么抱怨法律的平等保护程度如何被弱极端主义者所扩展,在所有自由主义的经济正义理论中仍然有逻辑限制:对它们能够扩展到全球团结的授权领域的限制。这些限制来自消极自由与平等中的自由主义基础。极端自由主义者和平等主义的自由主义者可能都会争辩说,相反对于社群主义(包括共和主义的社群主义者)在物质团结或全球团结领域能够授权什么,并没有任何限制,而物质团结或全球团结是比平等和自由中的授权变化更开放的概念。问题不仅仅是社群主义者能够授权多少,还有他们可以授权的种类。

现在我已经概述了,那些想要停止对任何种类的团结(物质或全球)授权的非共和主义自由主义者,是如何反对这个观点的——

社群主义因为授权太多而遭到批判这是不公平的,他们实际上可能比平等主义的自由主义者甚至极端自由主义者都要授权得少,因为社群主义授权的团结总体数量上小于平等主义者甚至是极端自由主义者所授权的经济变化总体。我们现在看到了自由主义者可以这样回答:这里成问题的并不是社群主义可能或事实上确实授权的东西。问题是,物质或全球团结的授权者扩大其授权,这在逻辑上是否更容易?如果这种论证完全令人信服,那么只要社群主义被赋予授权全球团结的必要特征,那么在限制授权的可能性上我们不能指望社群主义能与非社群主义的自由主义展开竞争。

一般意义的民主社群主义,更具体的共和主义的社群主义,以及更加具体的基于阶级的社群主义的共和主义,如何能够避免对全球团结的无限制授权问题?答案是民主社群主义,特别是在其基于阶级的共和主义表现中,必须接受对全球团结的授权破坏了个人自由参与共同体的公共精神活动的意识。这既是自由主义者又是共和主义者的答案。民主活动,无论它如何反映对参与的特殊群体或共同体的认同态度和意识,首先必须始终产生于表达参与者个性的精神态度。这种个性依赖消极自由。因此,作为一种形成精神活动和表达以希望实现公共民主的方式,在全球团结领域进行授权是无用的。因此,如果共和主义的马克思主义授权公共精神作为一种全球团结的形式,那么它将会违反这一原则。此外,在为了避免"寒蝉效应",公民参与者必须持续和稳定期待,例如因禁止授权全球团结而几乎不存在的言论审查,即使当授权人辩称维持或获得全球团结是实现公共民主参与的唯一途径。这种对审查制度的限制已经在极端自由主义关于自由言论的论述中很好地实现了。[①]如果国家像通常那样堕落到专制和"部落主义",公民参与者需要这样强的消

---

① See my "First Amendment Morality versus Civility Morality".

极自由，来保持必要的道德条件来反对国家行动。那么，共和主义的马克思主义者能做哪些授权呢？

答案是经济财产正义、物质安全以及刑事、民事司法系统和政治进程必要的强"极端自由主义"式的正当程序。尽管为了民主参与强烈致力于全球团结和公共精神，然而基于阶级的共和主义无法授权它。正是因为共和主义的马克思主义可以在财产领域授予更多权利，所以它就必须放弃在共和主义美德领域进行授权，并遵循极端自由主义在民事和刑事司法系统和政治进程中为正当程序辩护。

因此，积极意义上（A）财产正义，特别是财产正义内部的最低的反剥削正义的中心地位，是关于授权的共和主义的自由主义马克思主义的起点。但共和主义的马克思主义者不仅关注经济正义或消极自由；它也是（B）**共和主义**，也就是说它需要作为全球团结的一种特定形式的公共精神，以便能够蓬勃发展。为什么要强调马克思主义的共和主义方向？这可能会对自由主义的马克思主义产生风险，尤其是至少近期一些共和主义理论大师通过费心强调授权的广泛框架（这些授权对于公共精神民主是必需的），从而与自由主义的关键论断保持距离，特别是其中消极自由的中心地位。[①]共和主义的马克思主义不仅基于阶级理论，而且基于卢梭和摩尔根的平民主义和民主共和主义，那么在当代共和主义对自由主义的批判视域中，共和主义的马克思主义是如何解释的？答案是，共和主义的马克思主义通过（B）取消从授权领域实现公共精神和共和主义美德的目标，严重限制了授权。只有在全球团结不是被授权的时候民主共和主义才能够蓬勃发展。马克思主义是共和主义因为它确实强调全球团结的公共精神美德，同时又是自由主义因为它拒绝去授权，但限制了对经济正义、物质安全以及政治上的正当程序的授

---

[①] Sandel, *Democracy's Discontent*, 79-90.

权，这些价值是马克思主义与其他自由主义政体共同提倡的。

因此，共和主义的马克思主义对授权的限制来自于两种类型的团结之间的基本区分：基于生产资料的制度和规则，特别是财产规则的物质团结，产生于人类自然的基本物质需求；基于移情认同的全球团结。伴随着平等和消极自由，物质团结有助于奠定经济正义的基础，而全球团结以一种需要政治制度的公共精神形式进入到政治制度中。马克思恩格斯沉浸在法国大革命和19世纪英国政体的理想和现实中，摩尔根的美国民主革命传统，以及马克思、摩尔根和汤姆森徜徉在雅典民主和罗马共和主义的历史中，允许他们将共同体置于西方自由主义政治制度的背景下。卢森堡（R. Luxemburg）意识到西方自由主义国家形式，例如英国的活力，尤其是17世纪英国内战时期，并在俄国十月革命不久在德国监狱写的关于俄国革命的小册子中，批评列宁对这些国家缺乏关注。但她只是把对这些西方政治形式的辩护引入到她的实践，而不是引入她理论的最深处。[①]意大利的沃尔佩（D. Volpe）和克莱蒂（L. Colletti）深入到共和主义的卢梭主义和马克思主义之间联系的核心，但是后来通过把马克思主义的卢梭主义同化为列宁主义，忽视了这些微妙之处。问题越挖越深，这源于不愿意更清楚地思考物质团结产生的公民伦理这部分，与全球团结产生的那部分以及寻求如何表达公共精神之间的区别。首先是经济上有助于彻底终结不公正的财产阶级社会；其次是政治上将这一目标进行综合。因为经济和政治社群主义之间的联系自身必须提供自由主义限制，所以不能简单地说，正如对马克思主义社群主义的批评者摩尔和博比奥（N. Bobbio）所说的，只要克服对社群主义政治的承诺，反自由主义的冲动就能得到满足。并

---

[①] Rosa Luxemburg, *The Russian Revolution and Leninism or Marxism* (Ann Arbor: University of Michigan Press, 1966).

非所有形式的社群主义都是反自由主义。

无论是在公正财产阶级社会中的公民，还是努力实现这种社会的公民，带着实现生产资料财产关系经济正义的任务，开始他们作为公民的道德生活。然后消极自由、平等和全球团结，作为不公正财产阶级社会公民身份终结的非经济的**政治**价值，是如何发展的？答案是，它们第一次作为实现财产正义和物质安全的手段而产生，而这个出发点定义了自由主义核心的宝贵的四重公民身份，这种身份朝着不公正的财产阶级社会的终结，并以物质团结、全球团结、平等和消极自由为基础。经济财产正义和物质安全，以及民事和刑事司法系统中强"极端自由主义式"的正当程序，和政治进程中对正当程序的授权，确定了在正义的共和主义马克思主义民主中所有的授权和法律的核心。同时对所有的授权和法律的辩护必须在这个核心范围内。

因此，共和主义的马克思主义是一种经济的社群主义，不过也包括全球团结和以公共精神为基础的民主参与等自主价值，但是并不对这些非经济的政治价值进行授权。我不认为这种区别可以在没有引入作为限制的消极自由概念的情况下最终被描绘出来，特别是左翼或右翼极端自由主义作家所清晰解释的，因为某些事情不能在逻辑上被授权，保证了它们不能被授权的强的权利成为可能。（A）财产正义和物质安全所产生的对授权的限制，以及（B）共和主义民主本身所产生的对授权的内部限制，逻辑上导致了对授权的限制。

从这种经济角度来看待政治伦理学，解决了自由主义授权理论的许多问题。特别是，它给出了一个确定政治和法律"**存在理由**"的坚实初始基础，以及由此相关的法律和政治的限制是什么的问题，而非经济的法律理论必须在其他地方找到"存在理由"。此外，尚不清楚共和主义参与的概念以经济唯物主义方式能否足以解释对授权的限制。自由主义哲学家认为需要其他概念，特别是作为限制的消极自由权利的概念，其逻辑不能简单地等同于政治参与的逻辑，无论是强或弱的全球团结和公共精神意识。共和主义的马克思主义通过展示民主参与在许多方面是如何由经济任务塑造的（尽管不能简化为经济任务），可以和以权利为界限而开始的授权理论家完成一些同样的事情，因此不可能产生一个自负的为了民主牺牲个人的社会。共和主义的马克思主义需要极端自由主义作为限制的消极自由权利。

　　基于共和主义伦理的经济，通过共和主义民主参与这一概念，能否完成对授权进行适当限制的任务？这种民主参与虽然受到其财产正义任务的限制，但仍然是足够自由的，它是真正的、自主的**政治**参与，而不是财产和物质正义的附属物。一个自由主义的共和主义的马克思主义可能吗？共和主义的马克思主义的政治理论并没有通过一些非常普遍的自由优先性或平等从自由而来的原则来限制国家和法律的授权，这些原则的模糊性被这样的社会仍然容忍广泛违反言论自由和正当程序这一事实揭露出来。相反，代表性的共和主义马克思主义政治理论坚持，公民自由中极端自由主义的消极自由不能被推翻，而财产中极端自由主义的消极自由只有为了财产正义和物质安全才能被推翻。财产正义只允许限制一种消极自由——生产资料私有财产的消极自由。[①]因此，对全球团结诸多形式的授权，比如在目前流行的审查类型中所发现的，从一开始就被排除在外，而这些类型往往受到共和主义者、社群主义者、自由主义的平等主

---

① 关于自由的优先性，见 Rawls, *Theory of Justice*, Revised edition, 176-185。

义者和群体认同理论家的青睐。①并不是所有有关经济福祉和物质安全的利益都可以用来限制消极自由。这些利益也不能用来限制所有消极自由。只有消极自由（比如生产资料的物质财产权利）自身能够更好根据经济正义术语来证明，而不是任何更广泛的政治术语，这个时候消极自由才可以受到限制。而且只有物质财产权利的某些情况才可以如此限制。

共和主义的马克思主义可以对政治、法律权力对个人的统治施加限制，这些限制产生自由主义权利，就像消极自由的权利限制政体和社会一样。因此，尽管共和主义的马克思主义没有以与理想的自由主义相同的方式开始探讨权利，但它必须是以高度重视政治和公民权利，尤其是消极自由的权利而结束的，就像左翼和右翼的极端自由主义者认为的这些权利用来反抗和限制国家或政体。因而，共和主义的马克思主义最终像自由主义哲学一样限制授权，但通向作为限制的权利之路是不同的。共和主义的马克思主义源于可以被授权的财产正义的要求，和不可以被授权的公共精神的民主参与的要求。当然，共和主义的马克思主义通向作为限制的权利之路，与基于财产的极端自由主义之间有着更大的不同。因为在马克思主义财产正义理论中，我们认识到社会基本生产资料的私有制不是一项基本权利。②然而，假设所有权利或所有消极自由的权利与生产资料的财产权利具有相同的逻辑，这种悲剧性错误是没有必要的。这个错误的方向为超社群主义的青年马克思和许多非平等主义的自由主义者所提倡，前者太多地将自由同化到团结中，后者则把自由和

---

① 关于共和主义的审查见 Sandel, *Democracy's Discontent,* 71-90; Cass Sunstein, *Democracy and the Problem of Free Speech* (New York: The Free Press, 1993), 167-240。关于群体认同的审查见 Fish, "There's No Such Thing as Free Speech," 102-119。

② Rawls, "A Kantian Conception of Equality", 203.

团结分开得太多。虽然对于青年马克思来说，自由往往倾向于被团结所定义，但对于极端自由主义者来说，在论述财产时自由往往是团结的缺失。这两种观点都没有认识到消极自由、团结和平等的独立价值。

共和主义的马克思主义和自由主义哲学都可以发展消极自由的主张，以及作为限制和无法被同化为财产的权利理论，对消极自由、物质团结和平等任意一种价值的表达。通过强调生产资料中消极自由和其他消极自由的不同财产逻辑，加强而不是削弱了消极自由的权利。例如，吹口哨的权利与财产所有者为了阻止吹口哨而破坏社会的权利是完全不同的。自由主义哲学可以通过制定消极自由权利的独立逻辑来适当限制授权。而共和主义的马克思主义可以通过展示经济正义的优先性是如何对国家或社会进行约束的来适当限制授权，这将产生作为限制的消极自由概念，而不是简单的财产权。在第一种情况下，作为限制的消极自由权利是直接达成的，在第二种情况下则是间接达成的。虽然共和主义的马克思主义强调全球团结和政治生活中的公共精神，从而超越了财产正义，然而这里对于作为限制的权利的正确发展产生了一个危险方向，这个问题通过作为限制的消极自由权利与自愿的公共精神、基于民主的全球团结之间逻辑联系而得到了解决。

矛盾的是，纯粹以全球团结为基础的社群主义和经济极端自由主义都犯下了将权利从属于财产的同样错误。基于全球团结的社群主义犯错误是因为他们无法将自由与团结分开；经济极端自由主义则是因为他们把两者严重割裂起来。[①]反自由主义的社群主义认为，必须以团结或对平等和团结的反对来界定自由。这种推理在生产资料私有财产上发挥一定的有限的作用，但不适用个人私有财产。如

---

① Nozick, *Anarchy, State, and Utopia*, 150-182; Marx, "JQ1," 228-231.

第六章 结论：西方自由主义伦理学视域下的共和主义马克思主义

果单独由消极自由来定义，生产资料中的财产可以不正当地从属于团结和平等。但同样的事情并不适用于其他基本的消极自由，如言论自由、正当程序以及个人私有财产。共和主义的马克思主义不必遵循基于全球团结的社群主义，后者错误地将不基于财产的消极自由（比如表达自由和正当程序）从属于任意其他价值。同样的事情适用于包括个人财产在内的许多其他消极自由。的确，共和主义的马克思主义需要一个公共精神的民主参与概念，这明显与最强的极端自由主义形式的消极自由权利的概念相兼容，并且需要后者。这种消极自由权利的概念作为对国家行为的限制，不能够根据团结或平等来定义。因此，共和主义的马克思主义在民事和政治权利方面与自由主义哲学达成了许多相同的目标，本身既可以反对经济极端自由主义，也可以反对基于全球团结的社群主义。

但是，一些社群主义者会对一个充分的政治社会可以限制生产资料私有财产的事实而感到震惊，同样对私有财产和其他消极自由和权利之间的类比也感到震惊，他们持续攻击私有财产之外的其他消极自由，或者至少没有强有力地辩护；他们的原因是，这些消极自由也分享了生产资料私有财产在道德上的模糊性。[①]但是，共和主义的马克思主义看起来有责任采取一种非常不同的行动：例如准许言论自由和正当程序有一种纯粹个性，甚至可以不关心社会秩序，而这个秩序必须是这种几乎绝对的消极自由权利的基础。言论自由和正当程序实际上应该是生产资料私有财产在其绝对性中所宣称的东西。毫无疑问，其他消极自由权利也属于这一类。生产资料的私有财产并不是诸多自由主义所辩护的私有财产，后者并不将私有财产与平等和物质团结适当地平衡。马克思主义伦理学要想完全融入西方政治理论，它对生产资料私有财产绝对性的批判（这点比

---

① Marx, "JQ1," 228-230.

几乎其他政治理论都要强烈），只有在道德上得到真正的自由社会的支持，在这个社会中辩护这种作为正当程序和自由言论的消极自由的任务必然会变得更加紧迫。